山西博物院

藏品概览·书画精品卷

山西博物院 编

文物出版社

图书在版编目（CIP）数据

山西博物院藏品概览．书画精品卷 / 山西博物院编．--北京：文物出版社，2019.7
ISBN 978-7-5010-6093-1

Ⅰ．①山… Ⅱ．①山… Ⅲ．①文物—介绍—山西 ②汉字—法书—作品集—中国 ③中国画—作品集—中国 Ⅳ．①K872.25

中国版本图书馆CIP数据核字（2019）第035750号

山西博物院藏品概览·书画精品卷

编　　者 / 山西博物院

责任编辑 / 王　媛
责任印制 / 张道奇
装帧设计 / 谭德毅

出版发行 / 文物出版社
社　　址 / 北京市东直门内北小街2号楼
邮政编码 / 100007
网　　址 / http://www.wenwu.com
邮　　箱 / web@wenwu.com
经　　销 / 新华书店
制版印刷 / 天津图文方嘉印刷有限公司
开　　本 / 889毫米×1194毫米　1/16
印　　张 / 17
版　　次 / 2019年7月第1版
印　　次 / 2019年7月第1次印刷
书　　号 / ISBN 978-7-5010-6093-1
定　　价 / 280.00元

《山西博物院藏品概览·书画精品卷》
编辑委员会

序言

山西位于黄河中游，地处中原农耕文化和北方草原文化交汇区域。特定的地理位置和多元的文化交流，为三晋大地留下了丰富而鲜明的历史文化遗产。山西现有不可移动文物53875处，其中全国重点文物保护单位452处。国有馆藏可移动文物320万件（组）。这些美轮美奂的文物，恰如散落在黄土地上的点点繁星，折射出华夏文明的璀璨光辉。

山西博物院前身为1919年创建的山西教育图书博物馆，是中国最早设立的博物馆之一，至今已有100年的历史。1953年起称山西省博物馆。2005年建成开放的山西博物院坐落在龙城太原美丽的汾河西岸，2008年起向公众免费开放，成为全国首批国家一级博物馆，是山西省最大的文物收藏、保护、研究和展示中心。院藏的40余万件文物荟萃全省精华，其中新石器时代陶寺遗址出土文物、商代方国文物、两周时期晋及三晋文物、北朝文物、石刻造像、历代地方陶瓷、金代戏曲文物等颇具特色。

为保护传承山西历史文化，合理利用文物资源，以文明的力量助推社会的发展进步，值此建馆100周年之际，我院将分期分批推出院藏文物精品图录，藉以向为山西博物馆事业付出辛勤劳动、无私奉献和关心支持的各界人士表示崇高的敬意和衷心的感谢！同时希望更多的社会各界人士关注、关爱、支持山西博物馆事业的发展！

回望百年，一代代晋博人薪火相传，筚路蓝缕。遥望未来，新时代的文博人将栉风沐雨，砥砺前行。习近平总书记强调，要"系统梳理传统文化资源，让收藏在博物馆里的文物、陈列在广阔大地上的遗产、书写在古籍里的文字都活起来"。作为三晋文化的弘扬和传承者，山西博物院将认真贯彻落实习近平总书记关于文物工作的重要指示批示精神，坚持把社会效益放在首位，着力打造"艺术展示的殿堂，学生学习的课堂，民众休闲的乐园"，使博物馆成为推动经济社会发展、彰显地域文化魅力、提升人民生活品质的有力支撑，为不断谱写新时代中国特色社会主义山西新篇章而不断努力！

谨以此献给山西博物院成立100周年。

山西博物院院长 [signature]

2019年1月

综述

中国书画艺术源远流长，具有鲜明的民族特色，名家辈出，作品丰富，是中华民族文明发展史的物质证明与智慧结晶，更是人类宝贵的文化遗产。山西博物院收藏的书画作品虽不能涵盖各时期的流派名家，但也有很多精品，可上溯晋唐写经，下寻明清书画发展之脉络。

唐人写经体现了唐代写经书法的艺术风貌，山西博物院藏唐人写经十数卷，如《大般若波罗蜜多经》《大方广佛华严经》《妙法莲华经》《金刚般若波罗蜜多经》等，具有很高的艺术水平。其中《章草释经卷》以章草体抄写，实不多见。这些珍贵的写经兼具实用性与艺术性，是研习唐人书法难得的资料。

明代书法在继承宋元以来帖学的基础上呈现出早、中、晚期不同的面貌，并涌现出各自的代表人物。山西博物院收藏宋克、祝允明、董其昌、徐渭、倪元璐等人的作品，大致可以勾勒出明代书法的发展轨迹。

宋克与宋广、宋璲并称明初“三宋”，擅长小楷、草书，尤工章草。其书法上承元人下启吴门，小楷书风影响了吴中地区很多书家，对明中期“吴门书派”的发展具有开启意义。

明中期，以王宠、祝允明、文徵明为代表的“吴门书派”直追晋唐，力纠“台阁体”流弊，作品流美秀雅，深受文人墨客追捧。祝允明书法博采晋唐宋元各家之长，兼重各体，面貌多样。他擅写狂草，个性风格强烈；行书师法“二王”，兼取章草之古朴，呈现出流畅婉劲、风骨遒媚的特点。文徵明的书法造诣深厚，临学精博，篆隶楷行草各体兼工，小楷尤精。山西博物院藏文徵明《行书自书诗》卷无具体年款，从《还家志喜》诗文推测，应是文徵明于嘉靖七年（1528年）辞官后所写，笔画挺秀，使转流畅，书风温润秀雅。

晚明书坛呈现出多元化格局，董其昌、张瑞图、倪元璐、徐渭等名家辈出，各领风骚。他们以书言志，或高逸雅致，或跌宕起伏，或淡泊虚和，或豪迈雄健。董其昌擅行楷书，以笔墨精微、萧散疏秀、平淡天真为特点，把柔媚、温雅、淡远、中和的书风推向了书坛顶峰，产生极大影响。山西博物院藏董其昌《行书书册》作于万历十九年（1591年），据刘九庵先生《宋元明清书画家传世作品年表》一书记载，应为董氏传世最早的作品。《楷书千字文册》，法度严谨，笔精墨妙，呈现出萧疏淡远的意境，是董其昌楷书精品之作。吴湖帆先生在题跋中赞曰：“笔法秀美，可与云林画石媲，并非烟火人物也”，“此董书中最上乘品也”。陈继儒是“松江派”重要书家之一，山西博物院藏其《行书种梅记卷》《行书五绝诗轴》等作品，章法疏朗匀称，笔力遒劲，承转灵活，体现出自然洒脱、沉着痛快、秀中有骨的书法特点。张瑞图、倪元璐、徐渭以狂放奇崛的行草书写了晚明书法史上灿烂的篇章，他们的作品既是明后期书家求变与突破的缩影，也是书家直抒胸臆、书风多变、审美多元化的体现。

山西博物院收藏的明代书法作品中，戚继光《行书送李小山归蓬莱诗轴》尤为珍贵。其诗文格律严整、朗朗上口，运笔奔放流畅，气势豪迈，笔墨、结体明显受黄庭坚影响。戚继光墨迹传世稀少，此幅作品诗书俱佳，实属难得。

清代书法是帖学与碑学书法转承代兴的过程。清初至乾隆年间，继承宋、元、明书法余绪，崇尚帖学。嘉庆之后，帖学衰微，碑学兴起，开拓了书法艺术发展新天地。

王铎、傅山宗法晋唐法帖，书风独特，个性鲜明。王铎书法诸体悉备，尤擅行草，以苍郁雄畅见胜。其行草书笔法顿挫有力，提按节奏强烈，用墨恣情任性，结体跌宕多姿。山西博物院藏王铎《草书临帖轴》《行书七律诗轴》《草书游房山山寺诗轴》《行书五言诗轴》等多幅作品，体现出沉雄豪迈、奇崛雄强的书法风貌。傅山书法功底深厚，各体皆精，追求“四宁四毋”的艺术趣味。其楷书宗法魏晋，尤以颜体笔意为主；行草书纵横跌宕，真率拙朴；篆书上溯甲骨文、金文、籀文、汉篆等，作品气韵高古。山西博物院藏傅山作品百余件，是研究傅山艺术创作、人文思想、医学成就的珍贵资料。《草篆夜谈三首之一诗轴》，运笔灵活多变，以草书笔法入篆，气韵高古，是傅山篆书精品之作。

沈荃、姜宸英、查昇、查士标以及翁方纲、刘墉、钱沣等都是名重一时的帖学书法大家。沈荃擅长行楷书，宗法米芾、董其昌，颇得董其昌笔法之精髓，书风雍容闲雅。姜宸英书法作品楷中带行，而行书中亦有草书的笔意，笔势流畅，多存米、董笔意，飘逸俊秀。刘墉博采众长，用笔生拙中带稚气，线条粗肥而不呆滞，雄深雅健。其作品融合了苏东坡用笔的圆厚多变，颜真卿的雄浑遒劲，钟繇的古朴稚拙，呈现出丰腴圆厚、风姿强骨的面貌，也体现出“温良敦厚”“蕴藉含蓄”的审美思想。

道光、咸丰以后，帖学衰微，碑学大兴，真、草、隶、篆诸体呈现新意。伊秉绶、张廷济、包世臣、阮元、何绍基、吴昌硕等人或临汉隶魏碑，或摹金文石鼓，开创了千姿百态、灿烂夺目的书道中兴新局面。伊秉绶隶书极负盛名，尤擅写大字、楹联，其隶书个性鲜明，融汇了汉篆、汉隶碑额的结字用笔及颜真卿楷法之妙，点画平直均匀，方中有圆，寓巧于拙，追求古朴敦厚的风格。包世臣初学颜、欧，转及苏、董，继而致力于北碑，晚年习“二王”，自成一格。康有为大力推崇北派书法，尊碑抑帖，影响深远。其书学取法《石门铭》及摩崖刻石等，作品体势开张恣肆，笔画浑厚用笔率真朴拙，极具特点。何绍基篆、隶、楷、行四体皆工，书法既取各家之长，亦融各体之奇。其行草书取法颜真卿《争座位帖》和李邕《麓山寺碑》，融碑帖于一炉，形成独特的面貌。山西博物院藏何绍基《行书四条屏》，运笔方圆兼施，筋骨内敛，纵逸超迈，落墨迟涩凝重，时用颤笔，字与字、行与行之间的俯仰、揖让、疏密、大小尽态极妍，于欹侧中见规矩、恣肆中透秀逸。吴昌硕篆书最负盛名，临摹石鼓文，并参以两周金文及秦代石刻，融合篆刻用笔，凝练遒劲，貌拙气酣，富有金石气。山西博物院藏《临石鼓文轴》是吴昌硕七十二岁时的作品，用笔遒劲雄浑，气象博大，将石鼓文的欹侧之势与金文相融合，取得了极佳的艺术效果。

山西博物院绘画藏品中，王渊、顾安的水墨花鸟、竹石作品代表了元代文人画讲求自然天趣，以素净为贵的审美风尚。

王渊尤擅水墨花鸟竹石，在继承黄筌描写物象严谨工致的基础上，去黄氏之富丽，用水墨晕染，自成一格。王渊传世花鸟作品主要有至正三年（1343年）《桃竹锦鸡图轴》（山西博物院藏）、至正四年（1344年）《竹石集禽图轴》（上海博物馆藏）、至正六年（1346年）《桃竹春禽图轴》（台北故宫博物院藏）、至正九年(1349年)《山桃锦鸡图轴》（北京故宫博物院藏）。四幅花鸟画，结构略有变化，画法大致相同，均采用浓淡干湿不同的笔墨勾染，阴阳向背，层次分明，呈现出"无彩胜有彩""墨写桃花似艳妆"的艺术效果，是王渊墨竹花鸟画的典型风格。在文人画盛行的元代，王渊的作品在一定程度上契合了文人的审美观念，实现了花鸟画从工笔到写意的过渡，推动了元代写意水墨花鸟画的发展。

顾安以擅画竹闻名于世，尤喜作风竹新篁，师法文同，吸取李衎、赵孟頫、柯九思诸家之长，注重绘画中的笔墨趣味，画风遒劲挺秀，自成面貌。《风竹图轴》，将书法用笔融入画中，画家以物抒情，把胸中之竹纳入毫端，信笔挥洒不失法度。画上有张绅、俞贞木等九人题诗，诗中有画，画中有诗，诗书画相映，具有浓厚的文人气息。北京故宫博物院藏顾安《幽篁秀石图轴》亦有张绅题诗。此外，台北故宫博物院藏顾安、张绅合作《古木竹石图轴》，苏州博物馆藏柯九思、顾安、吴镇、张绅等六人《七君子图卷》。这些画作既是精美的艺术品，也是研究顾安、张绅等文人交往的宝贵资料。

髮僧《祇园大会图卷》长18.89米，堪称巨作。髮僧为日本画家，擅画佛像，元末明初流寓江浙，此画应是他寓居江浙时所绘。画中人物880余人，或三五成群，或数十人一组，姿态各异，形神兼备。画面布局构思巧妙，通过山石、树木等背景的穿插，把人物分置在不同的场景中，繁而不乱，重点突出，显示出作者超强的空间驾驭能力。画图以线条勾勒为主，曲直刚柔，变化丰富，用笔精细，劲健流畅，承袭了李公麟白描人物的技法，是研究佛教文化艺术和日本绘画的重要资料。

明代绘画在继承元代基础上，山水、人物、花鸟全面发展，名家辈出，画派繁兴。

无款《雪景山水图轴》承袭了宋代院体山水画的遗风，是明早期仿宋人山水画佳作。卞文瑜是明代后期受"吴门画派"影响的画家，山水笔墨苍秀。蓝瑛是一位职业画家，擅画山水、花卉、兰石，师法宋元各家，主要得力于黄公望。他虽力追古法，但能融会贯通，将职业画家娴熟的笔墨技巧与文人画家笔墨情趣相结合，自成一体，在明末清初影响了江浙地区大批画家，陈洪绶、禹之鼎、袁江以及"金陵八家"都受其画风影响。蓝瑛的作品有不同面貌，或含蓄隽雅，或青绿设色，早年清简秀润，中晚年渐趋苍劲疏宕。山西博物院藏蓝瑛《秋溪放棹图轴》《仿富春山图轴》，用笔粗犷，苍健老辣，风格苍劲雄奇，是蓝瑛中晚年时的作品。蓝深绘画作品传世不多，山西博物院藏《仿宋元山水册》笔墨秀润，十分珍贵。蓝瑛、蓝孟、蓝深及弟子刘度的作品，体现了"武林画派"的发展与延续。

无款人物画《白描罗汉渡海图卷》《七子过关图轴》及《牧牛图轴》反映了明代早期人物画的面貌。《白描罗汉渡海图卷》用笔精细，线条劲健，技法上沿袭了李公麟"铁线描"和"游丝描"的画法，深得李公麟白描画技法之精髓，是明代白描人物画的佳作。《七子过关图轴》画面构图雄伟，鹿角般的树杈以及人、马的笔法承袭了南宋院体画风格。美国弗利尔美术馆藏有一幅明代无款

《七子度关图卷》，两件作品的绘画风格极为相近。

山西博物院藏明代绘画中，右玉宝宁寺水陆画具有极高的艺术价值。其体系完整，内容丰富，技艺精湛，绘有道释人物、民间诸神、地狱鬼卒、帝王将相、士农工商、往古人伦等诸多形象，人物造型精准，衣纹繁复，装饰华丽。画家继承魏晋以来道释人物画的技法，采用铁线描、兰叶描、高古游丝描，衣纹线条流利婉转。绘画技法完备，除工笔重彩外，亦有工写结合、淡彩水墨、粗笔重彩等画法。山水、树石皴法娴熟，屋宇建筑运用了界画的手法。设色浓丽，重视渲染，富有极强装饰韵味，是研究明代人物画、服饰、建筑、社会生活以及水陆仪轨的宝贵资料。

清代初期，以王时敏、王鉴、王翚、王原祁为代表的“四王”成为画坛主流，他们以摹古为主旨，追求元笔宋法，讲究笔墨趣味，具备精熟的绘画技巧，山水画风影响了有清一代。山西博物院藏王鉴、王翚、王原祁的作品均是摹古之作，但笔墨特性并不相同。“四王”传派中王荦、杨晋、李世倬、董邦达、黄鼎及“小四王”等画家各擅一技，名噪一时，但终未脱出“四王”窠臼和临古的路子。

与正统派相左，以弘仁为代表的“新安画派”取法宋元，崇尚倪瓒、黄公望，寄情于山水，格调清雅，境界冷逸，画风简淡疏远。郑旼、查士标是“新安画派”代表画家。查士标山水初师倪瓒，后参以米芾、黄公望、吴镇、董其昌等人画法，以“风神懒散、气韵荒寒”为特色。山西博物院藏查士标《米家云山图轴》深得“二米”笔墨之精髓。画中山石不勾轮廓，以水墨润泽出大概，以淡墨渍染，再用稍浓墨笔破出并皴出层次，趁湿以浓墨、焦墨点出大小错落的横点，追求山中雨雾苍茫、迷蒙的艺术效果。树木枝杆用浓墨画出，以大浑点作叶，山脚坡岸以浓淡适中水墨横扫，随意而自然。《林亭春晓图轴》与《松壑泉声图轴》，则体现出其风神懒散、气韵荒寒的艺术特色。

清中期，以“扬州八怪”为代表的“扬州画派”掀起了一股新的艺术潮流。他们在继承前人基础上更加注重写神，擅于运用水墨写意技法，并赋以强烈的感情色彩，对后世水墨写意画的发展起到了积极推动作用。

郑燮擅画兰、竹、石，尤精墨竹，学徐渭、石涛、八大的画法，擅长水墨写意，艺术手法上强调“意在笔先”，用墨浓淡兼施，笔法瘦劲挺拔，将书法用笔融于绘画之中，进一步发展了文人画的特点。山西博物院藏郑燮《墨竹图轴》《兰竹石图横幅》，取法石涛，融书法笔意于画中，诗文点题，诗书画印有机结合，具有深邃的思想性，产生耐人寻味的艺术情趣。黄慎，工人物、山水、花鸟，尤其擅长画人物，早年以工笔为主，中年以后运用狂草笔法画人物，形成以简驭繁、粗狂中见精致的绘画风格。黄慎笔下的人物造型生动传神，线条顿挫有致，或坚挺或厚重，极富动感。山西博物院藏《苏武牧羊图轴》《停琴独坐图轴》及《接蝠图轴》，都是黄慎写意人物画的代表作品，构图简练，人物形神兼备，草书款题和画中人物的线条相得益彰，颇具感染力。罗聘是“八怪”中技法最全面的画家，山水、人物、花卉无所不能，技法精湛。山西博物院藏罗聘《得子图轴》属于工细用笔的人物画，形象生动，笔法劲健，设色清淡，与夸张、变异的《鬼趣图》描写方法不同，其章法布置巧妙，人物造型准确，笔墨娴熟，房前屋后的景物描绘亦极见功力。

华嵒是一位富有创新精神，成就卓著的画家，技法全面，工人物、山水、花鸟、走兽，尤以花鸟画最负盛名。其吸收陈淳、周之冕、恽寿平诸家之长，既能工整细绘，又能阔笔写意，创立了兼工带写的小写意花鸟画风。边寿民以画芦雁闻名，芦荻、鸿雁是其创作的主要题材，用笔苍劲，墨色雄浑。他注重写生，笔下的芦雁不仅形态真实，而且能传达出生活习性。

禹之鼎、王树穀是康熙年间著名的人物画家。禹之鼎，康熙年间供奉内廷，工山水、人物，尤精写真，宗李公麟白描法，兼取马和之兰叶描，所画人物飘逸潇洒，一时名人肖像皆出其手。禹之鼎的人物画继承和发扬了中国传统绘画的古雅之风和淡然之格，表现出传统文人画的审美风尚。其作品布景有致，用笔精微，擅于将人物形象与自然环境或寓所有机结合，营造出古意盎然的意境。禹之鼎曾为王士祯、王原祁、朱彝尊等名士画肖像或行乐图，《楮窗图卷》是为陈廷敬所作，构图、笔墨体现了其人物画特点。

袁江、袁耀的界画以法度严谨、刻画精细、设色妍丽、富丽堂皇为特点，在继承李思训、李昭道、赵伯驹、王振鹏等人用笔严谨、精雕细刻等技法的基础上，更加注重对生活气息的描绘，将工致的青绿山水和精密的界画巧妙地结合起来，创造出独具一格的山水楼阁界画，有“袁氏画派”之称。袁江和袁耀亦工花鸟鱼虫，从传世作品看，此类题材的绘画并不多。山西博物院藏袁江《杂画册》构图疏简，造型准确，设色淡雅，富有生活情趣，画风较为洒脱、率意，虽是偶尔为之，却很精彩。

高其佩以精湛的指画造诣名扬画坛，凡人物、山水、花卉、鸟兽，信手而得，以简练为特点。他自幼学画，师法沈周，推崇陈白阳、傅山、八大山人，承继明以来写意画的优秀传统。山西博物院藏高其佩《指画钟馗图轴》《指画松鹰图轴》《槐荫骏马图》，简练传神，线条转折顿挫，心手相应，达到了“指墨运化无痕”的艺术效果。瑛宝是高其佩指画传承者之一，其《秋山草堂图轴》作于道光十二年（1832年），章法严密，可觅高其佩指画遗风。

费丹旭、改琦是嘉庆、道光年间著名的人物画家，尤精仕女，有“费派”“改派”之称。改琦的仕女画形象纤细俊秀，用笔轻柔流畅，落墨洁净，设色清雅，创造了清代后期仕女画的典型风貌。改琦传世最为著名的作品《红楼梦图咏》木刻本，流传广泛，深得时人好评。山西博物院藏《子夜歌图轴》《煨芋图》，用笔精细，线条流畅，是改琦人物 画精品之作。

任伯年、吴昌硕是“海上画派”的代表人物。任伯年擅画人物、花鸟，人物线纹坚劲凝练，设色明丽。吴昌硕以书法、篆刻入画，作品金石味浓郁，风格沉着雄肆。海派画家的艺术传统直接影响了近现代中国绘画的发展。

目录

唐

元

明

清

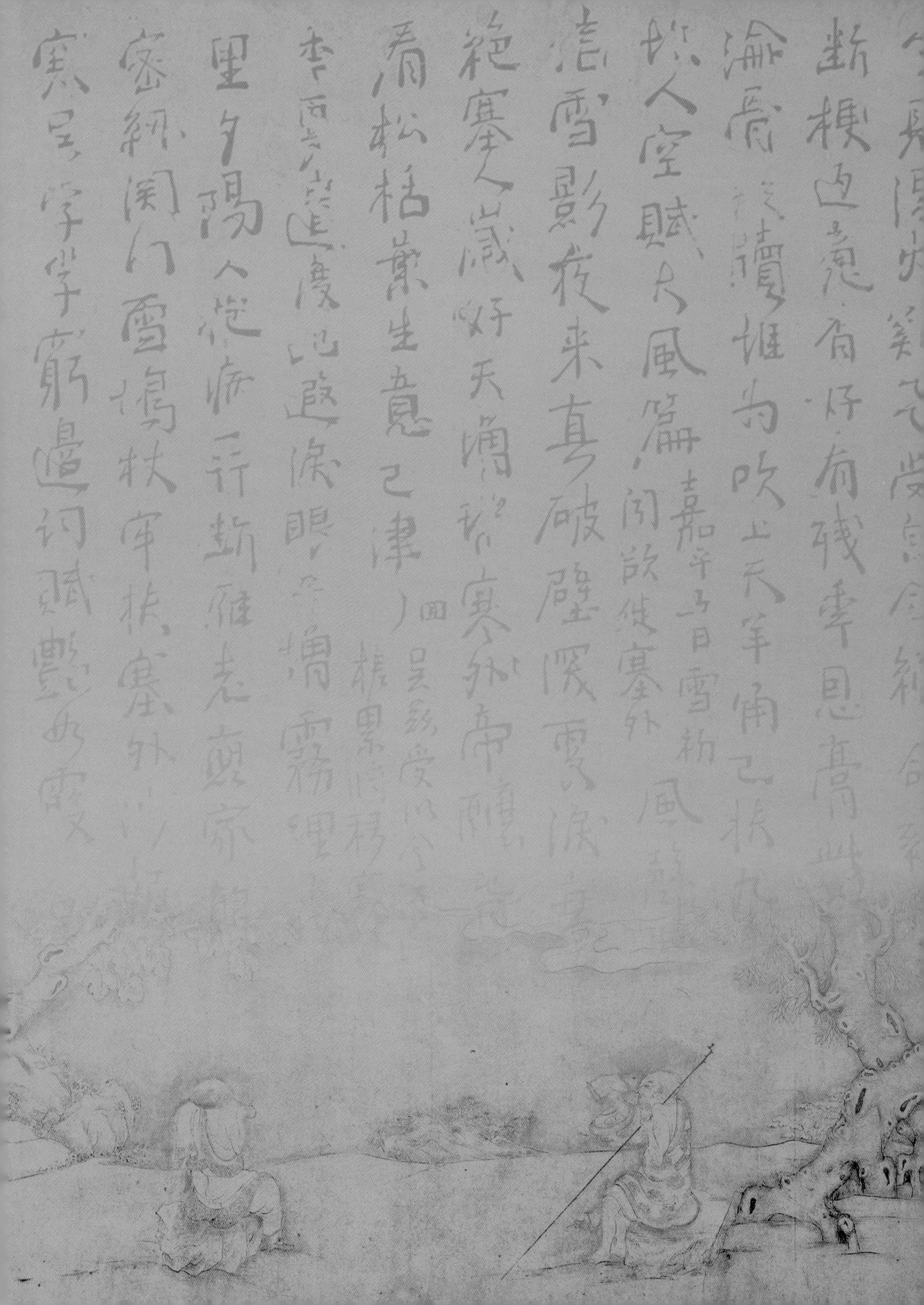

书画精品卷·图版

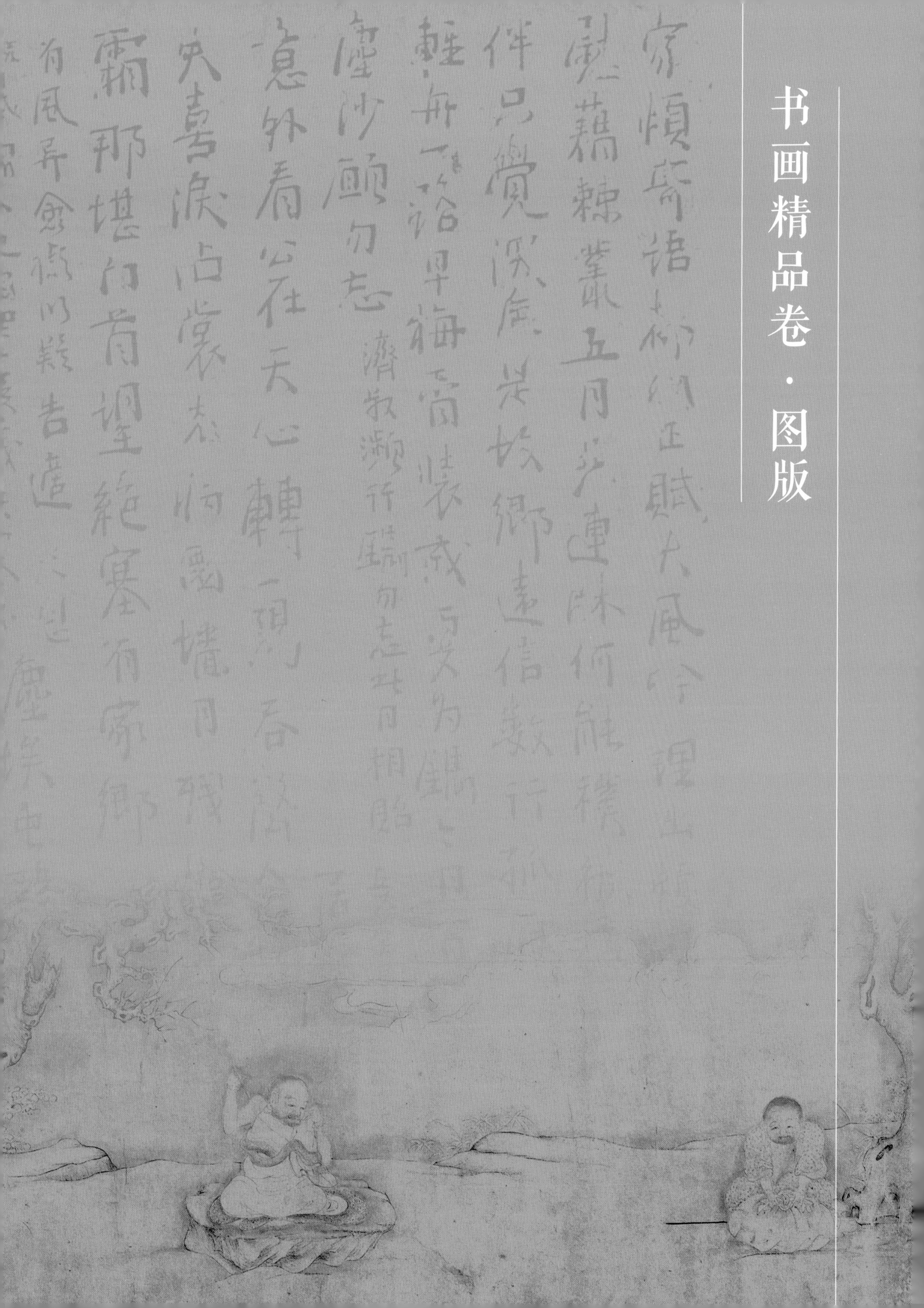

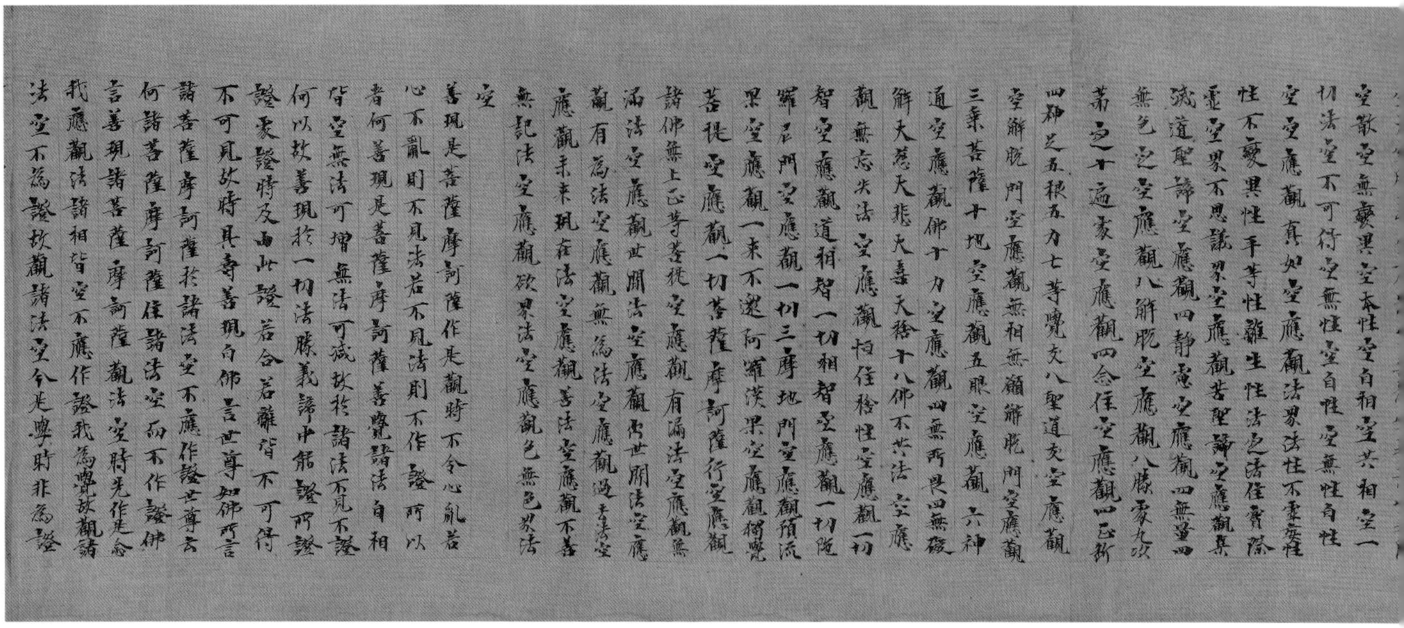

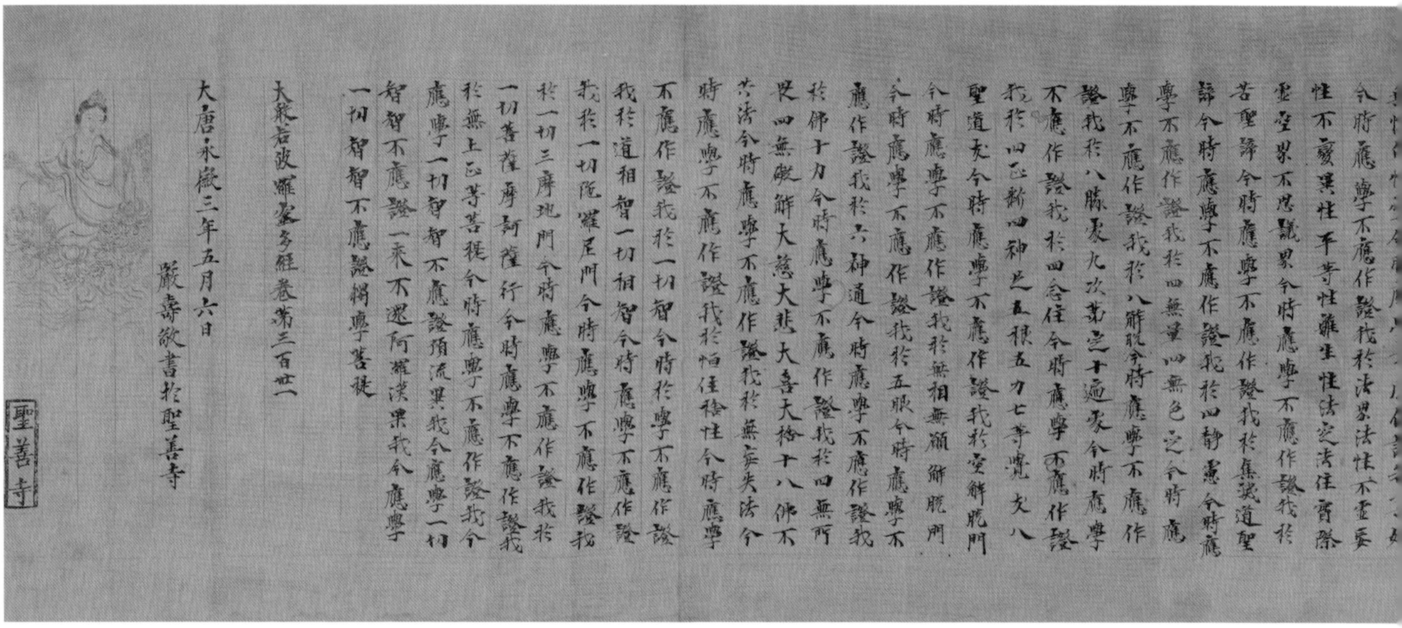

严　寿　楷书大般若波罗蜜多经卷第三百三十一

唐

纸本

纵 34 厘米，横 640 厘米

1963 年山西省芮城县征集

严寿，生平不详。

卷首残缺，存15纸，每纸28行，每行17字。乌丝栏，栏高20厘米，宽1.5厘米。标准的唐代写经，结体端正，笔法娴熟流利。卷尾题记“大般若波罗蜜多经卷第三百卌一，大唐永徽三年五月六日，严寿敬书于圣善寺”。后钤“圣善寺”长方墨印。圣善寺，地址不详，唐代西京长安、东都洛阳都有。

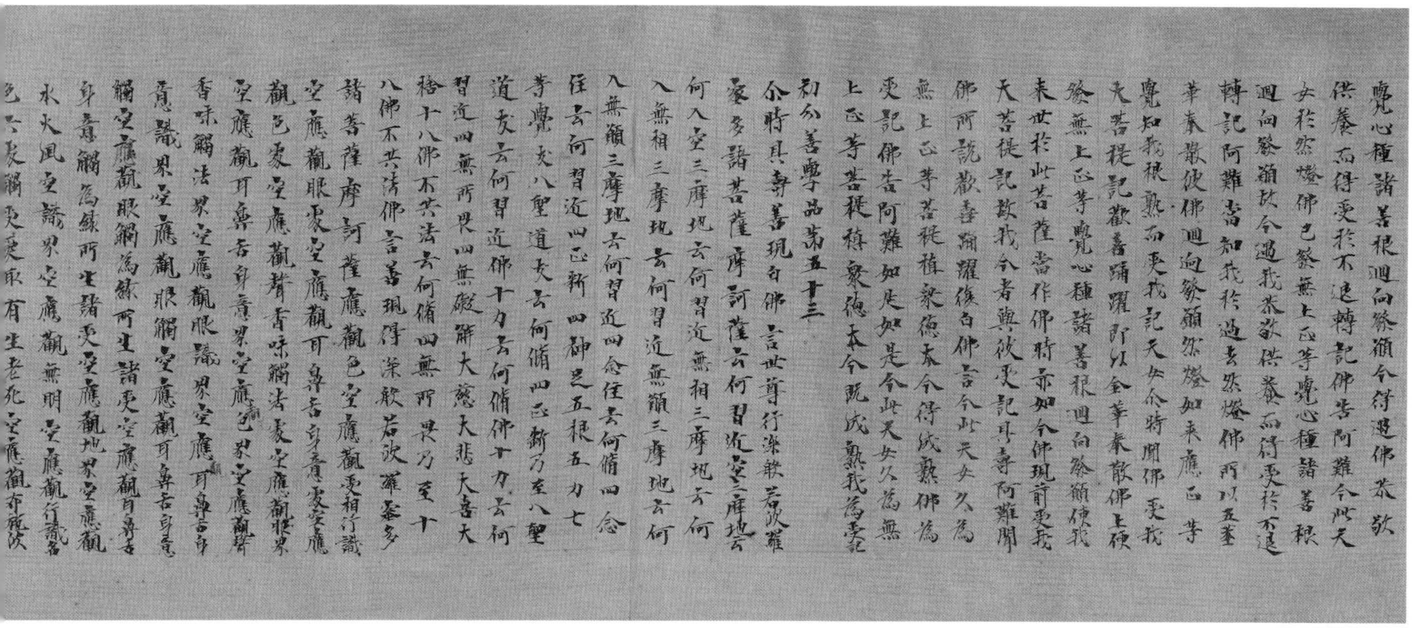

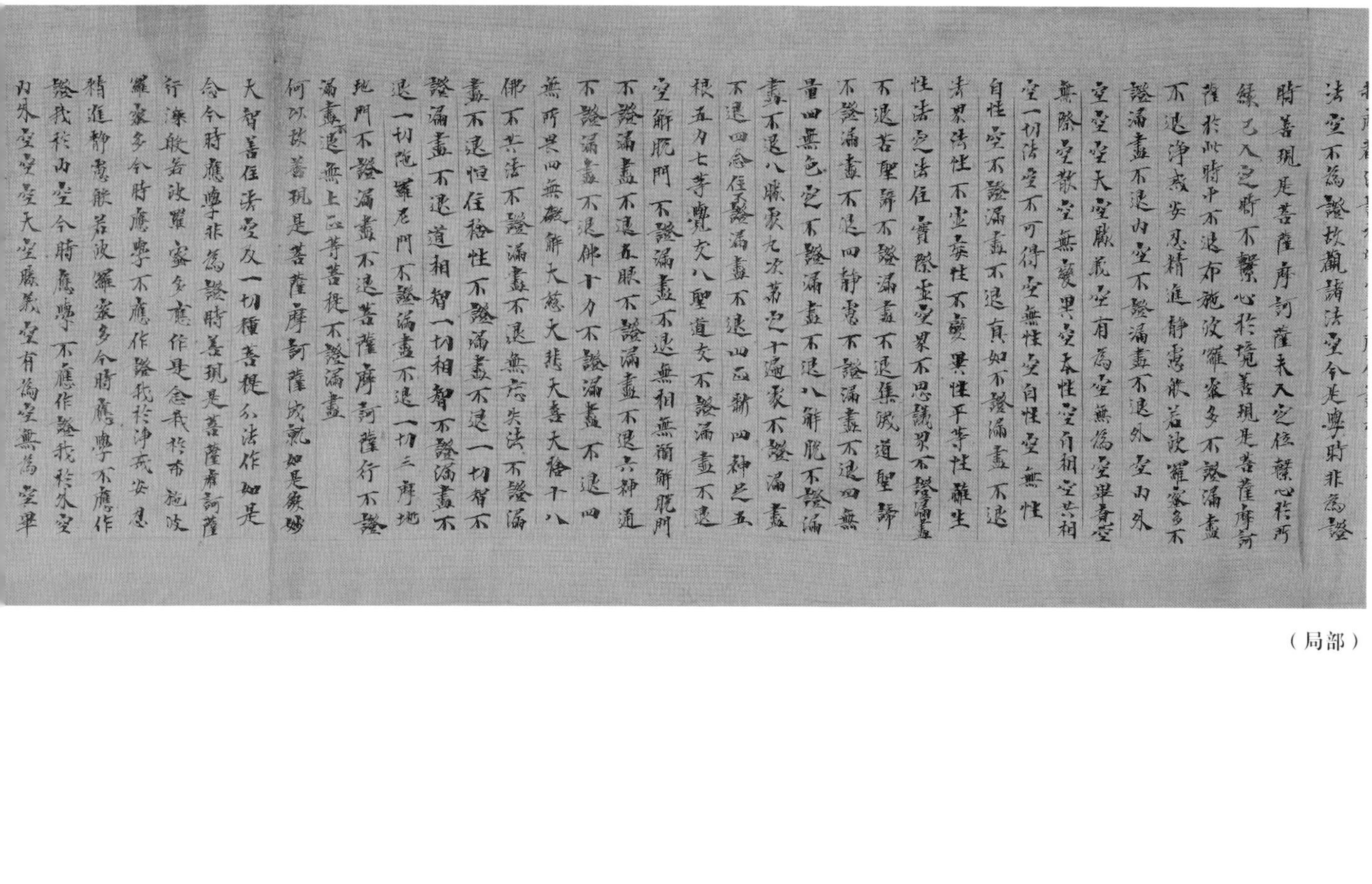

（局部）

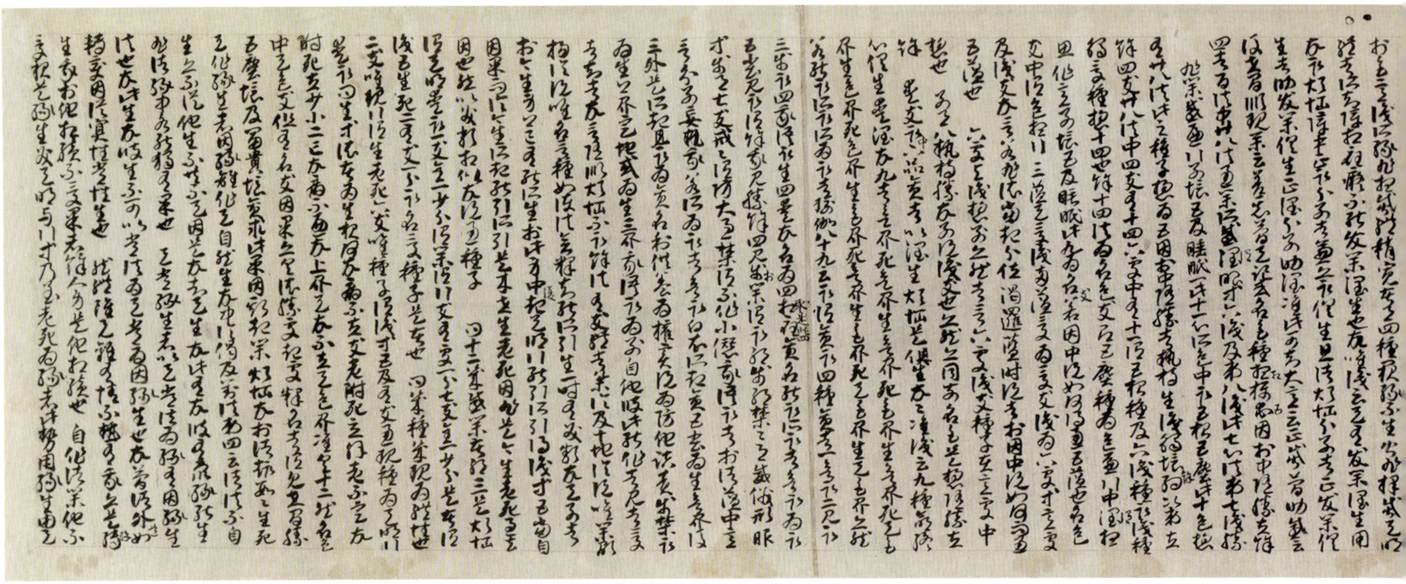

无款　章草释经卷

唐

纸本

纵 28 厘米，横 144.5 厘米

1955 年陕西省西安市征集

存4纸，每纸25行，每行25字。乌丝栏，栏高14.7厘米，栏宽1.5厘米。唐人写经多楷书，此卷以章草抄写，十分珍贵。

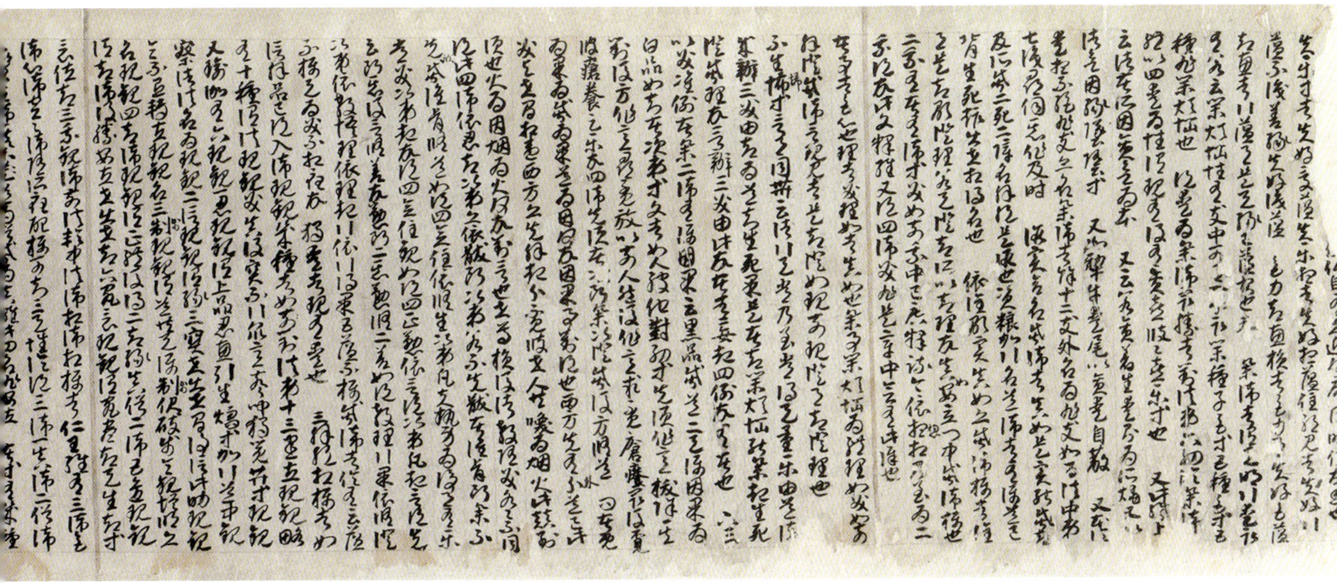

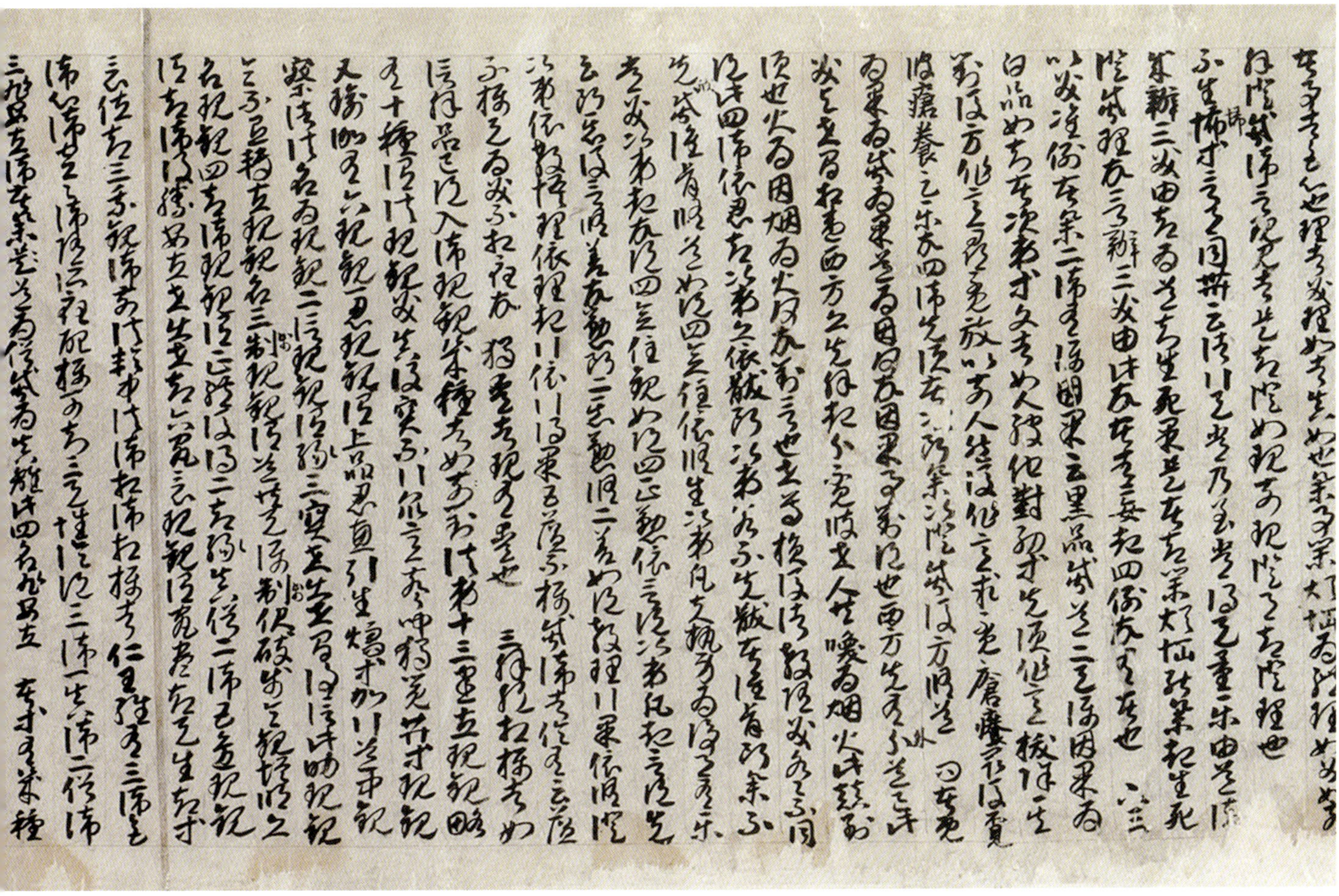

王　渊　桃竹锦鸡图轴

元

绢本　墨笔

纵 162.5 厘米，横 133 厘米

1986 年山西省文物商店征集

王渊，生卒年不详，字若水，号澹轩、虎林逸士，钱塘（今浙江杭州）人。擅画山水、人物，尤精于水墨花鸟竹石，花鸟师黄荃，水墨晕染，自成一格。

全景式构图，笔法精微，施以水墨晕染，是画家工笔水墨花鸟画的代表作品。隶书款“至正三年冬腊月，钱塘王渊若水为仲华良友画桃竹锦鸡图”。下钤三方印，其中一方“王若水印”，另两印模糊不清。右下角钤清代梁清标鉴藏印“蕉林”。至正三年为公元1343年。

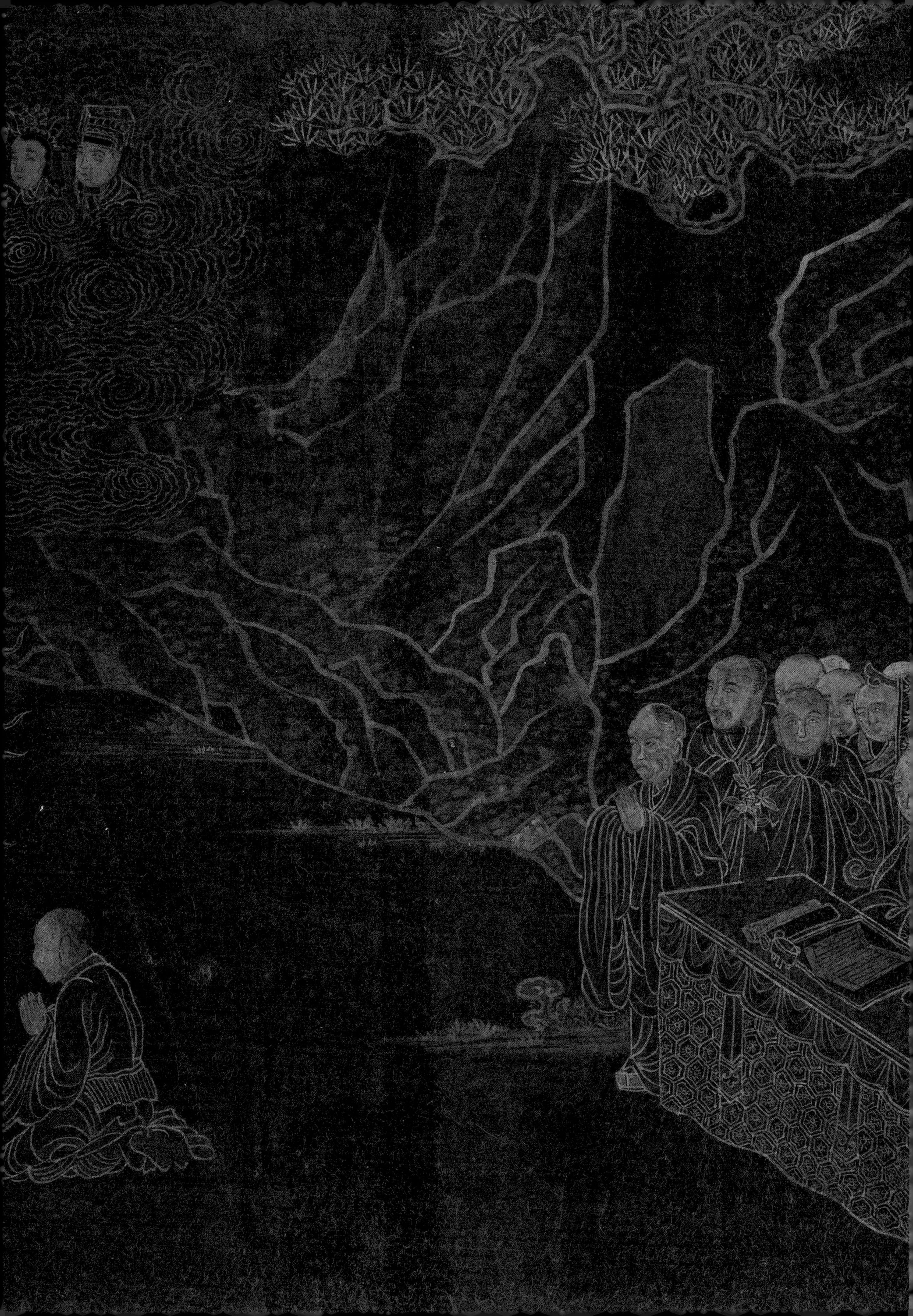

顾　安　风竹图轴

元

纸本　墨笔

纵 106 厘米，横 33.5 厘米

1986 年钱自在先生捐献

顾安（1289~约1365年），字定之，号迂讷居士，江苏苏州人。工写行草，擅画墨竹，尤喜画风竹新篁。

以书法用笔绘风竹，墨色浓淡虚实互衬，既写出竹叶在风中飘飞，亦增强了画面层次感。款“迂讷老人顾定之为止善写于绿波轩”，钤“顾定之印”“迂讷老人”两方印。画上有张绅、俞贞木、周博等九人题诗。

宋畫院學士趙幹起蛟圖

无　款　起蛟图轴

元

绢本　设色

纵 95.5 厘米，横 40.5 厘米

1986 年钱自在先生捐献

图中树木飘摇，风急云涌，蛟龙欲出，画家以浓淡不同的笔墨描绘出山雨欲来之景，极富感染力。此图曾经元内府与清代卞永誉收藏，钤有“宣文阁印”“式古堂书画印”。诗堂有清末李寄云、徐宗浩、溥伒题记。

无 款　雪景山水图轴

明

绢本 设色

纵 157 厘米，横 74.5 厘米

1962 年北京市征集

全景式构图，山势巍峨，笔力雄健。构图与上海博物馆收藏的宋代无款《雪麓早行图》相似，笔墨皴法有宋代遗风，为明人摹本。

宋 克　草书七绝诗轴

明

纸本

纵 100 厘米，横 32 厘米

1961 年山西省洪洞县征集

宋克（1327~1387年），字仲温，号南宫生，长洲（今江苏苏州）人。明初著名书法家，擅长楷、草书，以章草著称，与宋广、宋璲合称“三宋”。

草书唐韩偓《荔枝诗》，用笔劲健，结体以纵势取胜，体势舒展，俊逸豪迈中透出古雅朴茂的气韵。款“仲温”，钤“宋仲温”印。

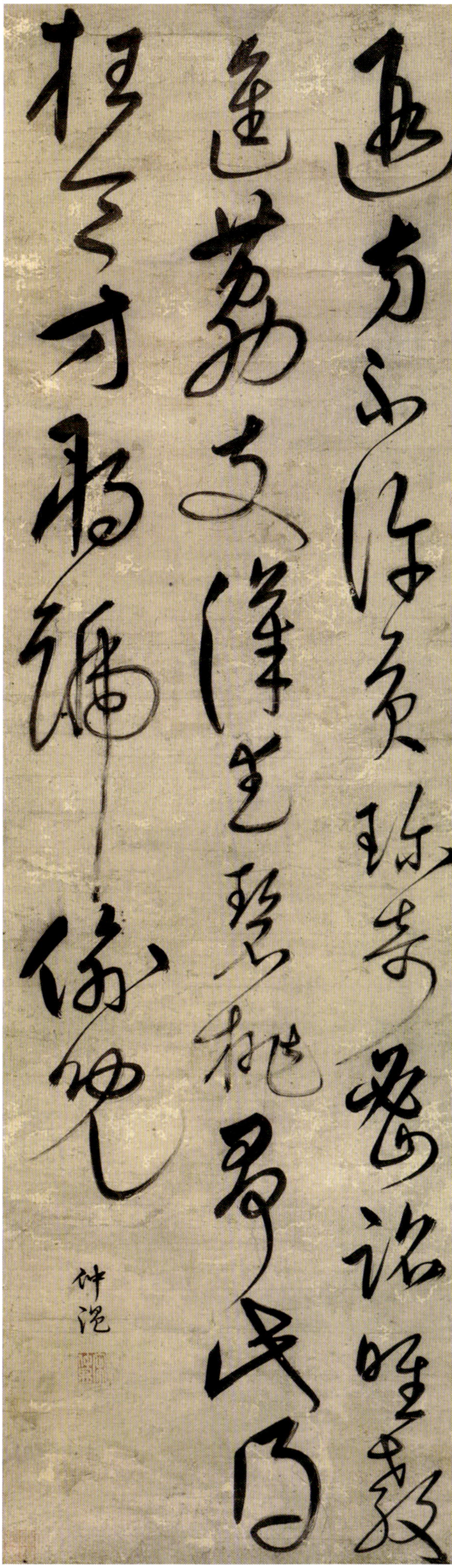

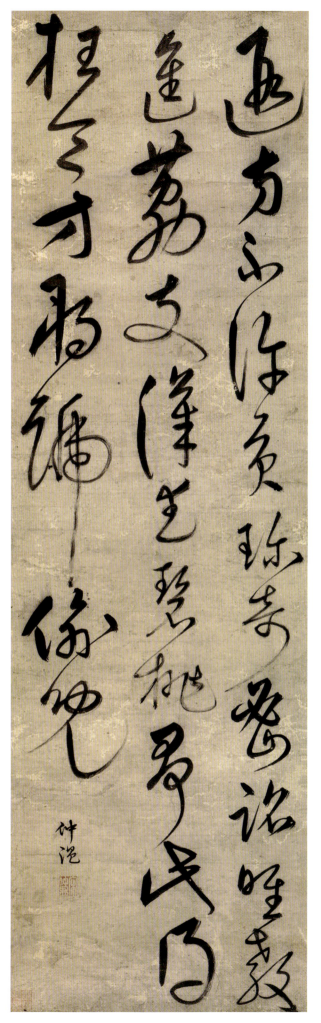

无　款　兰亭修禊图轴

明

绢本　设色

纵 162.5 厘米，横 88 厘米

1986 年钱自在先生捐献

高远法构图，绘崇山峻岭，茂林修竹，曲水流觞之景。题材取自东晋王羲之《兰亭序》，是历代画家所喜爱的绘画题材，宋李公麟，明文徵明、唐寅等均有绘本。

无　款　白描罗汉渡海图卷

明

纸本　墨笔

纵 27 厘米，横 975 厘米

1986 年钱自在先生捐献

以佛教故事中著名的罗汉渡海传说为题，画家用白描的技法描绘了十八罗汉渡海、海龙王携文武将相迎接的场面。笔法精湛纯熟，严谨中具有飘逸流畅。

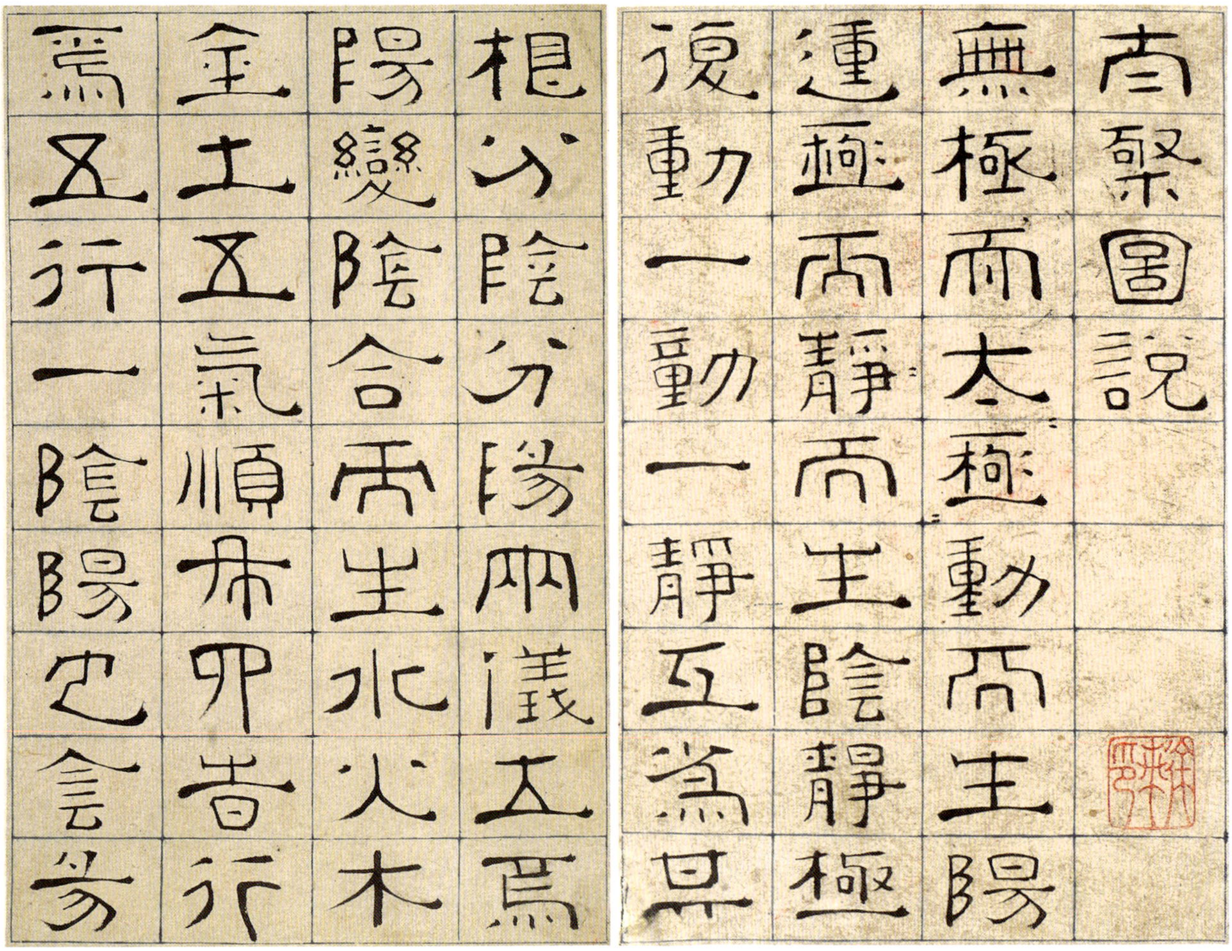
太極圖說
無極而太極動而生陽
運極而靜而生陰靜極
復動一動一靜互為其
根分陰分陽兩儀立焉
陽變陰合而生水火木
金土五氣順布四時行
焉五行一陰陽也陰陽

之一

徐　兰　隶书册

明

纸本

纵 24 厘米，横 15.5 厘米

1961 年北京市征集

徐兰，生卒年不详，字芳远，号南塘，浙江宁波人。工书法，尤精隶书，宗蔡邕并融己意，与程南云齐名。著有《书体经要》一卷。

四十三开。录周敦颐《太极图说》《爱莲说》，程颐《养鱼记》等十四篇。结字秀整，布白匀停，笔势舒展明朗，以楷书体势为之，自具风神。无款，钤“徐兰印”“四明山人”“芳远”“徐氏芳远”“四明山下人家”等印。经卢鸿沧珍藏，钤“鸿沧”“范阳叟鸿沧花甲后之章”印。

一太極也太極本無極
也五行之生也各一其
性無極之真二五之精
妙合而凝乾道成男坤
道成女二氣交感化生
萬物萬物生生而變化無窮焉
惟人也得其秀而最靈
形既生矣神發知矣五

之二

性感動而善惡分萬事
出矣聖人定之以中正
仁義而主靜立人極焉
故聖人與天地合其德
日月合其明四時合其
序鬼神合其吉凶君子
修之吉小人悖之凶故
曰立天之道曰陰與陽

之三

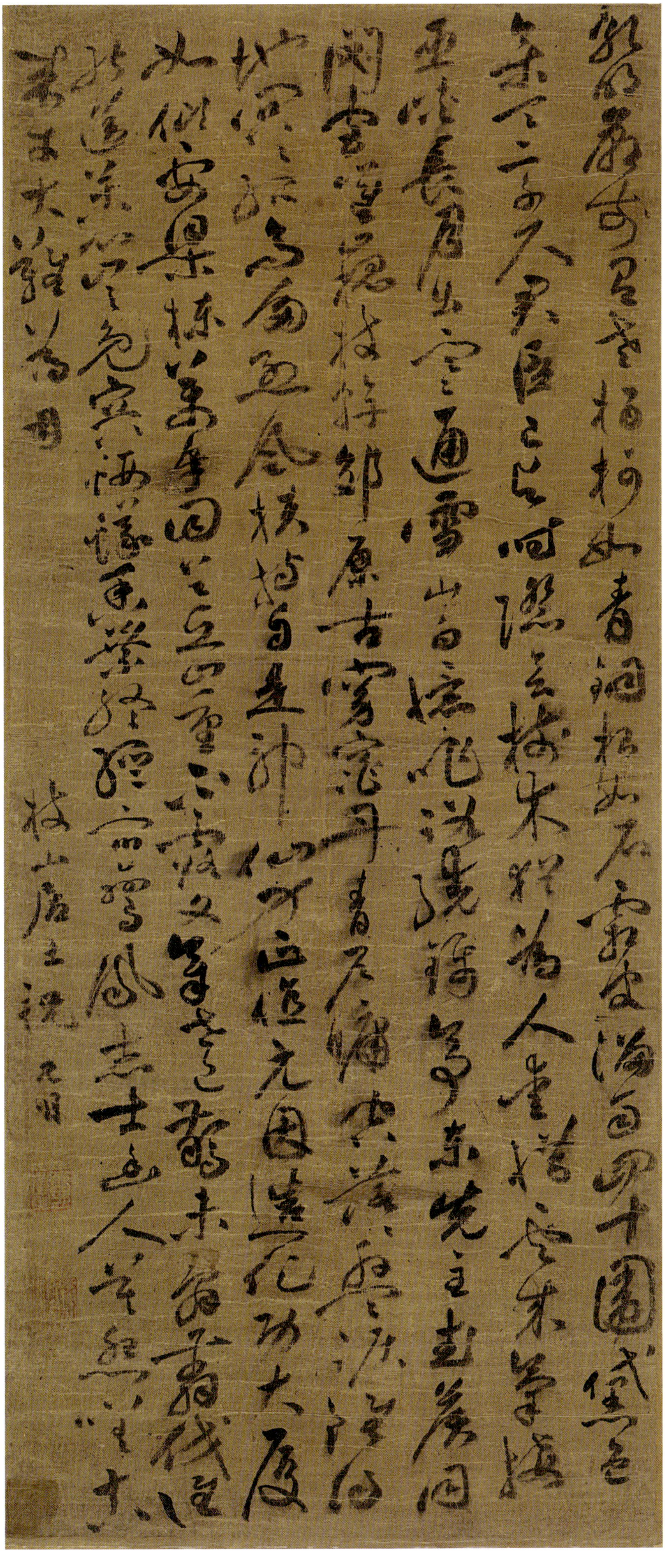

无　款　七子过关图轴

明
绢本　设色
纵148.5厘米，横84.5厘米
1959年上海博物馆调拨

历史故事画，描写唐开元年间七才子冒风雪出蓝田关，游龙门寺的故事。构图饱满，人物、树石的画法保留了宋院体的风貌。

祝允明　草书杜甫诗轴

明
绢本
纵73厘米，横32厘米
1960年征集

祝允明（1461~1527年），字希哲，号枝山，又号枝指生，长洲（今江苏苏州）人。工诗文，擅书法，兼重各体，造诣深厚，与文徵明、王宠并称“三大家”。草书尤为精妙，豪纵洒落，狂放不羁。

草书《古柏行》七言诗，师法二王、苏、米，兼取章草之古朴，法度严谨，运笔豪纵，一气呵成。款“枝山居士祝允明”，钤“祝允明印”“晞哲父”两方印。

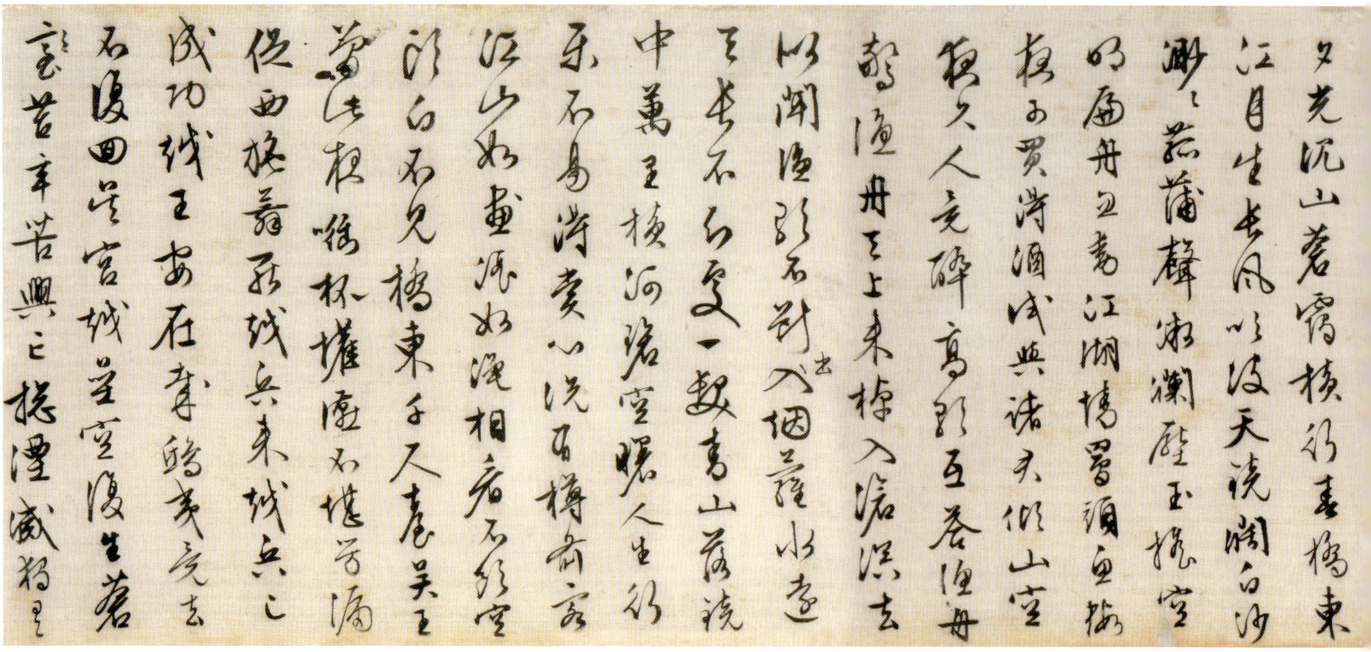

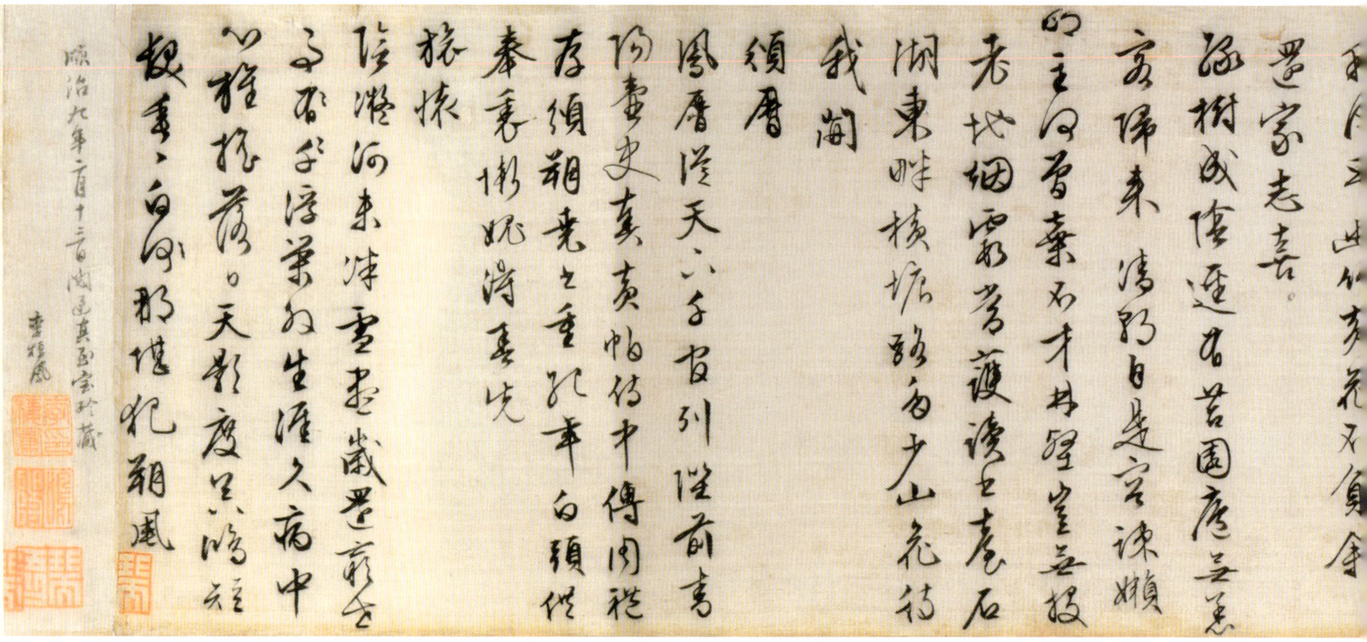

文徵明　行书自书诗卷

明

绢本

纵 30.5 厘米，横 267 厘米

1953 年征集

文徵明（1470~1559年），初名壁，字徵明，后更字徵仲，号衡山居士，长洲（今江苏苏州）人。工诗文，擅书画，为明四大家之一。

行书《春日郊行》《感怀》《石湖行春桥观月》《还家志喜》等九首诗。用笔谨严而意态生动，骨肉停匀，使转流畅。引首朱之蕃行书题“翰墨游神”，卷尾有顺治九年（1652年）李栖凤观记。

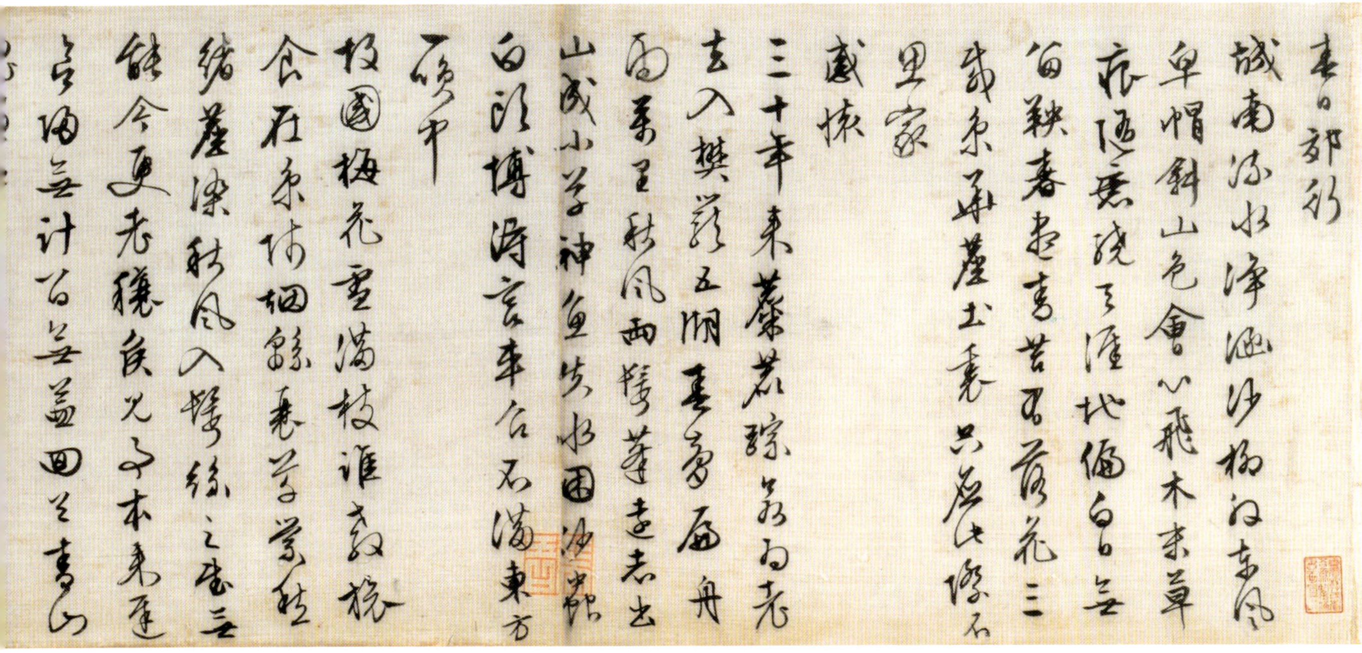

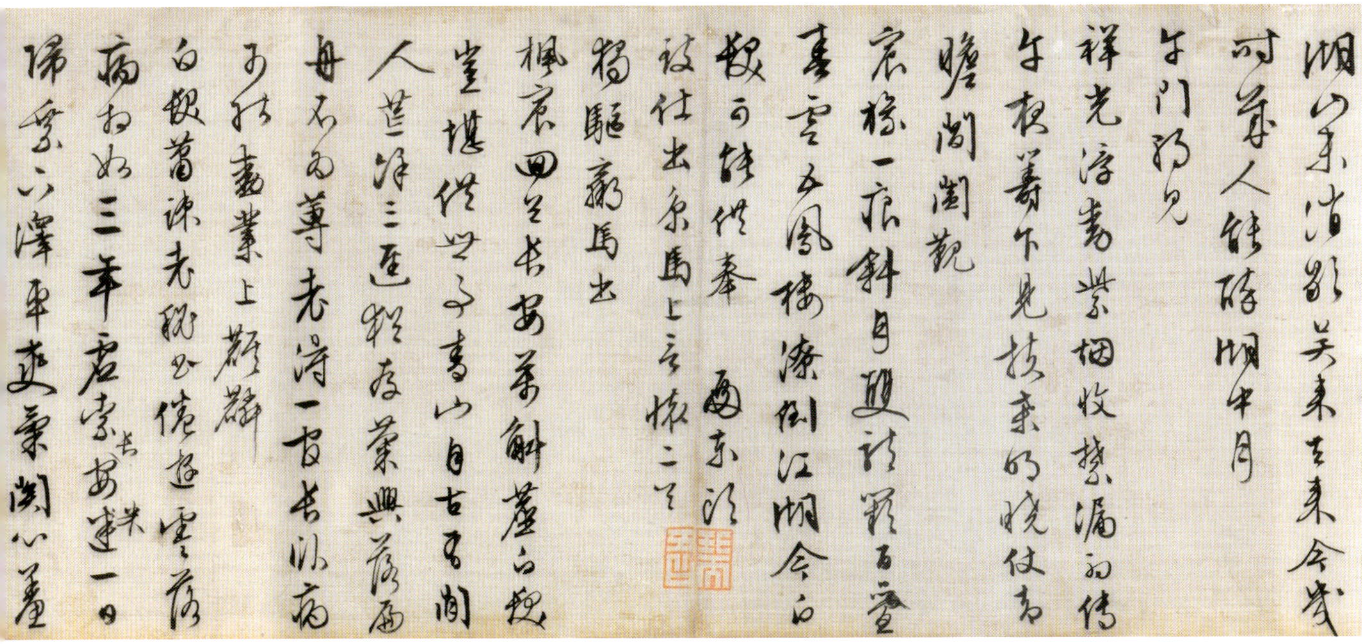

翰墨游神
朱之蕃

谢时臣　溪桥钓艇图轴

明

绢本 设色

纵 120 厘米，横 61 厘米

1960 年北京市征集

谢时臣（1488~1567年），字思忠，号樗仙，吴县（今江苏苏州）人。擅画山水，长卷巨幛，挥洒自如。

深远法构图，设色淡雅，笔墨温润。画上自题七言诗“把钓清江未返家，江边草阁枕平沙。山中春色随流水，藻荇牵风聚落花。”款“谢时臣”，钤“樗仙”“姑苏台下逸人”印。另钤“苏氏伯安珍藏”“仓梯乙亥以后所得”“正气斋鉴赏印”鉴藏印。

无　款　牧牛图轴

明
绢本　设色
纵 130 厘米，横 75 厘米
1959 年上海博物馆调拨

图绘柳树新芽，溪水流淌，坡地上一人倚石闲坐，一人手牵耕牛缓行。人物造型生动，山石运用斧劈皴的技法。诗堂有明代诗人、书法家谢迁题记。

来　复　行书蓝田郊望诗轴

明
绢本
纵 175 厘米，横 66 厘米
1954 年山西省太原市征集

来复，生卒年不详，字阳伯，陕西三原人。万历四十四年（1616年）进士，官至江西右布政使。通晓诗文书画、琴棋剑器，尤以书画见长。著有《来阳伯诗集》《来阳伯文集》。

行书《蓝田郊望》五言诗，行草间杂，笔法洒脱，淋漓酣畅。款“为还一年兄书，来复”。钤“来复之印”“阳伯父”两方印。

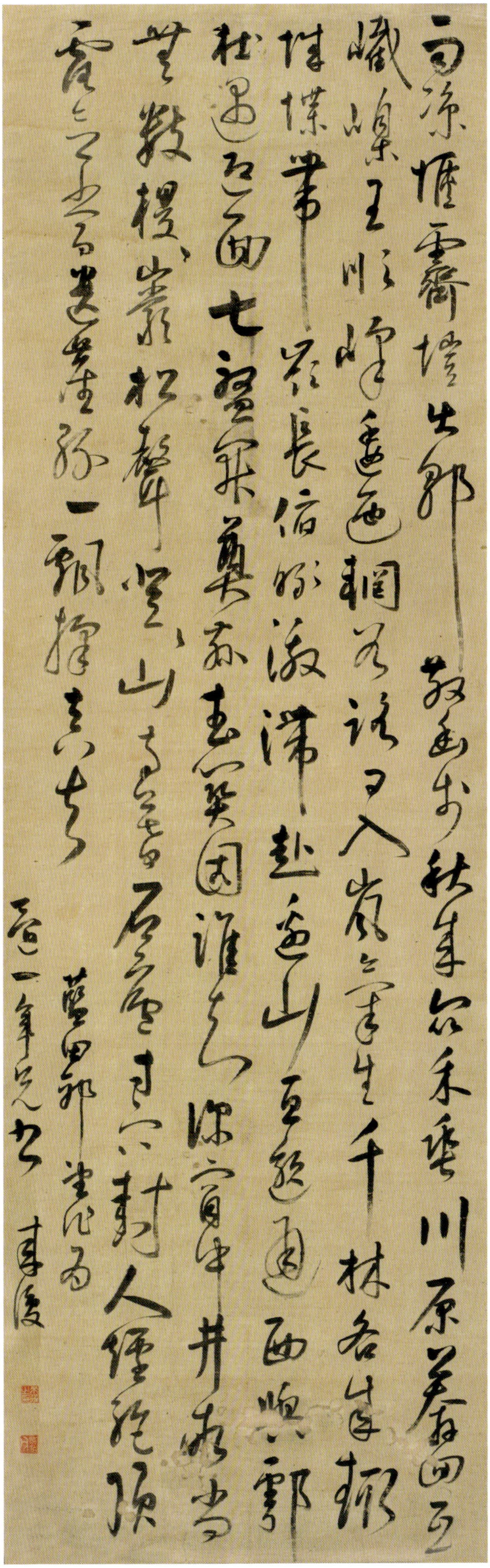

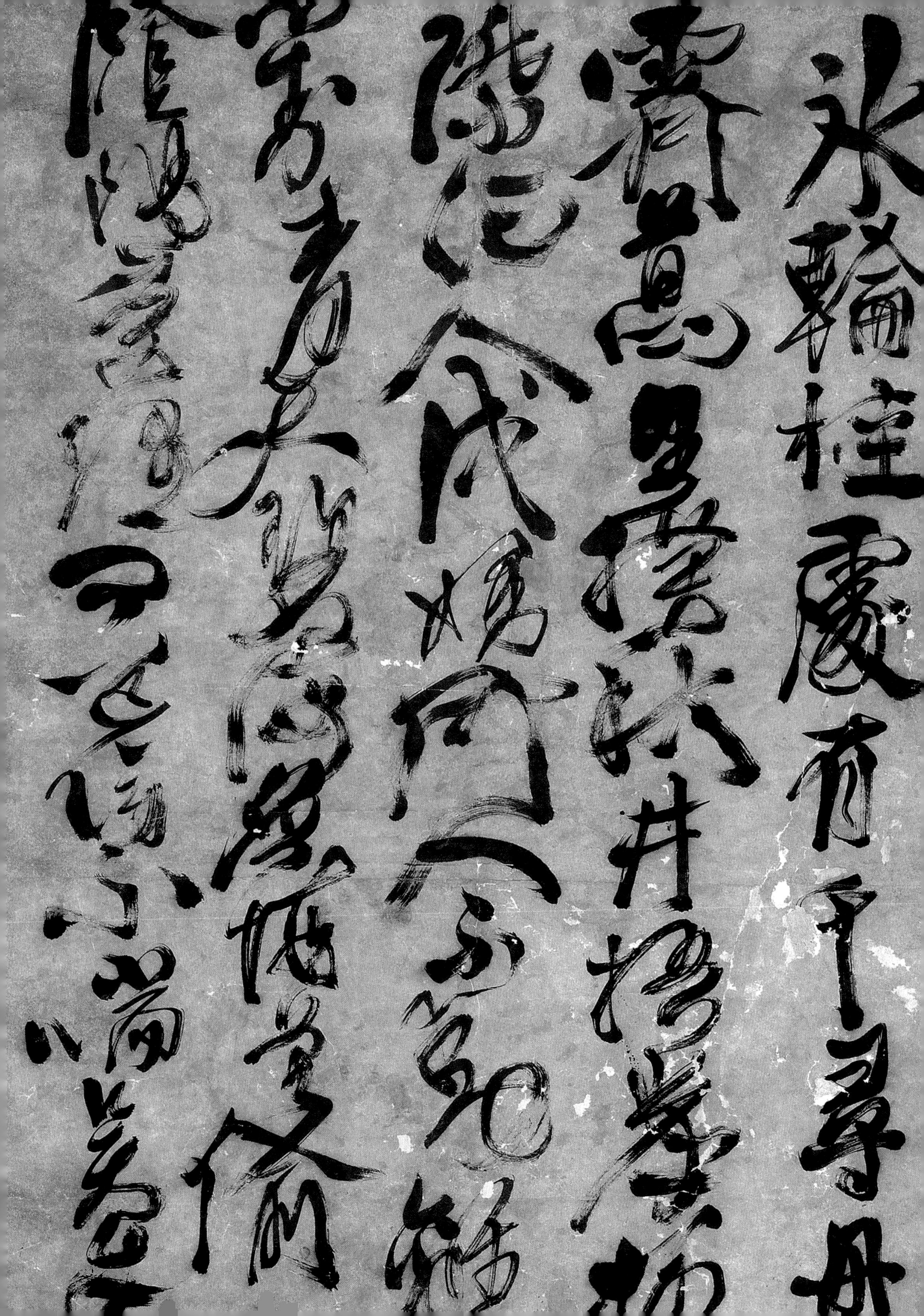

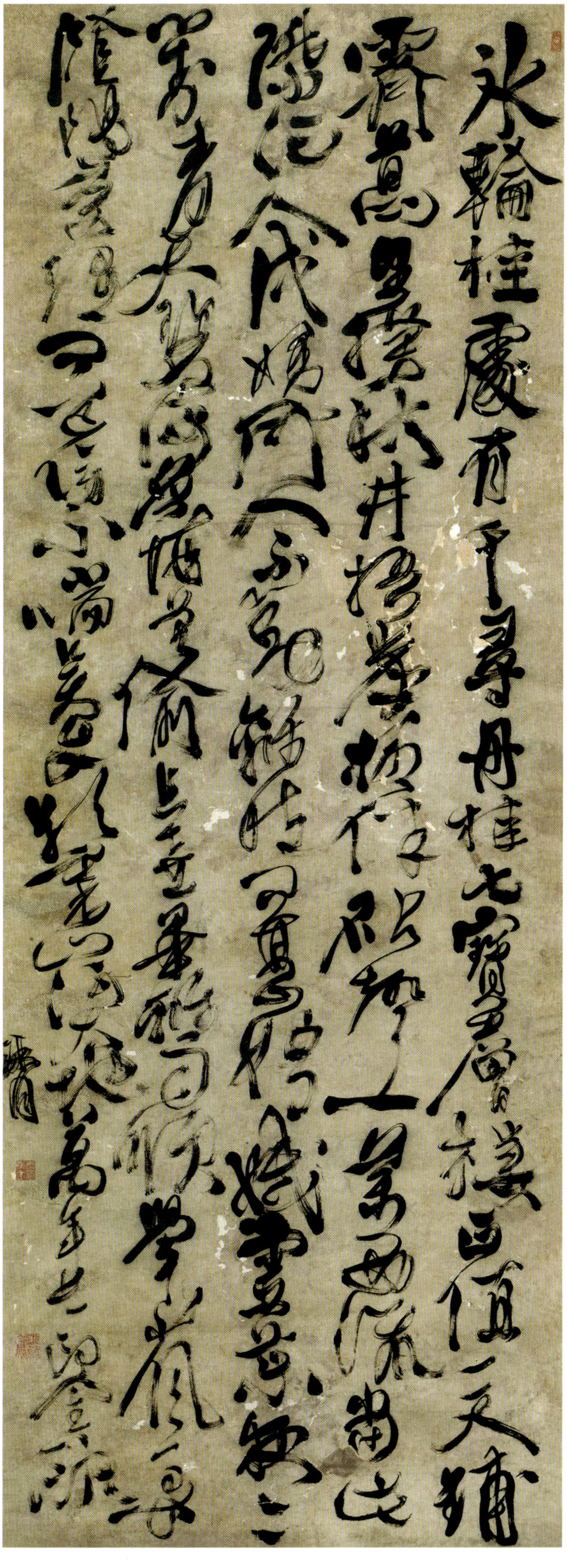

徐　渭　草书咏月词轴

明

纸本

纵 212 厘米，横 79 厘米

1961 年山西省太原市征集

徐渭（1521~1593年），字文长，号天池山人、青藤道人，山阴（今浙江绍兴）人。擅画山水、人物、花卉竹石，创水墨写意花鸟画新格调。擅长行草书，出自米芾、黄庭坚，纵横奔放，不拘法度，人称“书中散圣”。

用笔沉着浑圆，笔势奔放狂纵，不拘成法。钤“青藤道士”“湘管斋”“公孙大娘”印。《咏月词》，《徐渭集》收录。

黃白鏡
一照黃白
舉世慕黃白不知黃白之義全在汞火變化火滅
化真土、稟中央氣色象故黃汞死變真鉛、稟
西方氣色象故白黃者為藥白者為丹一藥一丹是
為黃白
二照乾坤
黃白之術先立乾坤以為鼎器此言一留人間未免驚
世駭俗不知天地乃天地之中乾坤也男女乃男女之中
乾坤也砂鉛乃砂鉛之中乾坤也雖一禽一虫之中亦各
自具一乾坤何必限定天地纔為乾坤也知此者可以
内修胎仙知此者可以外煉黃白
之一

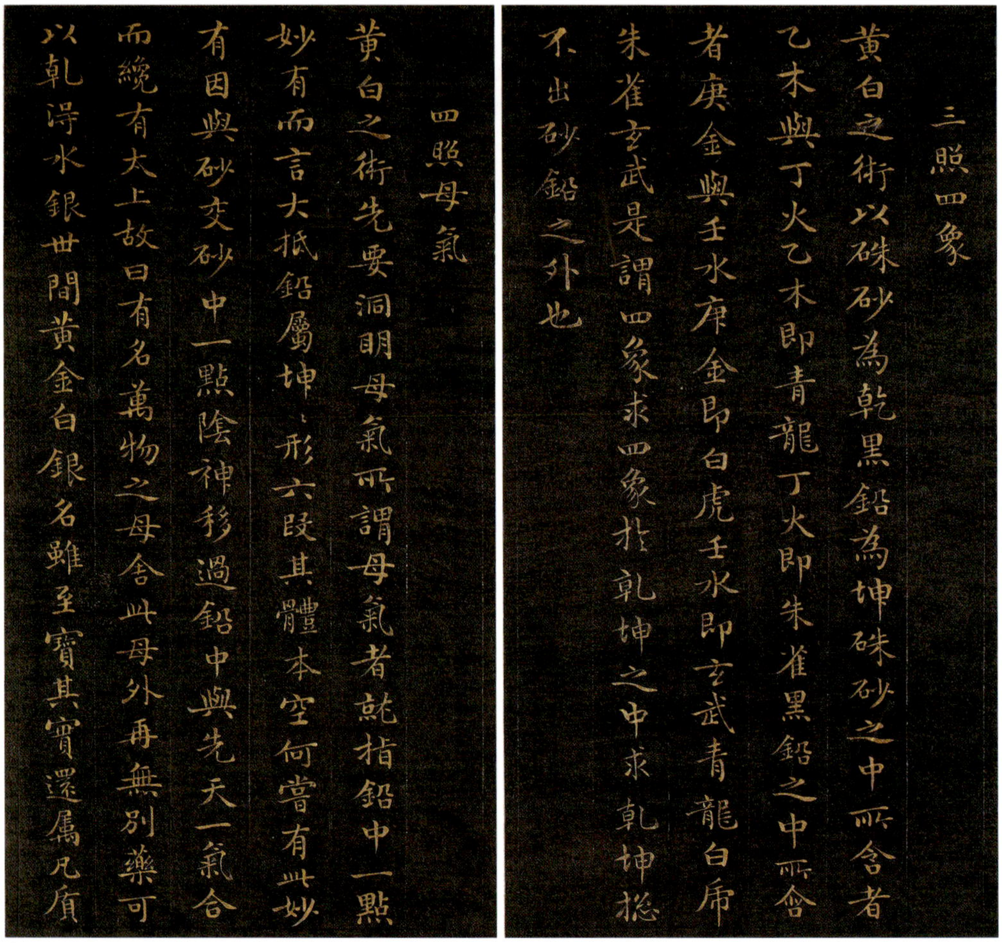
三照四象
黃白之術以硃砂為乾黑鉛為坤硃砂之中所含者
乙木與丁火乙木即青龍丁火即朱雀黑鉛之中所含
者庚金與壬水庚金即白虎壬水即玄武青龍白虎
朱雀玄武是謂四象求四象於乾坤之中求乾坤總
不出砂鉛之外也
四照母氣
黃白之術先要洞明母氣所謂母氣者就指鉛中一點
妙有而言大抵鉛屬坤、形六段其體本空何嘗有此妙
有因與砂交砂中一點陰神移過鉛中與先天一氣合
而纔有太上故曰有名萬物之母舍此母外再無別藥可
以乾得水銀世間黃金白銀名雖至寶其實還屬凡質
之二

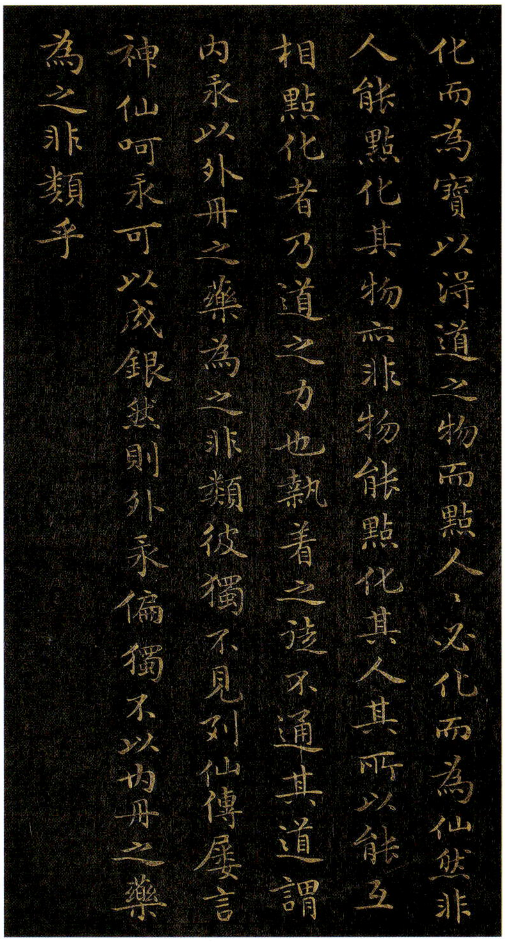
化而為寶以得道之物而點人必化而為仙然非
人能點化其物而非物能點化其人其所以能互
相點化者乃道之力也執着之徒不通其道謂
内汞以外丹之藥為之非類彼獨不見列仙傳屢言
神仙呵汞可以成銀然則外汞偏獨不以内丹之藥
為之非類乎

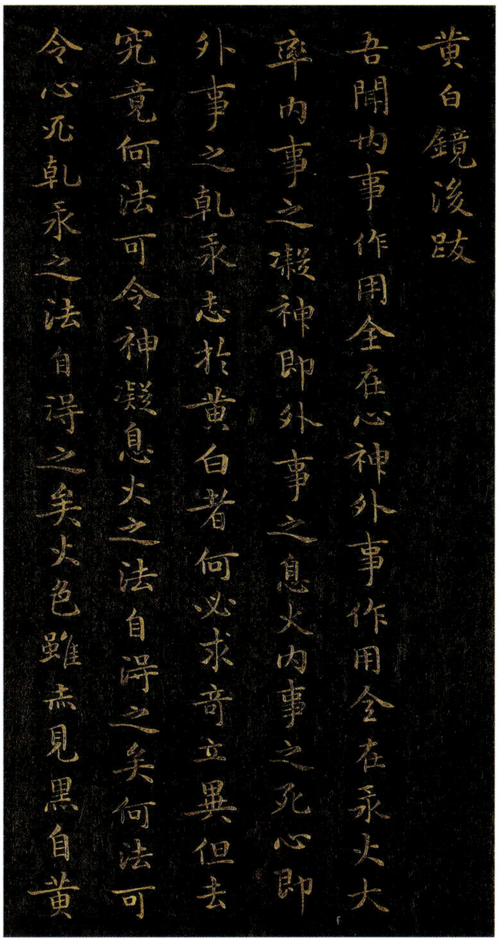
黄白鏡後跋
吾聞内事作用全在心神外事作用全在汞火大
卒内事之凝神即外事之息火内事之死心即
外事之乾汞志於黄白者何必求奇立異但去
究竟何法可令神凝息火之法自得之矣何法可
令心死乾汞之法自得之矣火色雖赤見黑自黄

之二十五

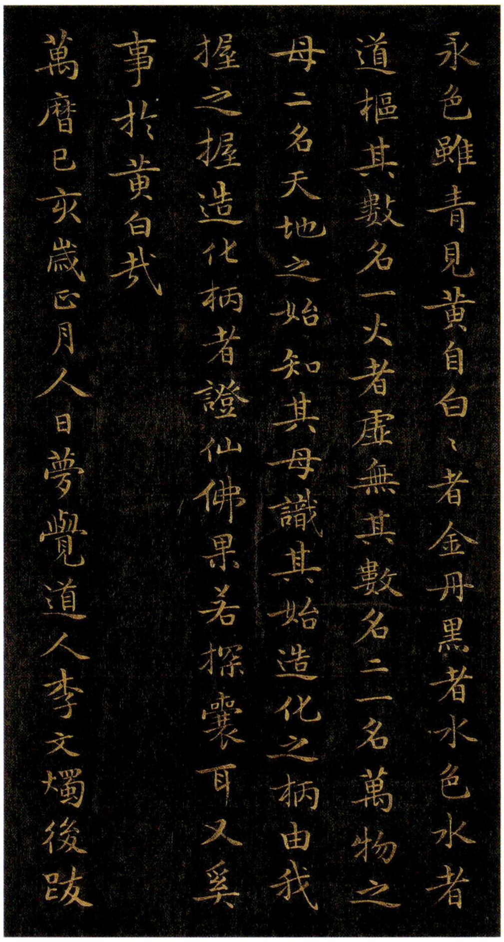
汞色雖青見黄自白白者金丹黑者水色水者
道樞其數名一火者虛無其數名二一名萬物之
母二名天地之始知其母識其始造化之柄由我
握之握造化柄者證仙佛果若探囊耳又奚
事於黄白哉
萬曆己亥歲正月人日夢覺道人李文燭後跋

之二十六

李文烛　楷书黄白镜册

明

瓷青纸

纵 19.5 厘米，横 10.8 厘米

1954 年甘肃省兰州市征集

李文烛，生卒年不详，字晦卿，号梦觉道人，江苏丹徒人。

二十六开。《黄白镜》，李文烛撰。黄者为药，白者为丹。一药一丹，是谓黄白。楷体金书，端庄劲健。款“万历己亥岁正月人日梦觉道人李文烛”。

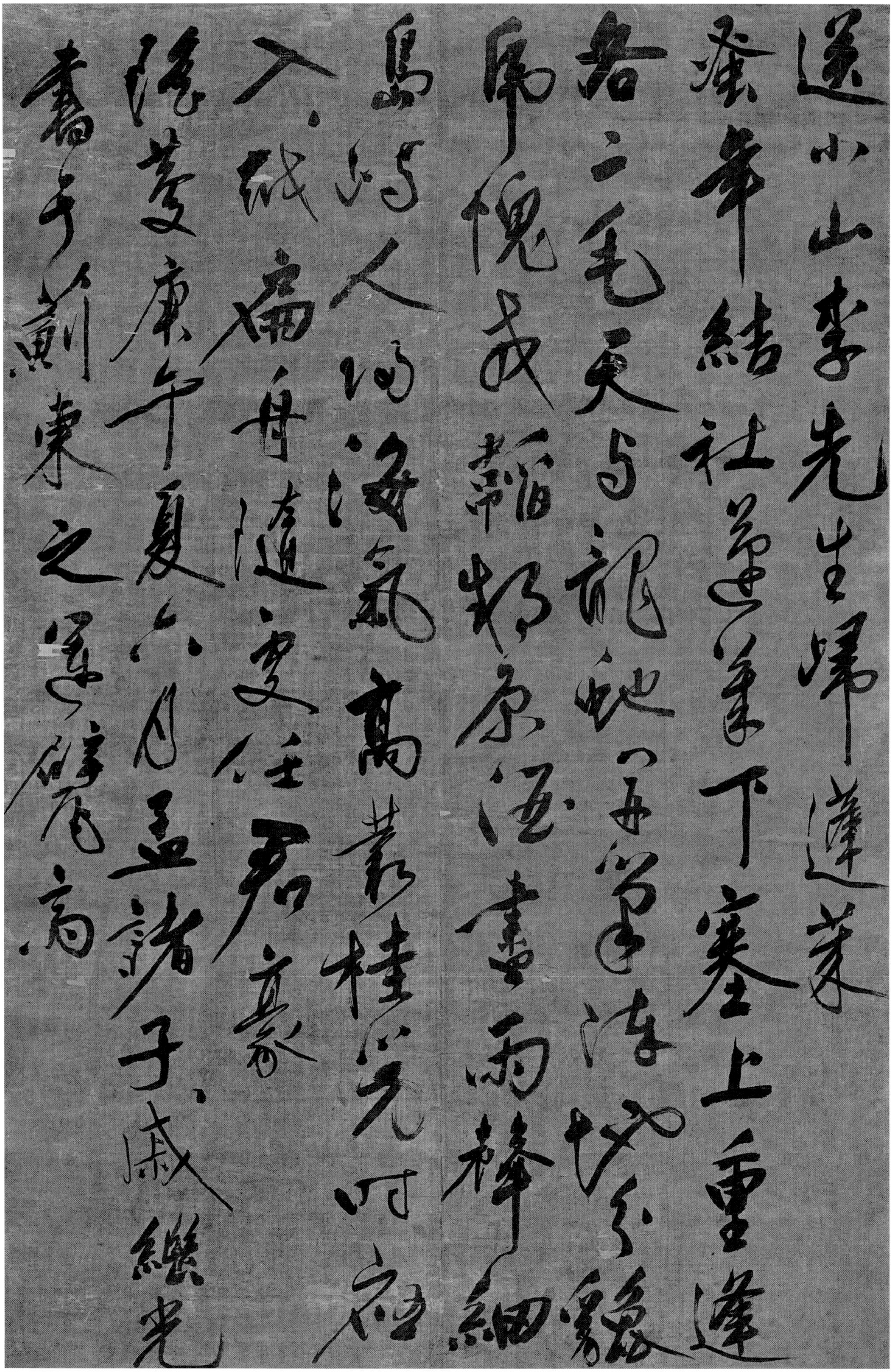

戚继光　行书送李小山归蓬莱诗轴

明

绢本

纵 136 厘米，横 91 厘米

1957 年山西省太原市征集

戚继光（1528~1588年），字元敬，号南塘，晚号孟诸，山东蓬莱人，祖籍安徽定远。抗倭名将，一生战功卓著。著兵书《纪效新书》《练兵纪实》。工诗文，擅书法。

行书《送李小山归蓬莱》七言诗，间架结构受黄庭坚影响，开拓舒展。款“隆庆庚午夏六月孟诸子戚继光书于蓟东之运甓斋”。戚继光书法传世稀少，甚为珍贵。

朱之蕃　行书咏白燕梨花诗轴

明

纸本

纵 350 厘米，横 101 厘米

1952 年山西省太原市文物馆移交

朱之蕃，生卒年不详，字元介，号兰嵎，江苏南京人。工山水、竹石、花卉，书法出入颜真卿与文徵明。

行书《咏白燕梨花》七言诗，布局匀停，诗书俱佳。款“咏白燕梨花似芝轩词丈正之，朱之蕃”。钤“元介”“朱之蕃印”“乙未状元”印。

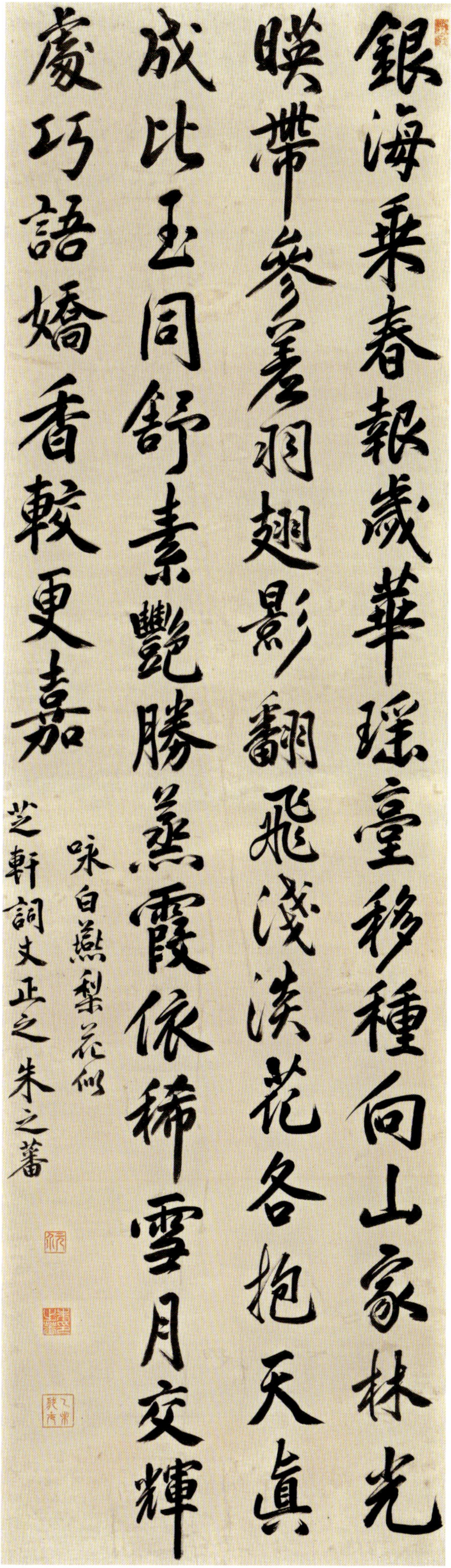
銀海乘春報歲華瑶臺移種向山家林光
暎帶參差羽翅影翻飛淺淡花各抱天眞
成比玉同舒素艷勝蒸霞依稀雪月交輝
處巧語嬌香較更嘉
咏白燕梨花似
芝軒詞丈正之朱之蕃

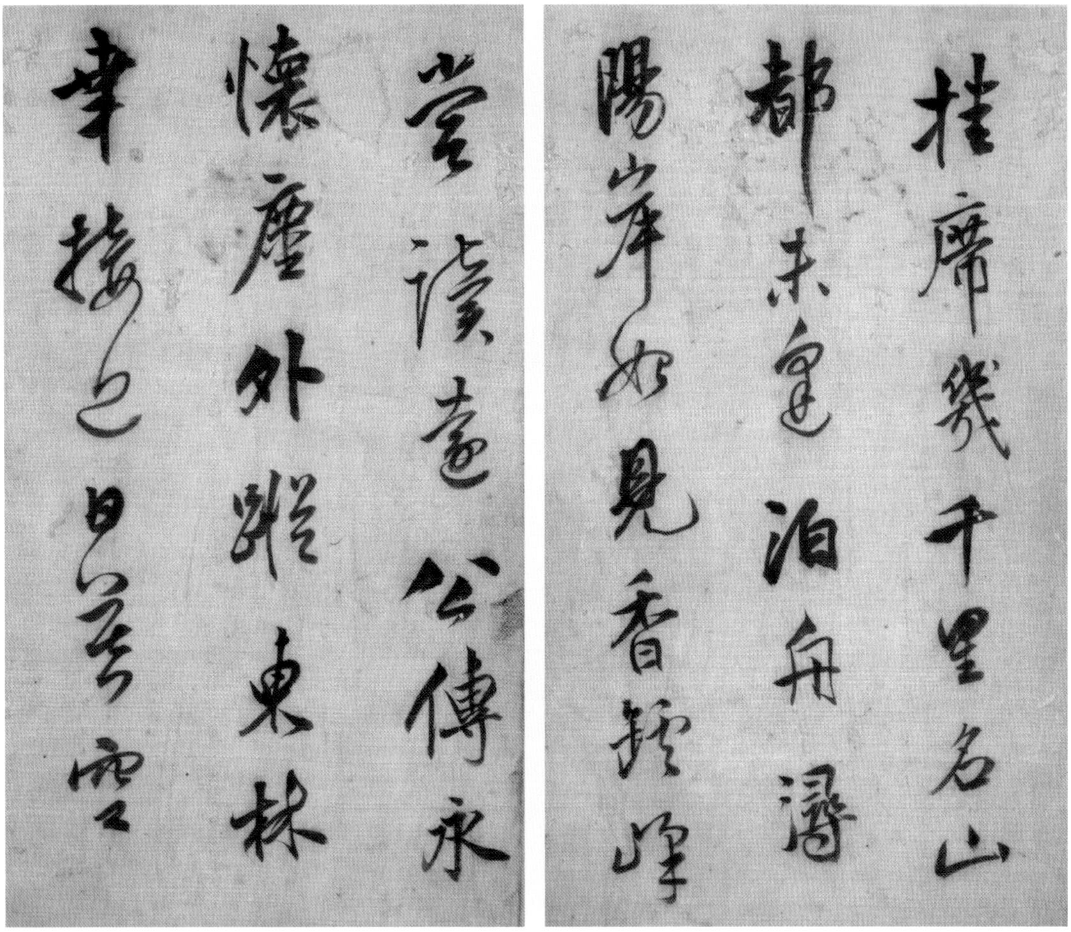

之一

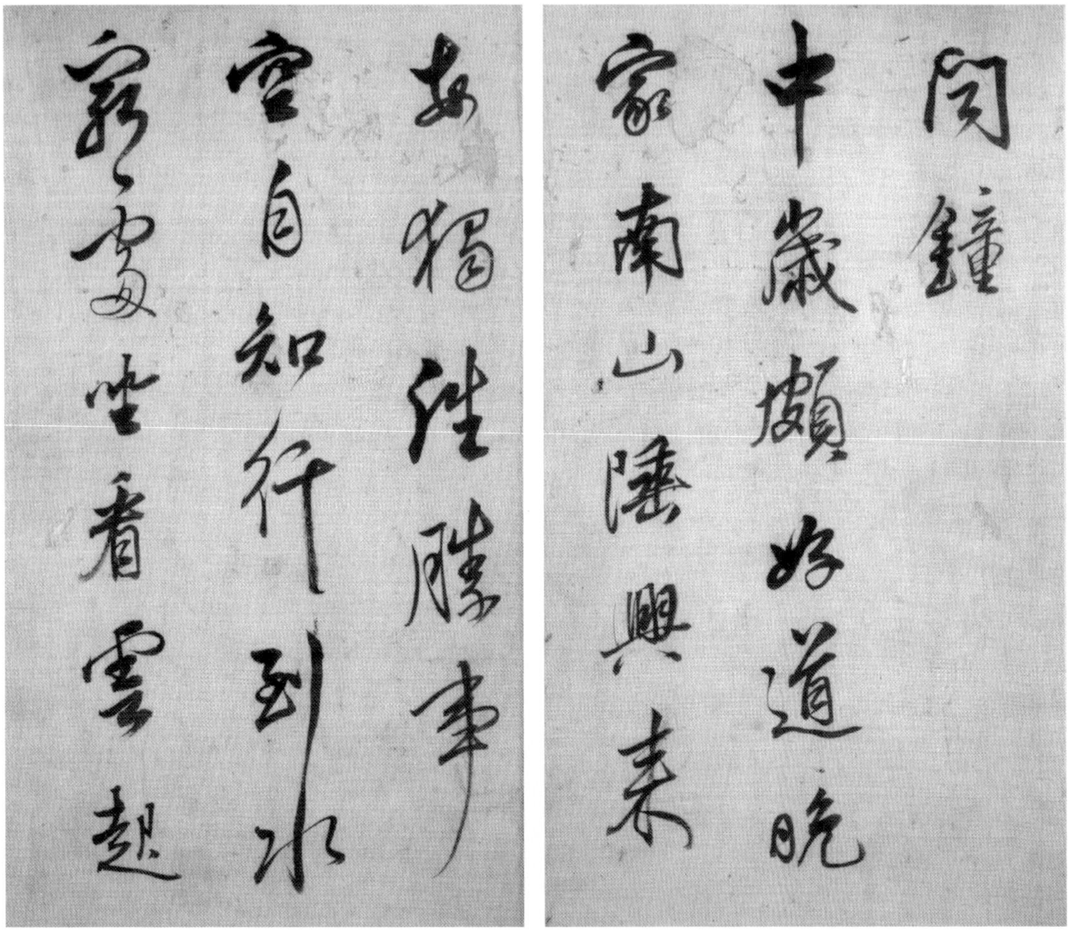

之二

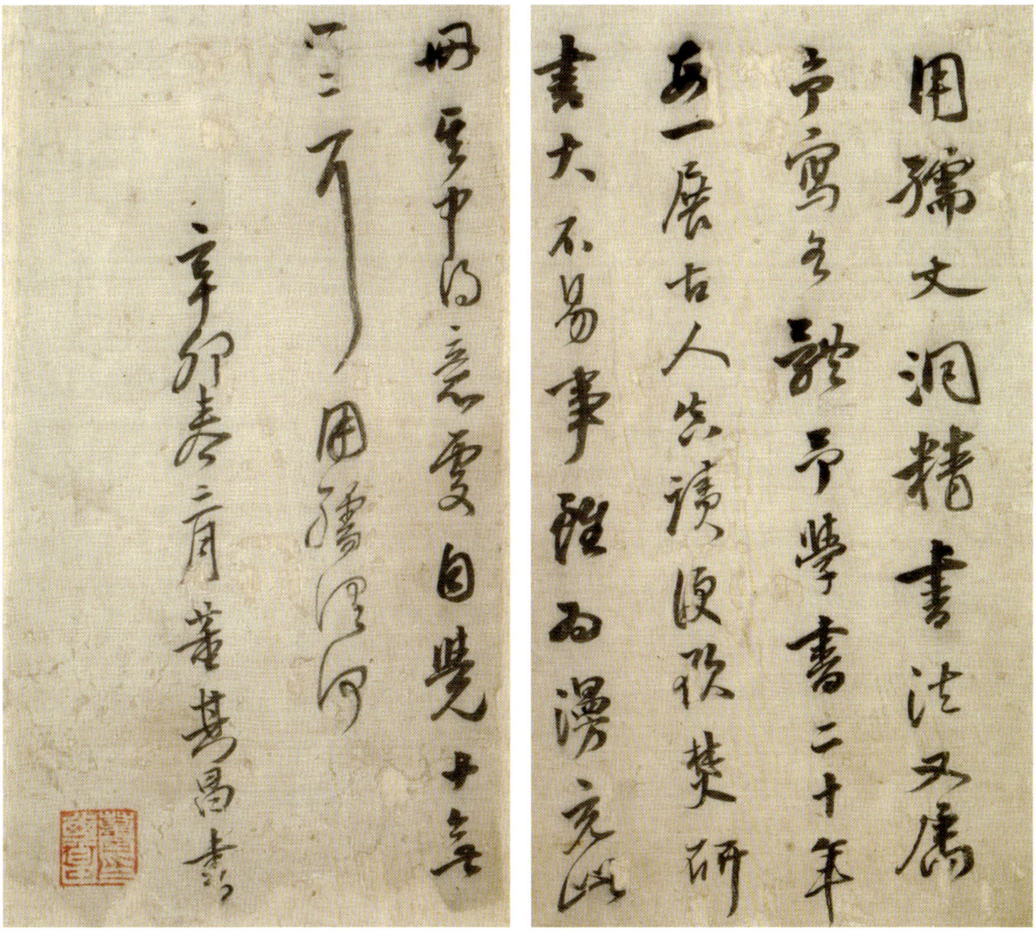

之十三

董其昌　行草书册

明

绢本

纵 26 厘米，横 14.5 厘米

1960 年北京市征集

董其昌（1555~1636年），字玄宰，号思白、香光居士，华亭（今上海松江）人。工诗文、精鉴赏、富收藏，工书擅画。著有《画禅室随笔》《画旨》《画眼》《容台集》。

十三开。行草书孟浩然、王维、李白等唐人诗，节临《圣教序》及王献之帖。行矩疏朗，行笔流畅。款“辛卯春三月董其昌书”，钤“董其昌印”。“辛卯”为明万历十九年（1591年），此册为董其昌早年作品。经张廷济、吴翰清收藏，张鸣珂题签，戴光曾跋尾。

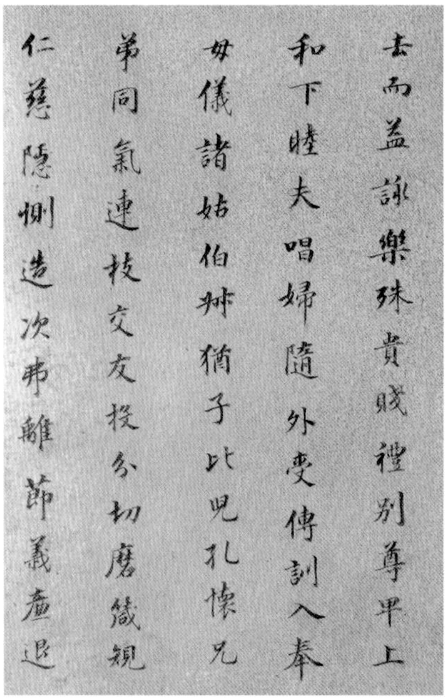
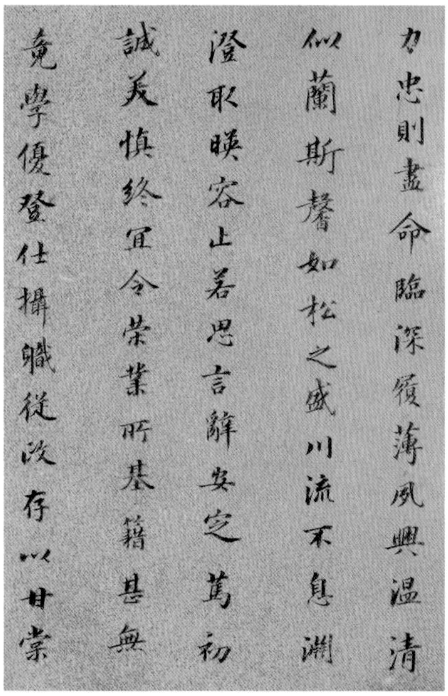
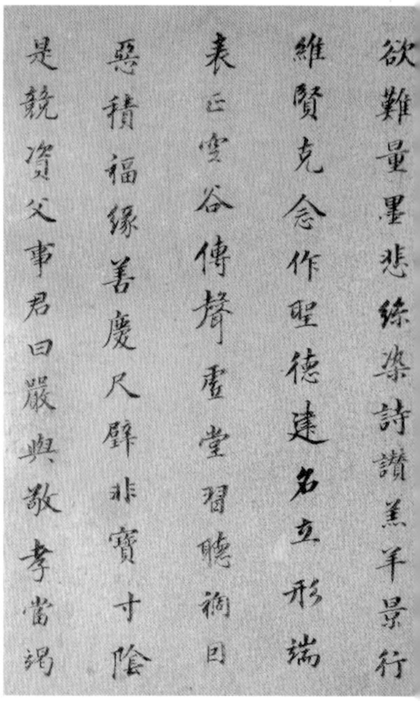

之三

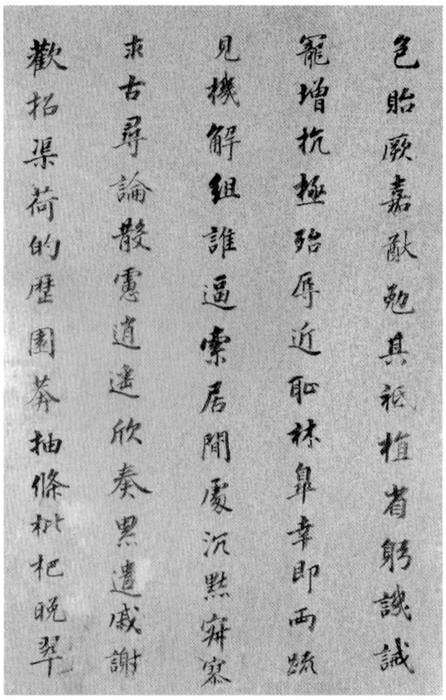
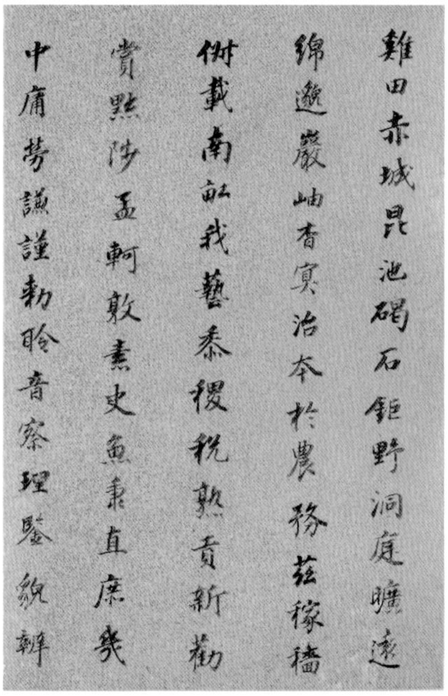
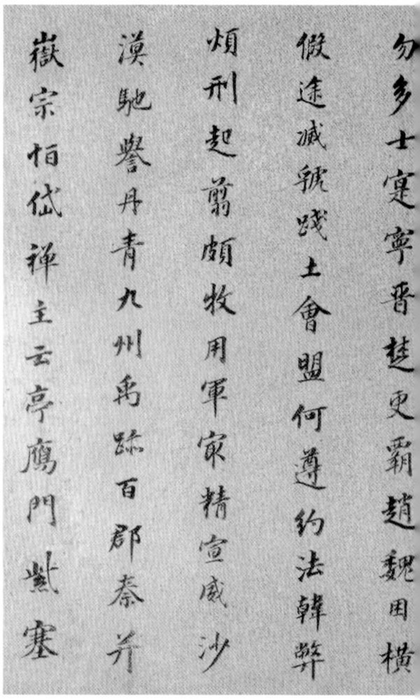

之六

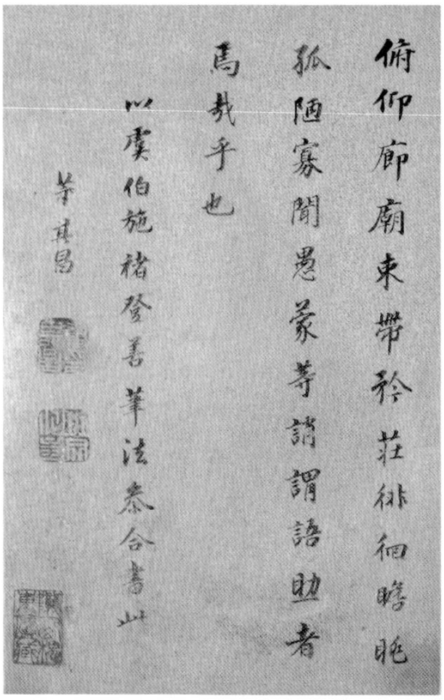
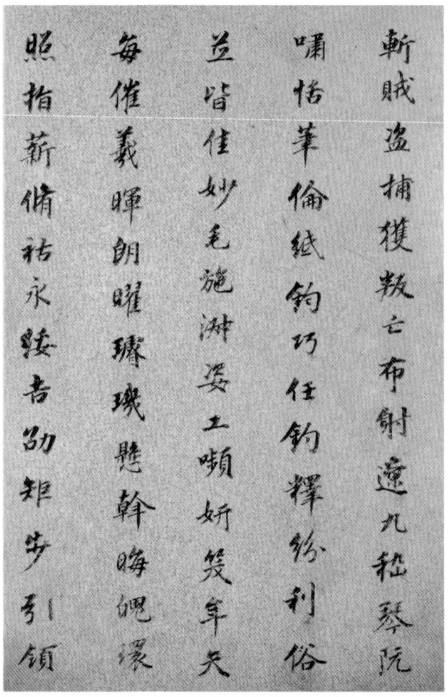
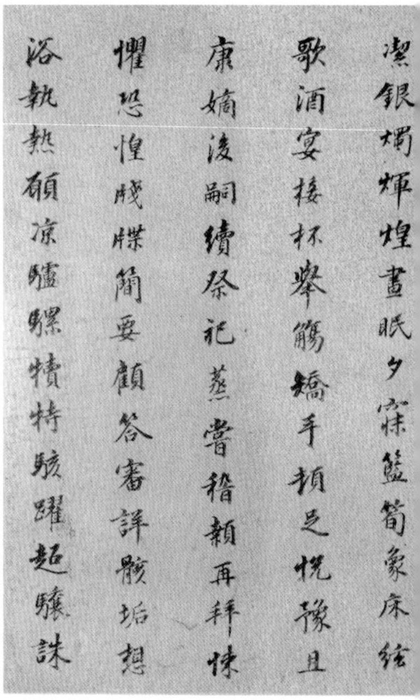

之八

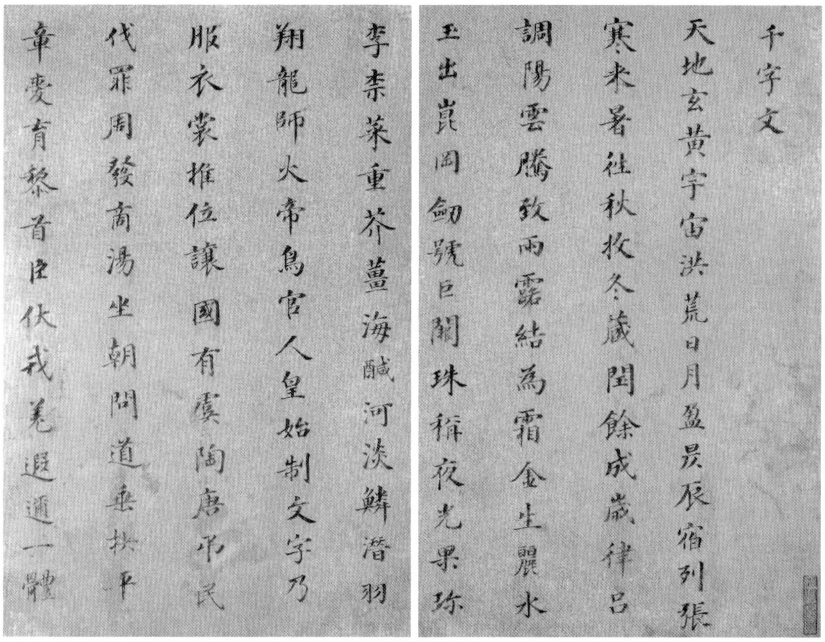

之一

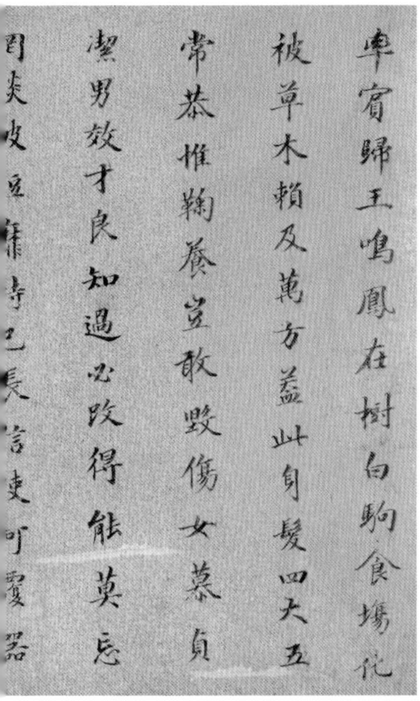

之二

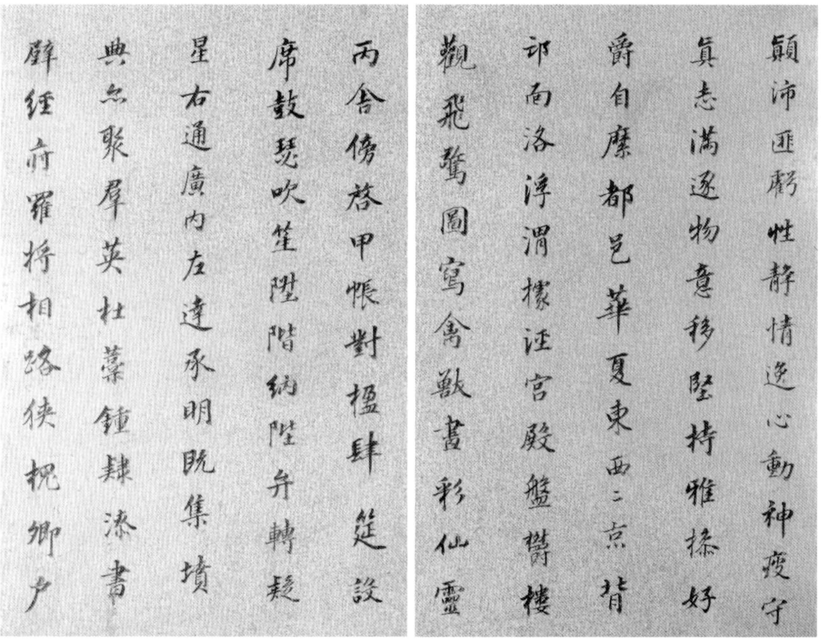

之四

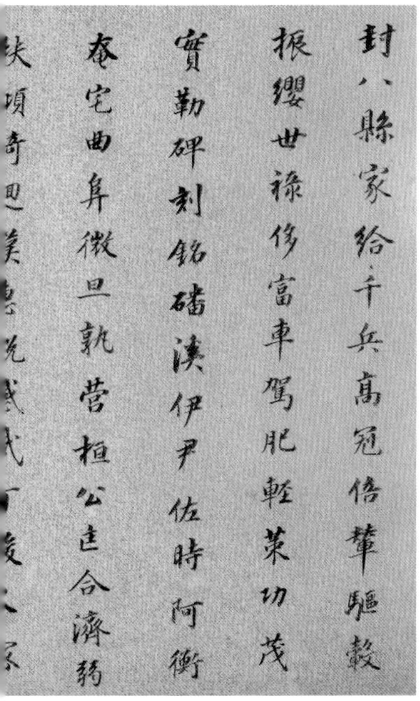

之五

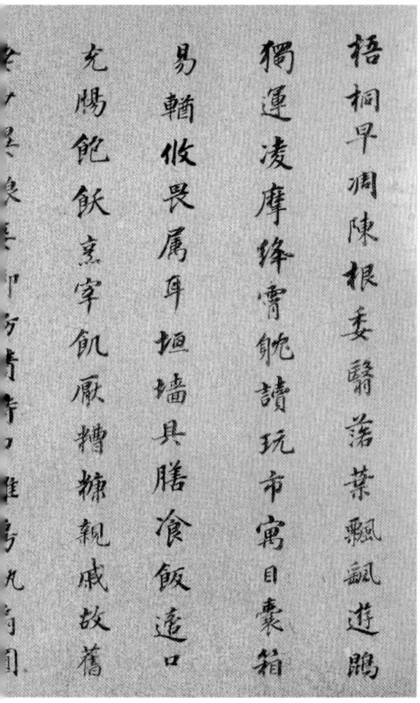

之七

董其昌　楷书千字文册

明

金笺纸

纵 28 厘米，横 17.5 厘米

1962 年故宫博物院调拨

八开。楷书千字文，行矩疏朗，章法取自杨凝式《韭花帖》，笔精墨妙。款“以虞伯施褚登善笔法参合书此，董其昌”。钤“董其昌印”“大宗伯章”两方印。曾为彭恭甫收藏，钤“陇西槐东庐藏”印。吴湖帆题签、跋尾。

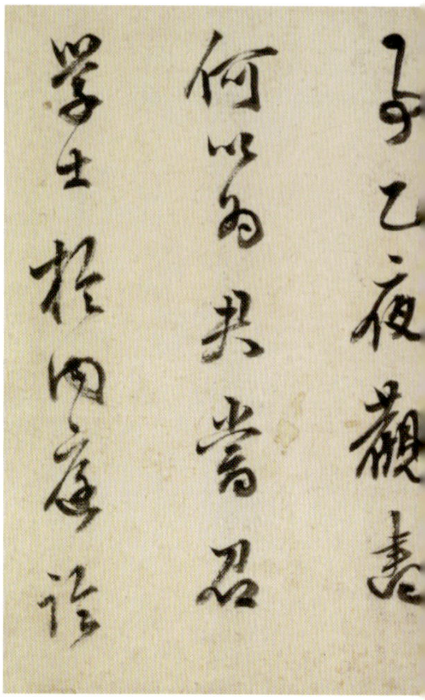

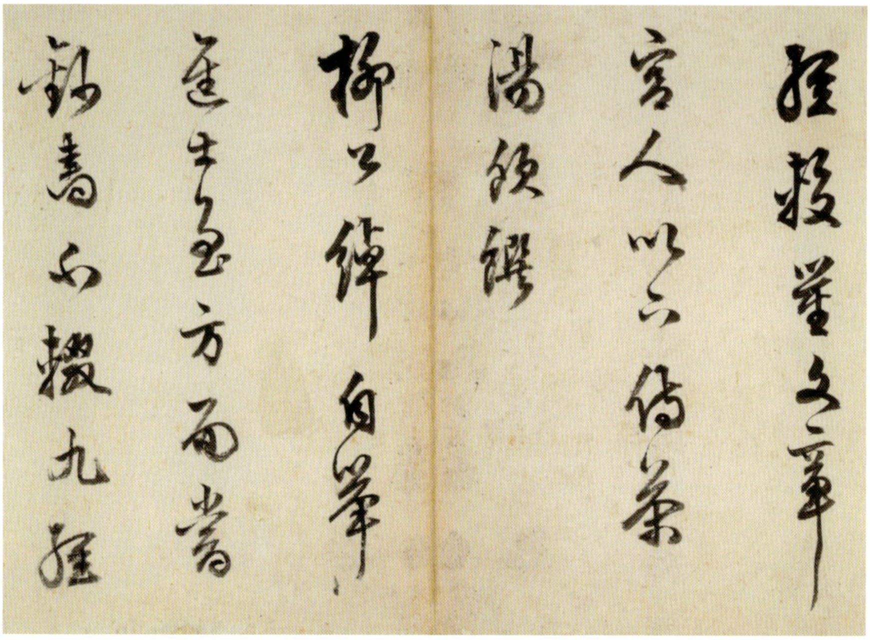

之三

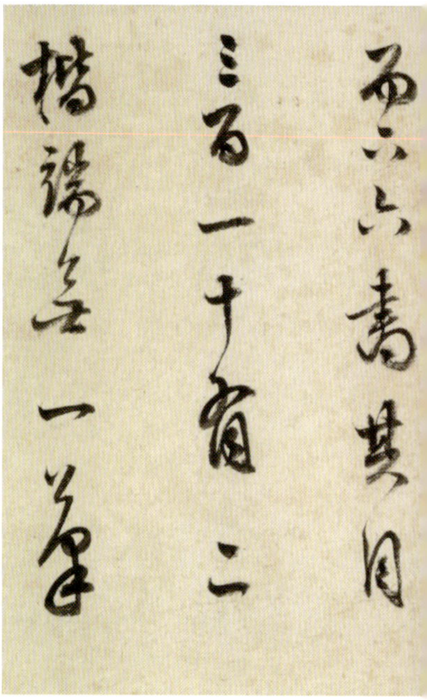

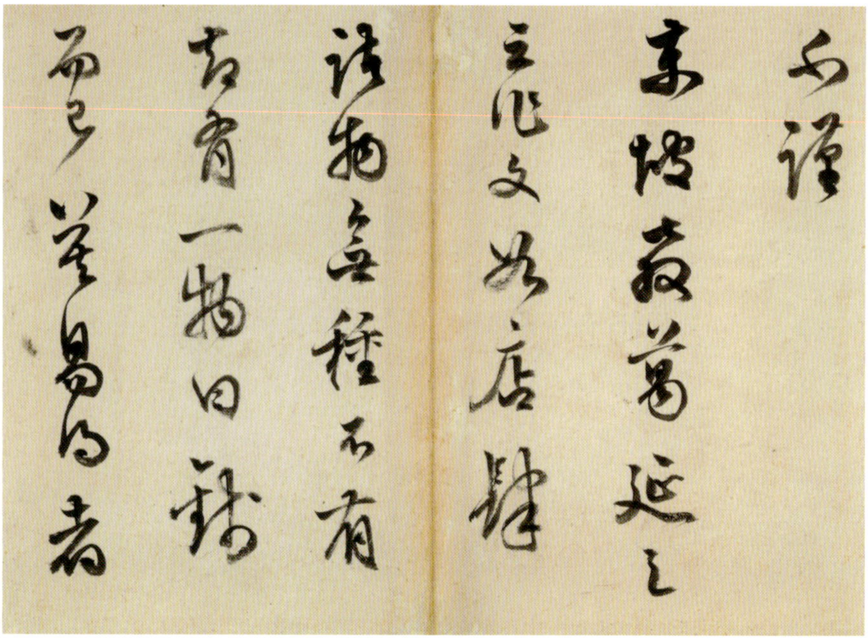

之六

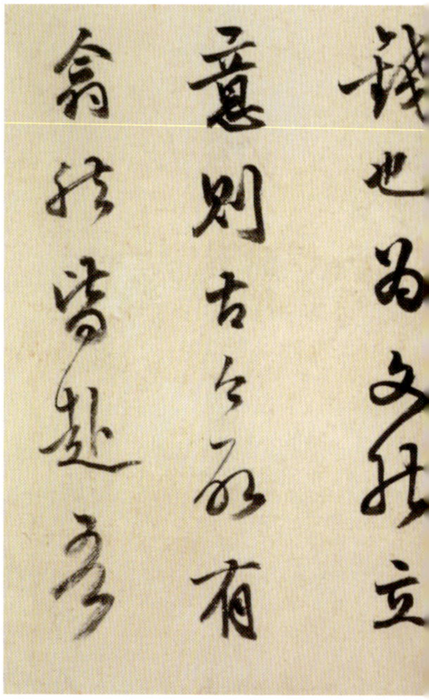

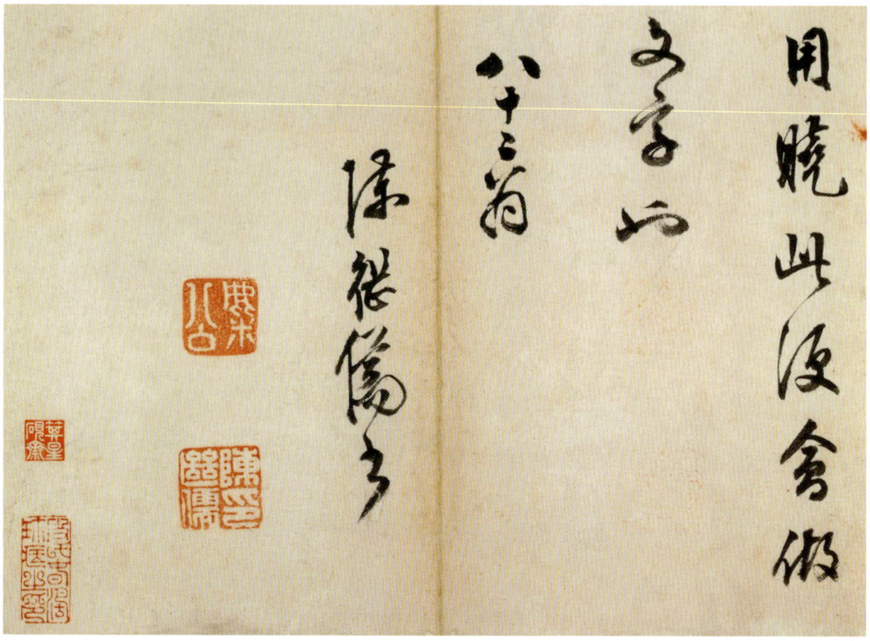

之八

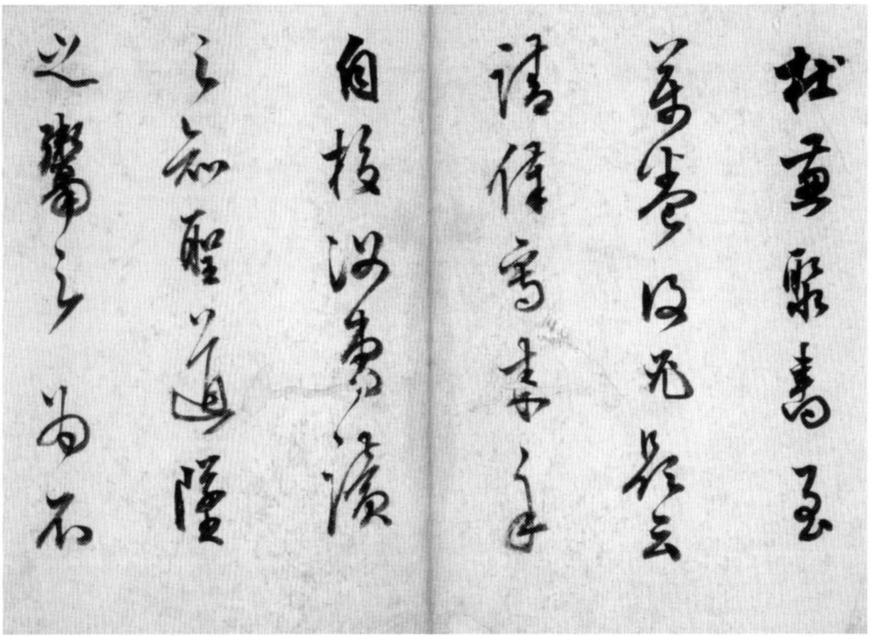

之一

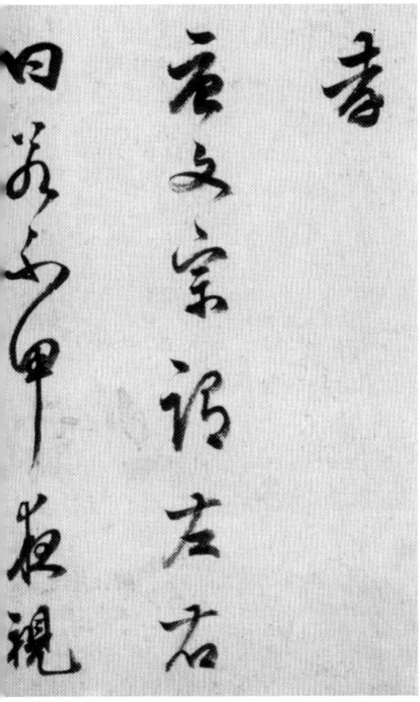

之二

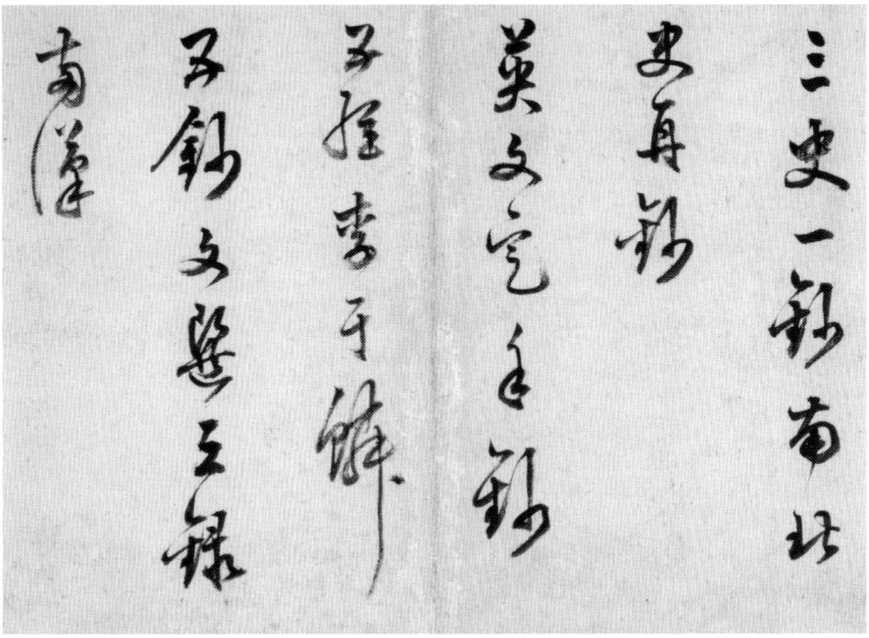

之四

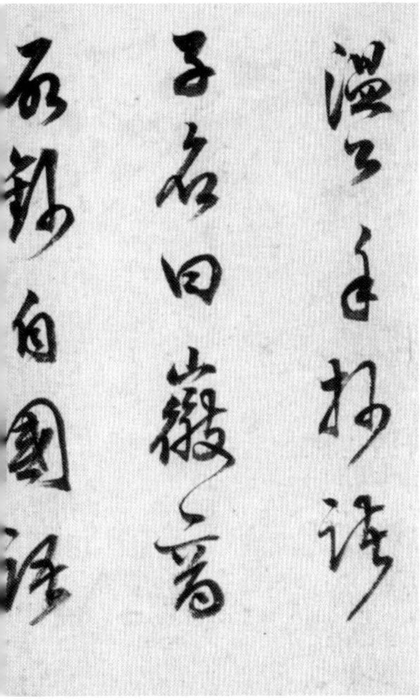

之五

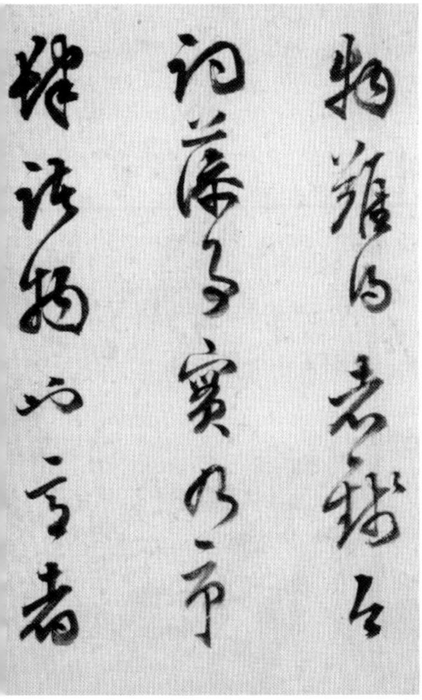

之七

陈继儒　行书册

明

纸本

纵 21 厘米，横 29.5 厘米

1961 年北京市征集

陈继儒（1558~1639年），字仲醇，号眉公、麋公，华亭（今上海松江）人。工诗文，擅书画，精鉴赏。书法在苏轼、米芾之间，萧散秀雅。

八开。章法行矩疏朗，点画牵丝自如，行笔流畅。书于明崇祯十二年（1639年），是陈继儒晚年作品。款“八十二翁陈继儒书”，钤“麋公”“陈继儒印”两方印。

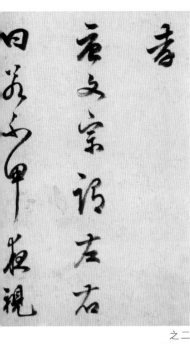

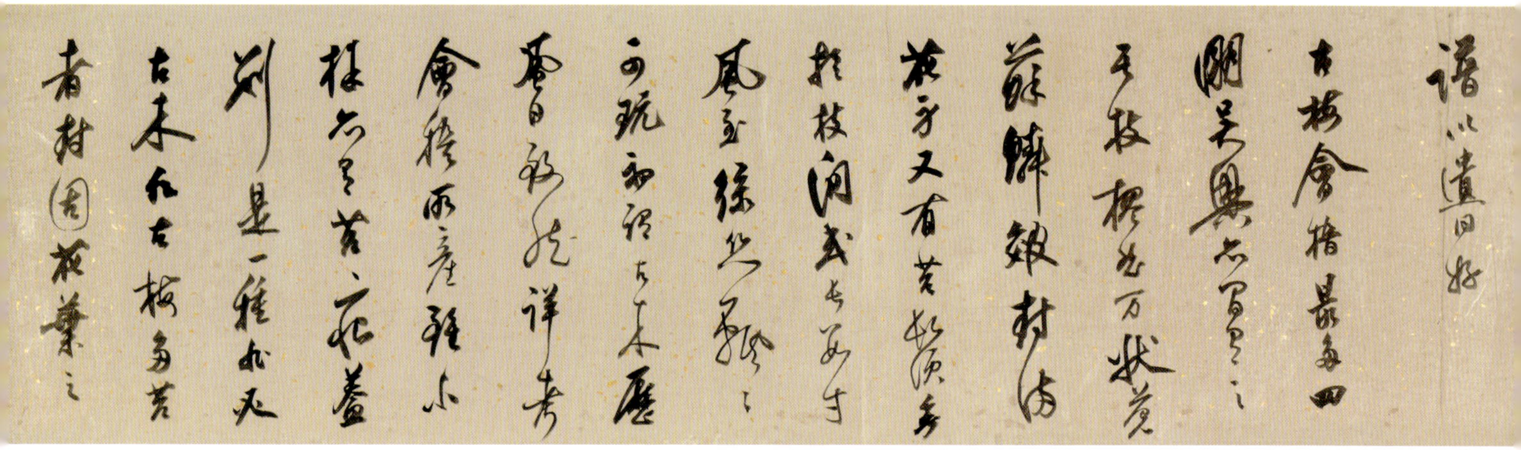

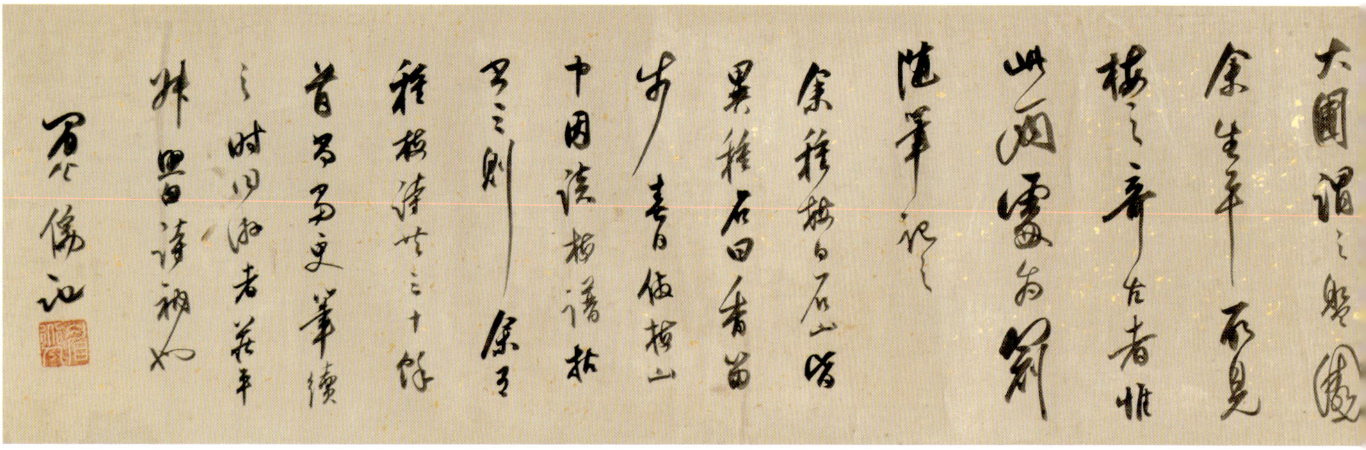

陈继儒　行书种梅记卷

明

纸本

纵 24 厘米，横 340 厘米

1962 年故宫博物院调拨

行书节录宋范成大《梅谱》，行矩疏朗，行笔流畅。款“眉公儒记”，钤“眉道人”白文印。

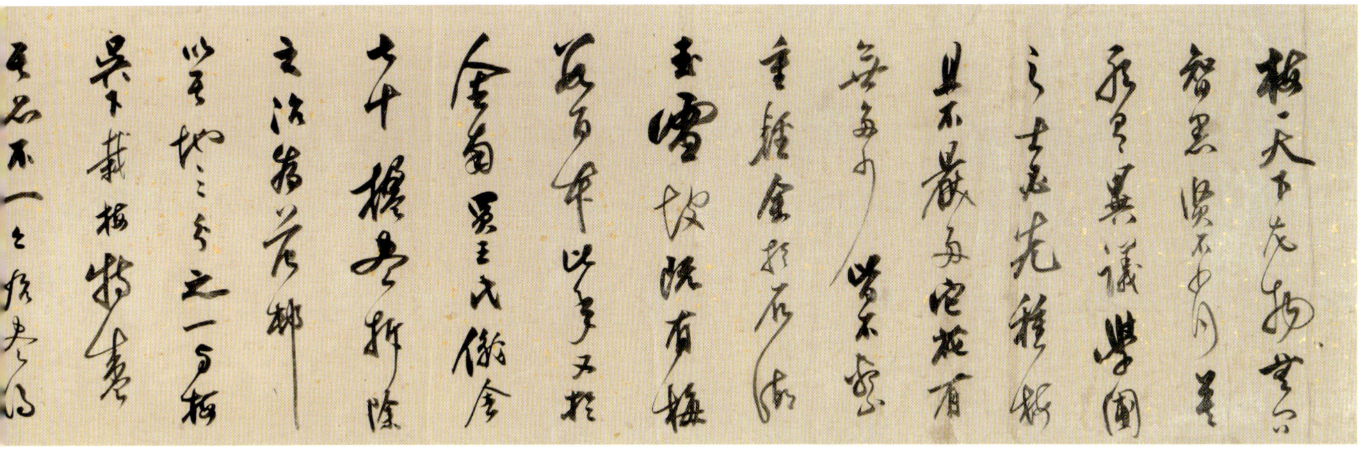

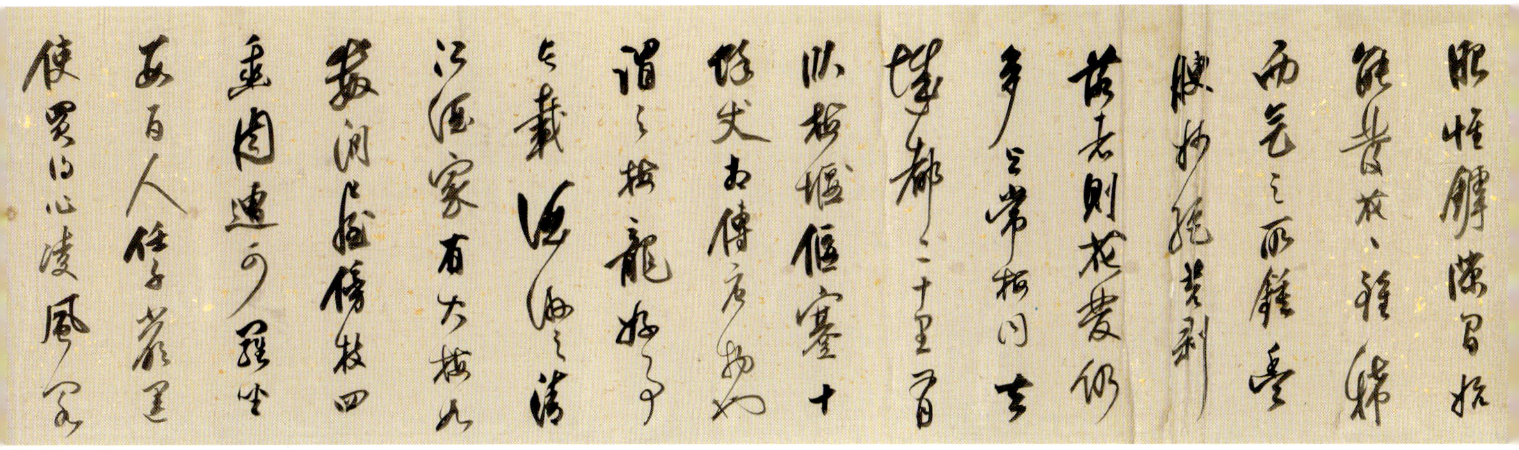

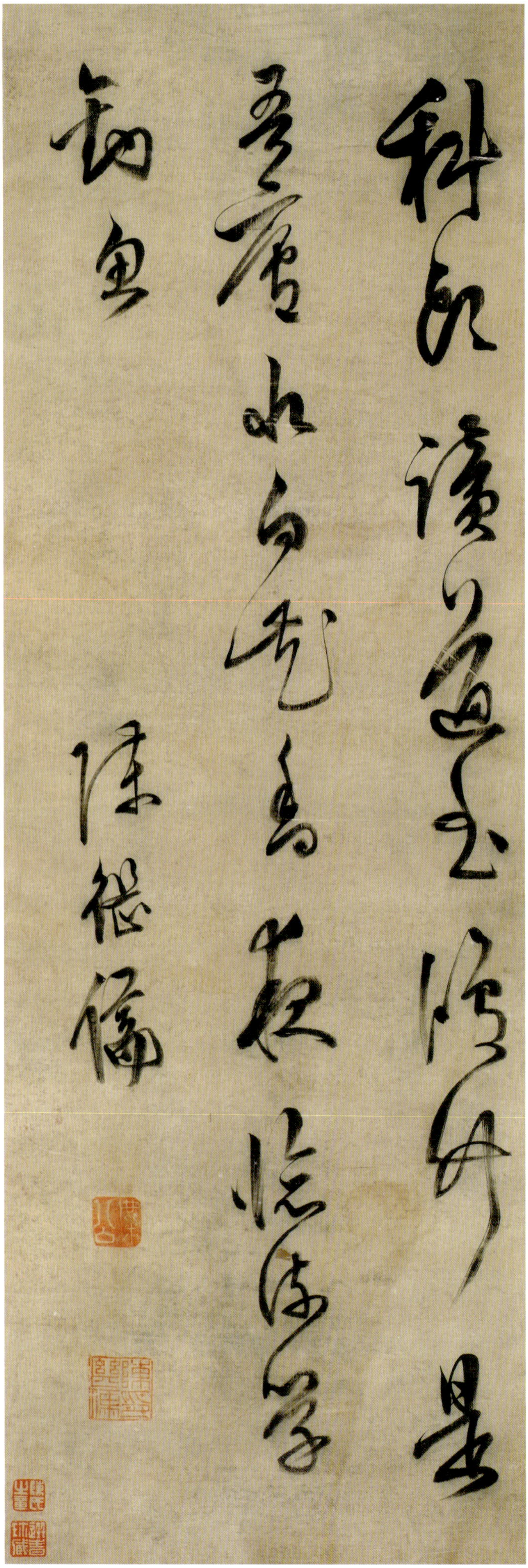

陈继儒　行书五绝诗轴

明

绫本

纵 78.5 厘米，横 18 厘米

1964 年北京市罗静宜女士捐献

行书五言绝句：“科头读道书，修竹是吾庐。水白花香夜，临流学钓鱼。”章法疏朗简逸，运笔顿挫转折，自然灵动。款“陈继儒”，钤“麋公”“陈继儒印”。

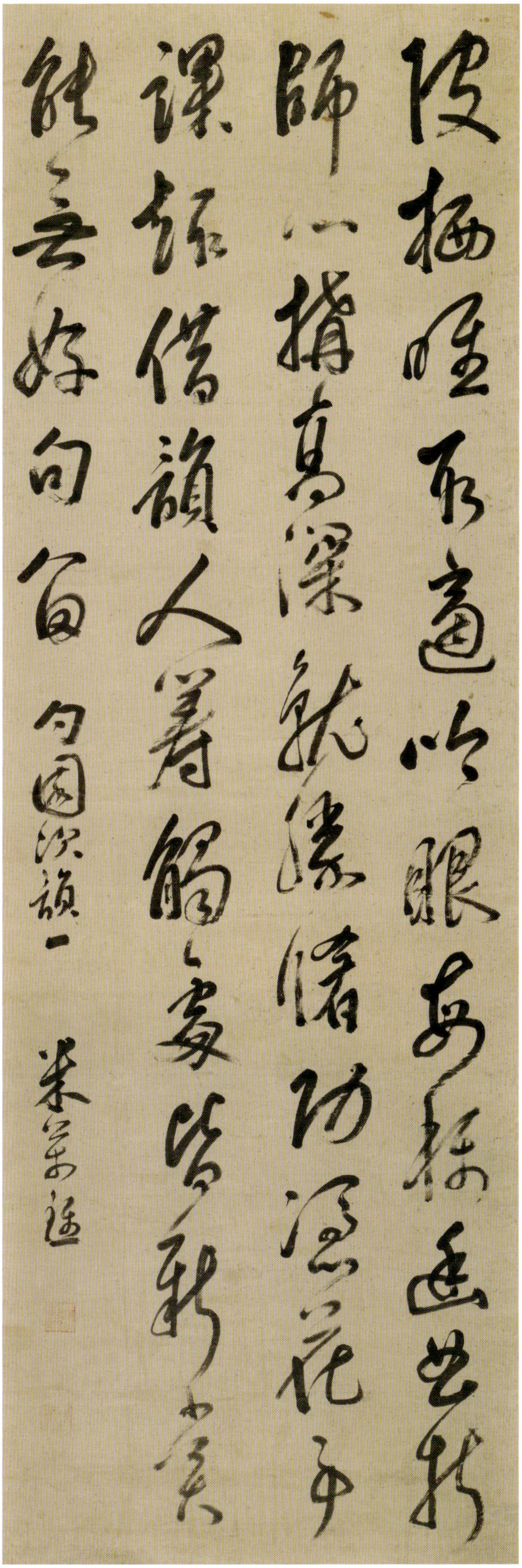

米万钟　行书勺园次韵诗轴

明

纸本

纵 290 厘米，横 98 厘米

1953 年山西省太原市文物馆移交

米万钟（1570~1628年），字仲诏，号石友、石隐庵居士，陕西安化人。行草师米芾，晚明四大家之一。

《勺园次韵》五言诗是米万钟为其勺园所作。书学米芾，用笔浑厚有力，字体多取纵势。款“勺园次韵一，米万钟”。钤“万钟”“海大石隐”两方印。

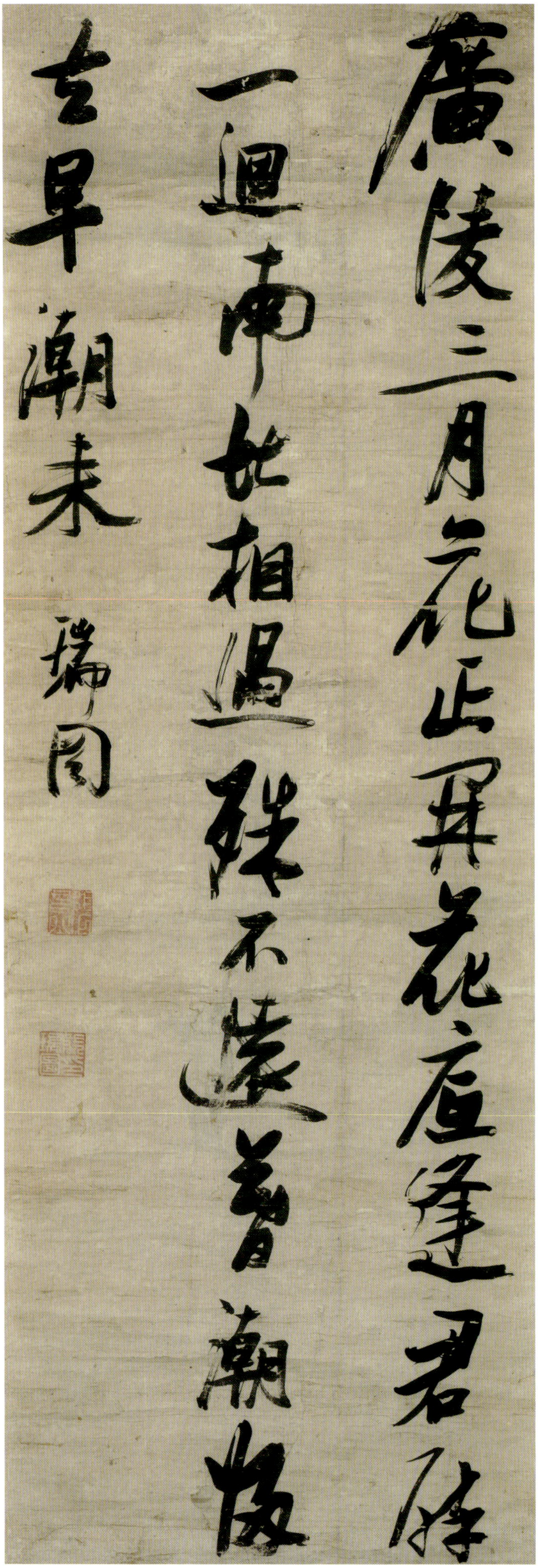

张瑞图　行书七绝诗轴

明

纸本

纵 189 厘米，横 64.5 厘米

1966 年山西省太原市征集

张瑞图（1570~1644年），字长公，号二水、果亭山人等，福建晋江人。工书擅画，擅长草书，书法奇逸，自成一格，明末四大家之一。

章法行距宽松，字距紧密，侧锋取势，用笔方峻刻峭，在笔画圆转处常以方折笔代之，极具特点。款“瑞图”，钤“张长公”“张瑞图印”两方印。

王　綦　牡丹绶带图轴

明

纸本　设色

纵 137 厘米，横 64 厘米

1960 年北京市征集

王綦，生卒年不详，字履若，吴郡（今江苏苏州）人。活动于明万历到天启年间。工画，山水秀润简远，人物、树石、花鸟略写形似，不拘成法。

设色淡雅，没骨法画牡丹，绶带描绘生动，兼工带写。款“天启丙寅迎春日王綦画”，钤“王綦私印”“履若氏”两方印。右上角钤允礼鉴藏印“澹如斋书画印”。

天啟丙寅迎春日王綦画

卞文瑜　山水册

明

纸本　墨笔

纵 22 厘米，横 17 厘米

1960 年北京市征集

卞文瑜（约1576~1655年），字润甫，号浮白，又号花龛，长洲（今江苏苏州）人。擅画山水，画风受董其昌影响，为“画中九友”之一。

八开。笔墨取法黄公望、吴镇，干笔皴擦，浓墨点苔，意境苍茫。无画家款印。李智超题签“卞文瑜山水真迹精品”，画册前页徐宗浩题“笔精墨妙”。钤有“宋荦审定”鉴藏印。

蓝　瑛　仿富春山图轴

明

绢本　设色

纵 167 厘米，横 61.5 厘米

1962 年北京市征集

蓝瑛（1585~1664年），字田叔，号蝶叟，晚号石头陀，又自署东郭老农。钱塘（今浙江杭州）人。擅画山水，早年笔墨秀润，中年以后笔力劲健，形成浑厚苍茫的风格，“武林派”代表画家。

图中峻岭幽壑，溪水湍流，房屋、树石错落有致。用笔恣肆老辣，墨色清润。款“法一峰老人富春山之意，时对雪山窗竣之，蝶叟蓝瑛”。钤“蓝瑛之印”“田叔氏”两方印。

蓝　瑛　秋溪放棹图轴

明

绢本　设色

纵 159 厘米，横 91.5 厘米

1962 年北京市征集

全景式构图，山石用荷叶皴，树木笔法精致，设色明丽，画面布局层次分明。款“戊子冬仲画于流香亭，蝶叟蓝瑛”。钤“蓝瑛之印”“田叔”两方印。

戊子冬仲写于流香亭
蝶叟蓝瑛

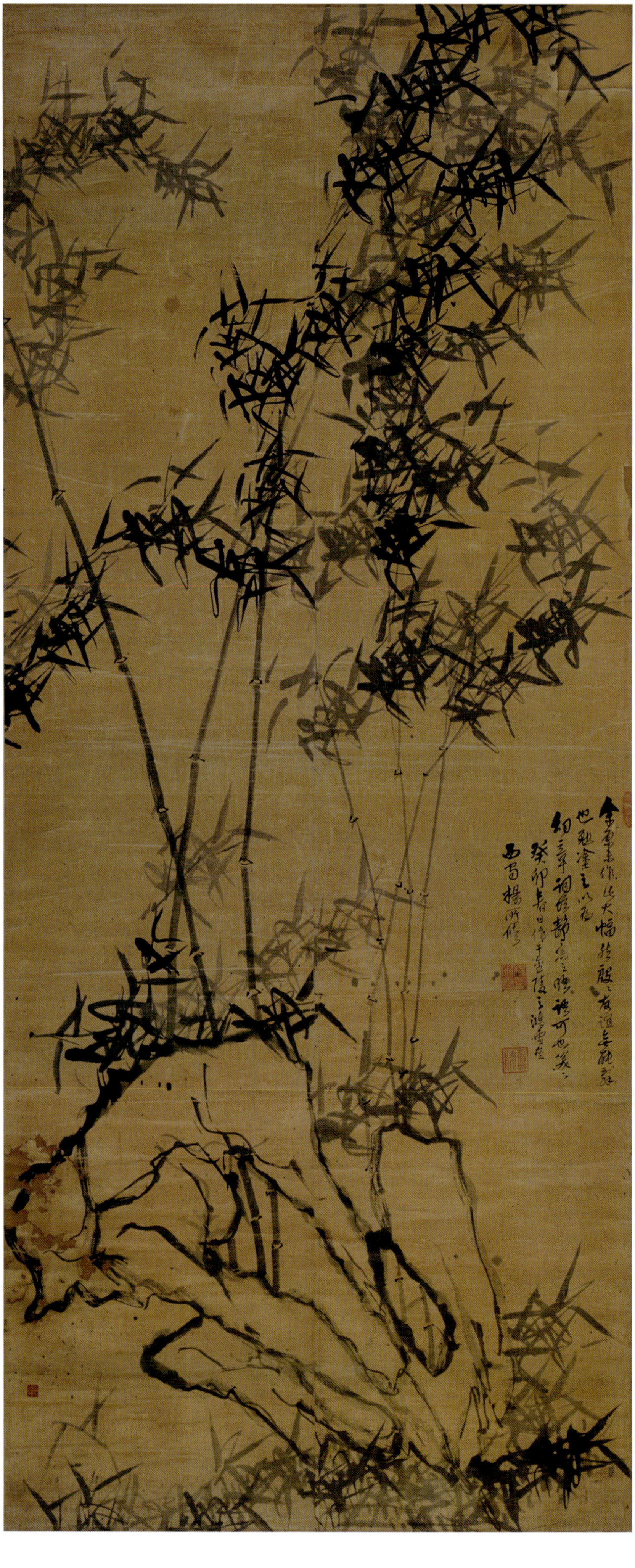

己卯春尽叙伦园试纸似子

杨所修　竹石图轴

明

绫本　墨笔

纵 238 厘米，横 100 厘米

1957 年山西省太原市征集

杨所修，生卒年不详，字爱竹，号云笠翁。四川内江人。后侨寓金陵（今江苏南京）。工诗文，擅书画，以绘墨竹名世。著有《鸿雪斋集》。

竹石笔法劲健，浓淡相间，形神兼备，风姿潇洒。款“癸卯春日作于金陵之鸿雪斋，西蜀杨所修”。钤“杨所修印”“澹渊”“青城老樵”印。“癸卯”为明万历三十一年（1603年）。

恽　向　溪山图轴

明

纸本　墨笔

纵 131 厘米，横 32.5 厘米

1949 年太行行署移交

恽向（1586~1655年），原名本初，字道生、曙臣，号香山，江苏常州人。擅诗文，工山水。山水初宗董源、巨然，骨力圆劲，墨气淋漓。晚年学倪瓒、黄公望，用笔干枯而得山水雄浑之气。对画理颇有心得，著有《画旨》。

中锋勾勒山石轮廓，皴染不多，浓墨点苔。款“己卯春尽叙伦园试纸似子□□，任博笑，道生□”。钤“字曙臣”“本初”“转法轮”印。“己卯”为明崇祯十二年（1639年）。左下角钤收藏印“京口耿氏十笏堂藏印”。

朱士瑛　兰亭修禊图轴

明

绢本　设色

纵 157 厘米，横 60 厘米

1961 年山西省太原市征集

朱士瑛，生卒年不详，字文友，明末清初画家。工细笔人物，画法似仇英。

以兰亭修禊为题，工笔设色，笔墨精细。款“壬午九月写，朱士瑛”。钤“文友”“朱士瑛印”。诗堂有明末书法大家薛益楷书《兰亭序》，款“大明崇祯十有五年，岁在壬午孟秋既望，吴郡八十载薛益书”。

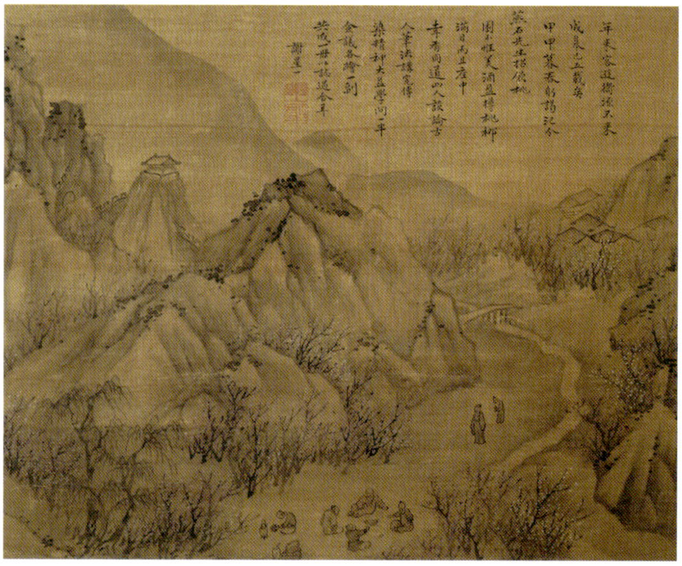

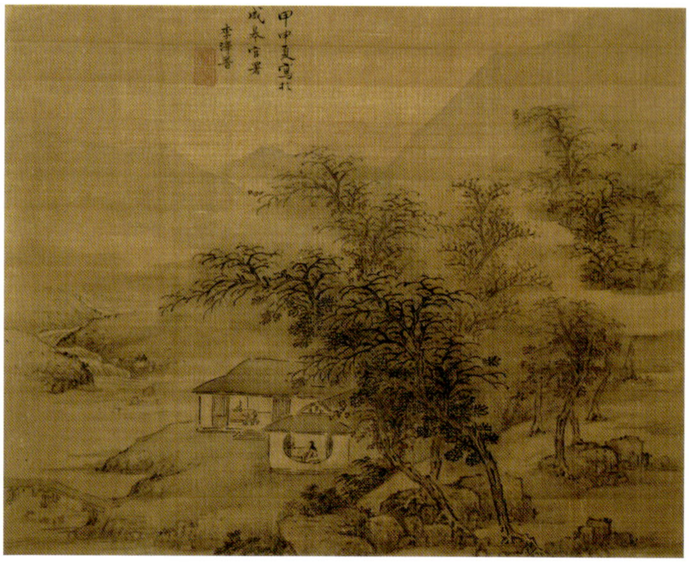

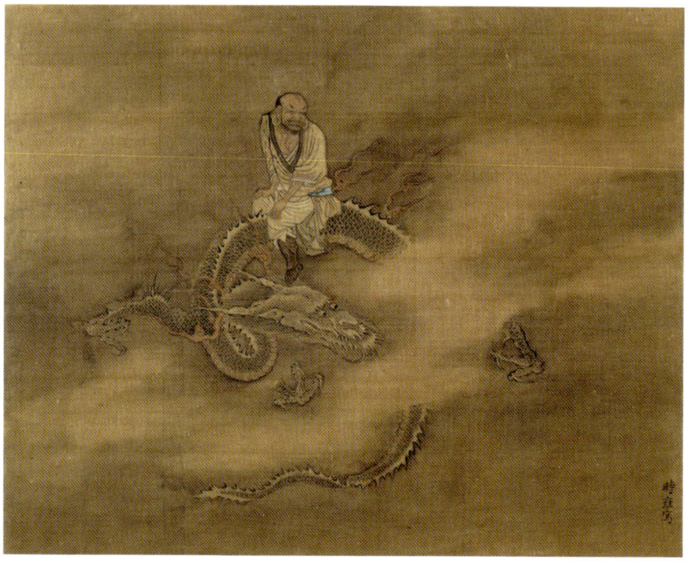

李泽普等　山水人物册

明

绢本 设色

纵 25.5 厘米，横 32 厘米

1960 年山西省太谷县征集

八开，均有款印。李泽普、李时雍、谢星一等人与燕石先生桃园宴饮雅集，绘图成册。

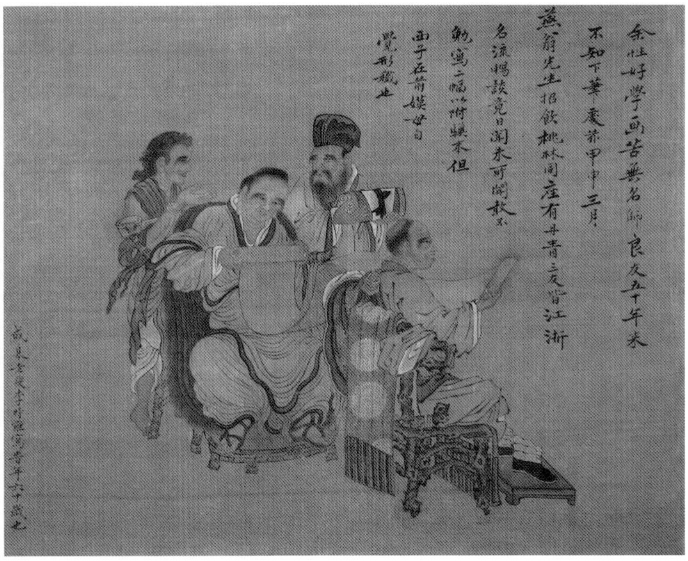

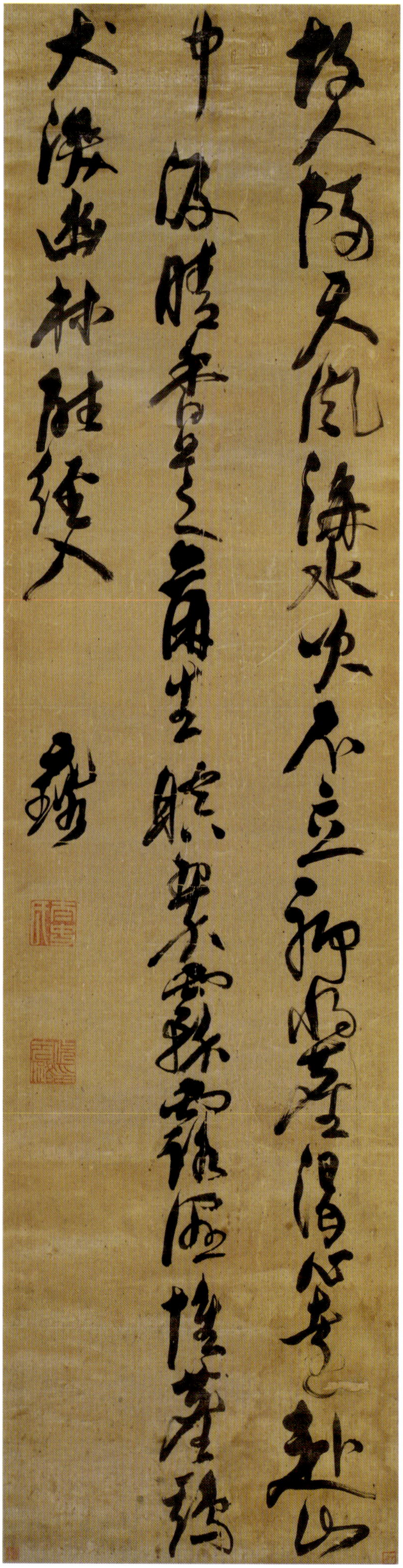

倪元璐　草书五律诗轴

明

绫本

纵 169 厘米，横 40 厘米

1961 年梁寯先生捐献

倪元璐（1593~1643年），字汝玉，号鸿宝，浙江上虞人。工诗文，擅书画，行草书参以古隶，独辟蹊径，风格秀逸。

章法布局字距紧而行距疏，行笔方圆并用，字的转折处多用转笔而少用折笔，极具个人风格。诗文：“故人隔天风，海水吹不立。聊将尘渴心，远赴山中汲。晴香芝菌生，暝翠雾露湿。惟尘鸡犬深，幽林听经入。”款“元璐”，钤“倪元璐印”“太史氏”印。

王　铎　草书游房山山寺诗轴

清

绫本

纵 236 厘米，横 53 厘米

1964 年罗静宜女士捐献

王铎（1592~1652年），字觉斯，号嵩樵、烟潭渔叟等，河南孟津人。明天启二年（1622年）进士，入清官至大学士，擢礼部尚书。工诗文，擅书画。书法擅行草，劲健洒脱，淋漓痛快。

草书《游房山山寺》五言诗，运笔节奏明快，放而能纵，纵而能敛，墨色浓淡相间，极具风格。款“游房山山寺，抱老公祖正，辛巳夜，王铎”。钤“王铎之印”。

王　铎　草书临帖轴

清

绫本

纵 230 厘米，横 49 厘米

1961 年北京市征集

草书临王羲之《阔转帖》及《冬中帖》，笔力雄健，墨色淋漓，临帖不拘成法，出新意于法度中。款“辛巳王铎”，钤“王铎之印”。

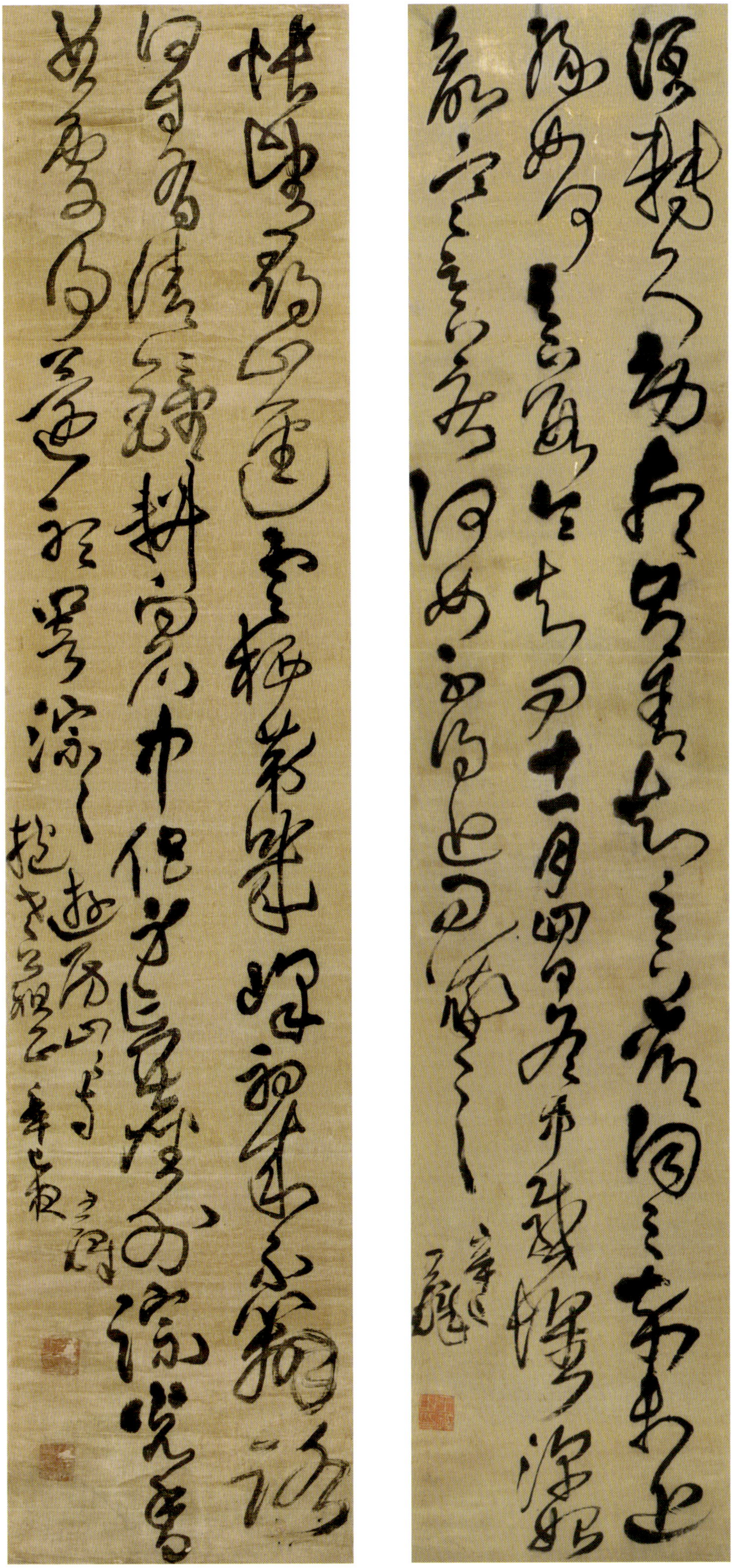

处行山歲莫
假園里樹木
露恐君未

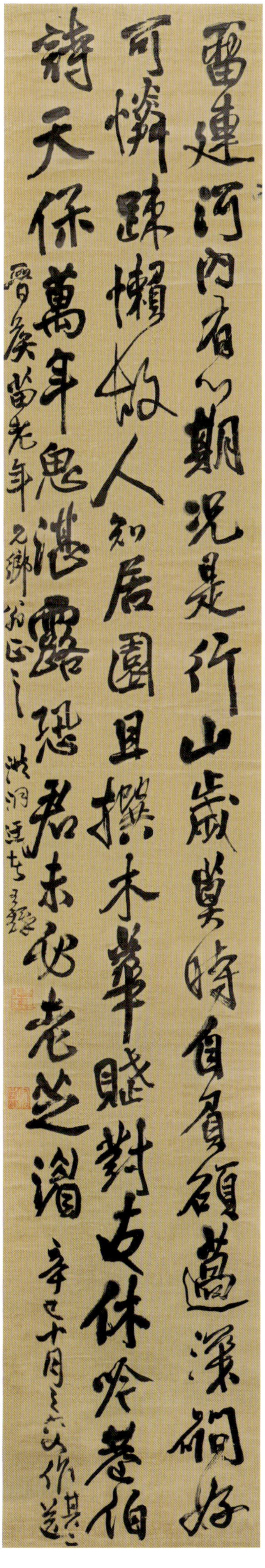

王　铎　行书七律诗轴

清

绫本

纵 301 厘米，横 51.5 厘米

1962 年北京市征集

行书七律诗，笔墨浑厚，宕逸多姿，丰神潇洒。款“辛巳十月之交作其二，送历侯苗老年兄乡翁正之，洪洞迂者王铎”。钤“王铎之印”“宗伯学士”两方印。

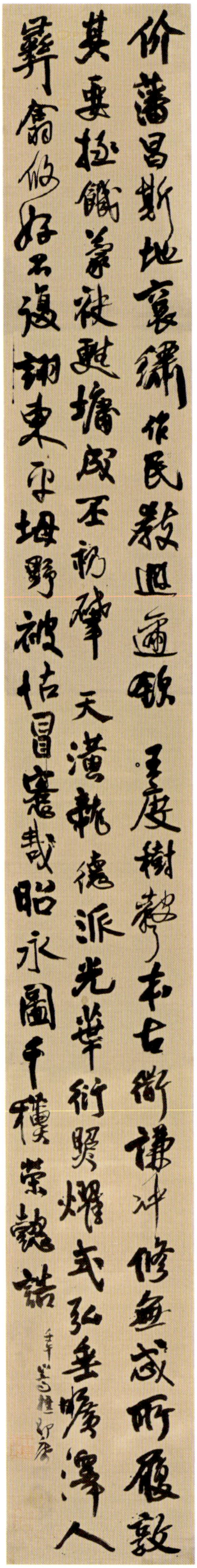

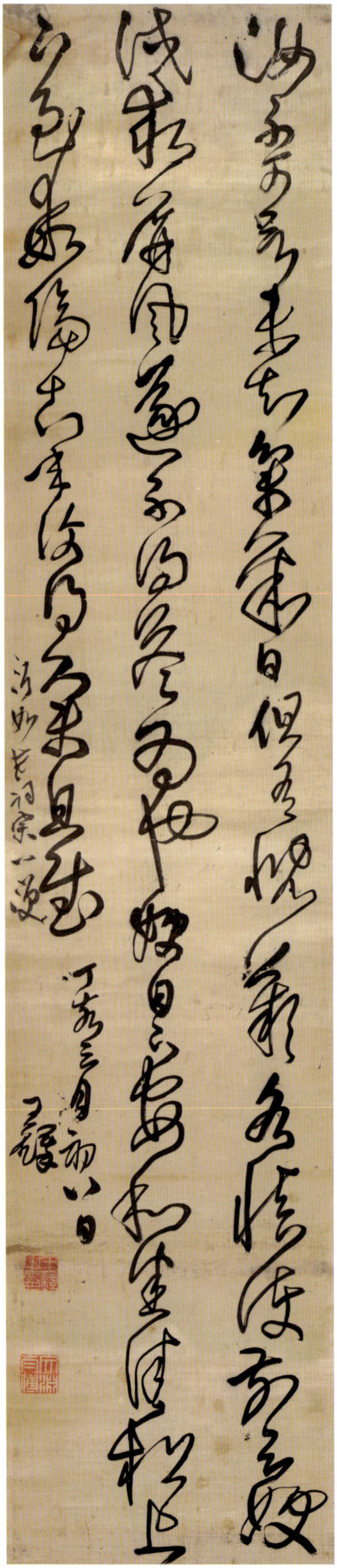

王　铎　行书五言诗轴

清

绢本

纵 412.5 厘米，横 51.5 厘米

1954 年山西省太原市征集

行书五言诗，布局得当，用笔纯熟，转折顿挫，收放自如。款“壬午嵩樵即席”，钤“王铎之印”“宗伯学士”两方印。

王　铎　草书临帖轴

清

绫本

纵 236 厘米，横 50 厘米

1961 年北京市征集

草书临王羲之《汝不帖》《嫂安帖》，用笔苍郁雄畅，师古而不泥古。款“丁亥三月初八日王铎”，钤“王铎之印”“文渊太傅”两方印。

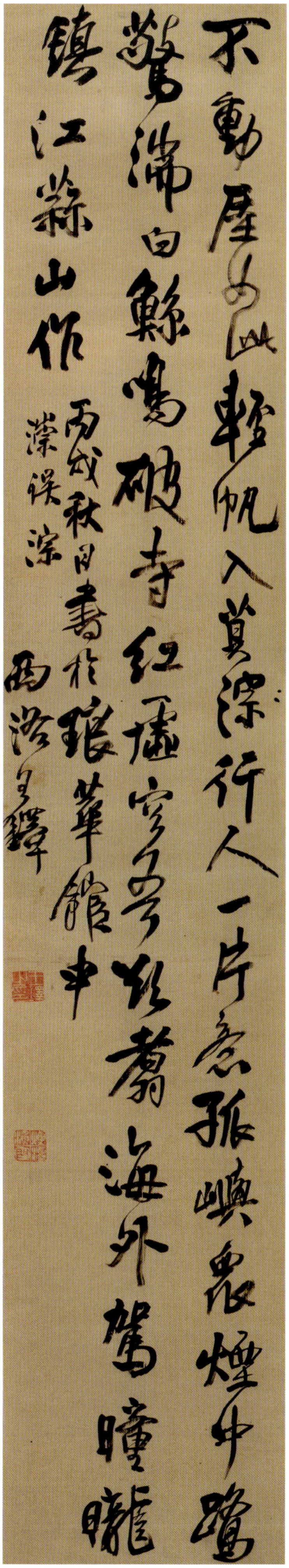

王　铎　行书五言诗轴

清

绫本

纵 257 厘米，横 47.5 厘米

1960 年北京市征集

行书五言诗，纵笔驰骋，气势磅礴。款“丙戌秋日书于琅华馆中，西洛王铎”。钤“王铎之印”“烟潭渔叟”两方印。

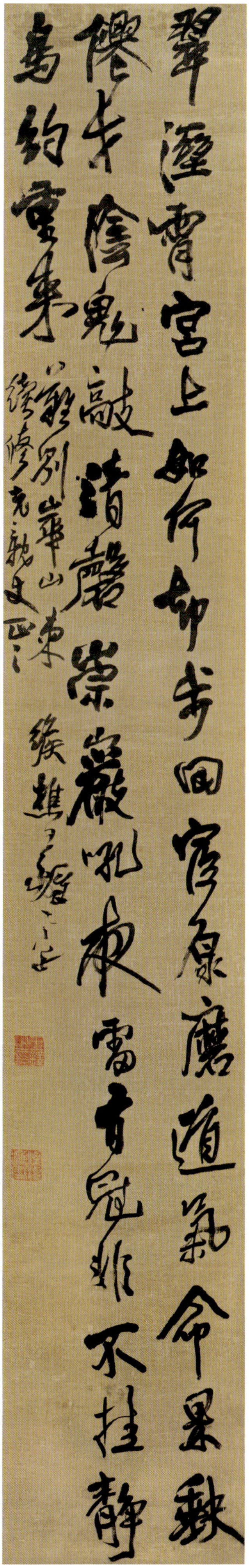

王　铎　草书华山诗轴

清

绫本

纵 213.5 厘米，横 43 厘米

1954 年山西省太原市征集

草书五言诗，行笔灵动自然，欹侧相间，不拘一格。款“难别华山东，续修老亲丈正之，緱樵王铎具草”。钤“王铎之印”“烟潭渔叟”两方印。

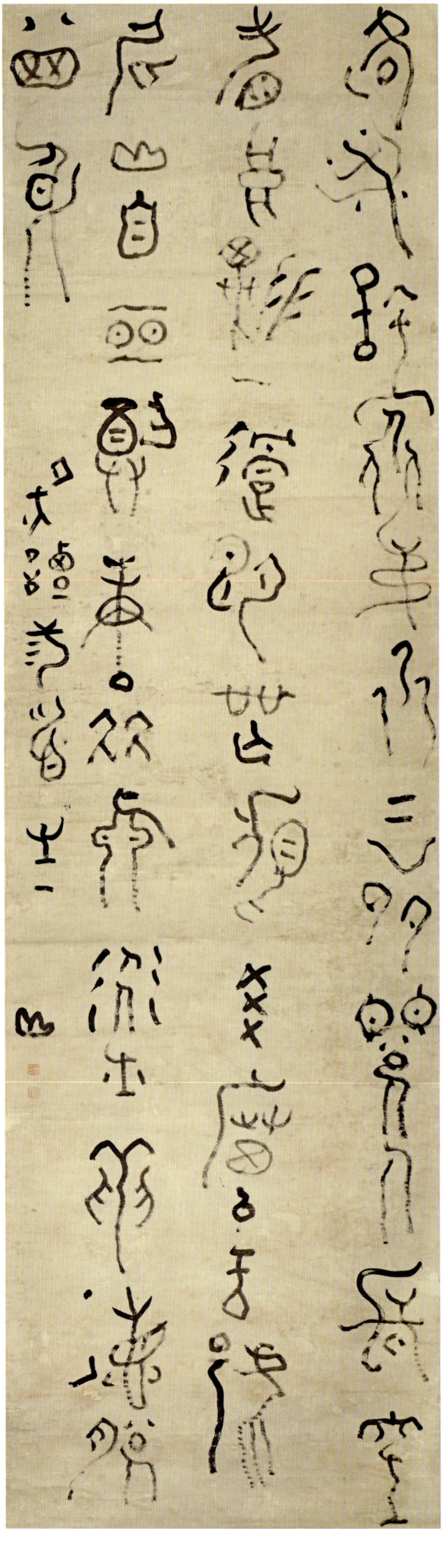

傅　山　草篆夜读三首之一诗轴

清

纸本

纵 330 厘米，横 97 厘米

1960 年山西省太原市征集

傅山（1607~1684年），初名鼎臣，字青竹，后改名山，字青主，号真山、青羊庵主、朱衣道人等，阳曲（今山西太原）人。工书擅画，真草篆隶无不精通，尤以草书成就最高。

以草书笔法写篆，墨色浓淡枯润变化丰富，笔法灵活，气韵高古。“何必许家弟，乃云多阅人。长空看高翼，一过即无痕。世庙私王号，尼山自圣尊。唐虞真道士，龙德脱其身。”款“夜读三首之一，山”。钤“傅山印”“青主”印。诗文《霜红龛集》收录。

刘　度　仿王维山水图轴

清

绢本 设色

纵 172 厘米，横 59 厘米

1957 年金烈侯先生捐献

刘度，生卒年不详，字叔宪，一字叔献，钱塘（今浙江杭州）人。工山水、人物、界画。好摹古，受李思训、李昭道父子影响，多作青绿山水。

图中山势巍峨，栈道盘曲，山涧中的红叶传递着秋的信息。款“临王摩诘画于石莲山房，庚辰三月刘度”。钤“刘度之印”“叔宪”两方印。

祁豸佳　松亭飞瀑图轴

清

绫本　墨笔

纵 143 厘米，横 40 厘米

1962 年北京市征集

祁豸佳（1594~约1683年），字止祥，号雪瓢，山阴（今浙江绍兴）人。工诗文、书画。山水宗法董源、巨然、沈周诸家，气势淋漓，笔力挺拔，自具风貌。

构图严密，高山耸立，飞瀑流泉。茅屋掩映在山林间，山石用披麻皴，笔墨疏秀，有董源遗意。款“甲辰春仲仿苑翁笔意，祁豸佳”。“甲辰”为清康熙三年（1664年）。

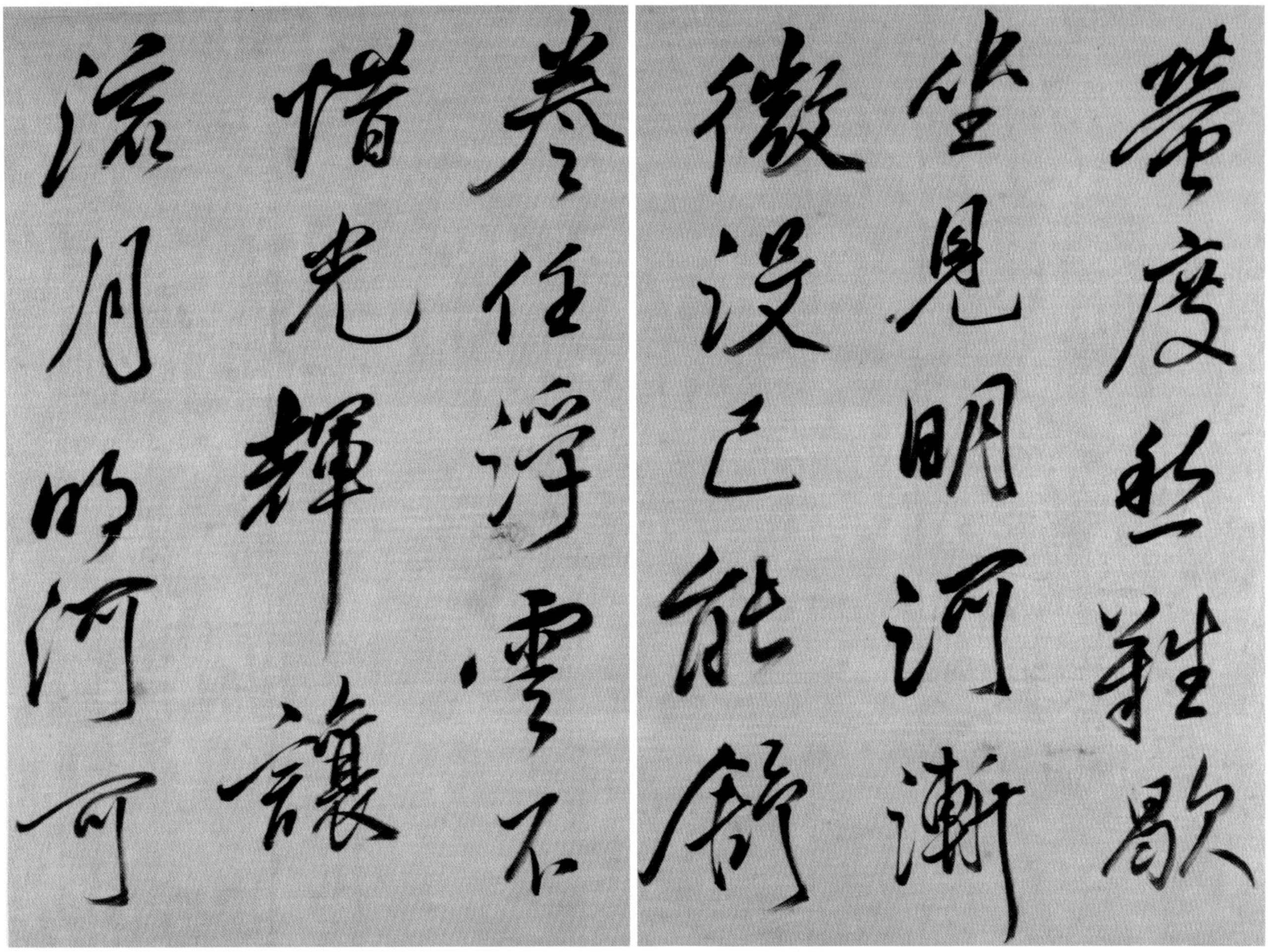
螢度愁難歇
坐見明河漸
微沒已能舒
卷任浮雲不
惜光輝讓
流月明河可

之五

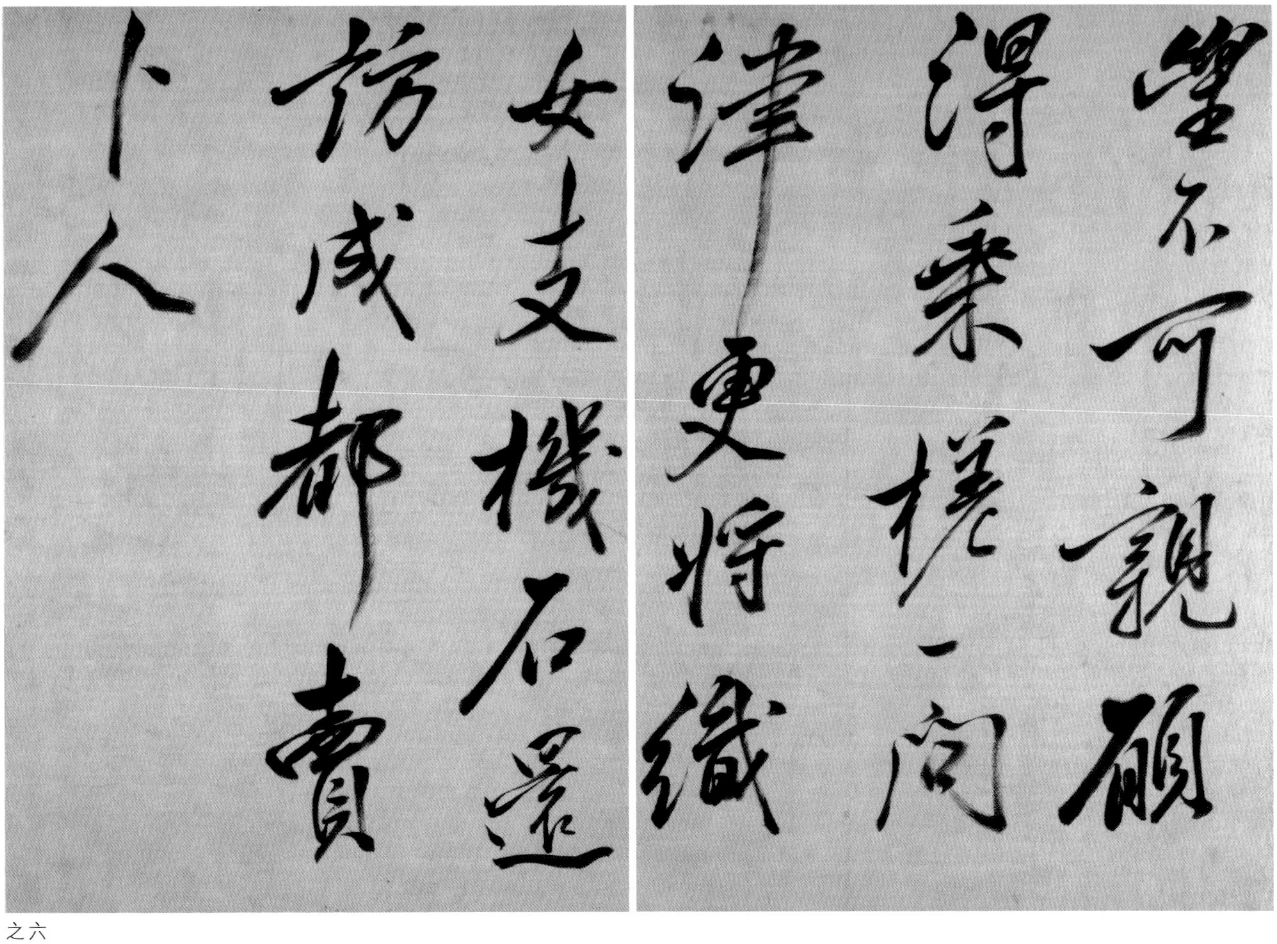
望不可親願
得乘槎一問
津更將織
女支機石還
訪成都賣
卜人

之六

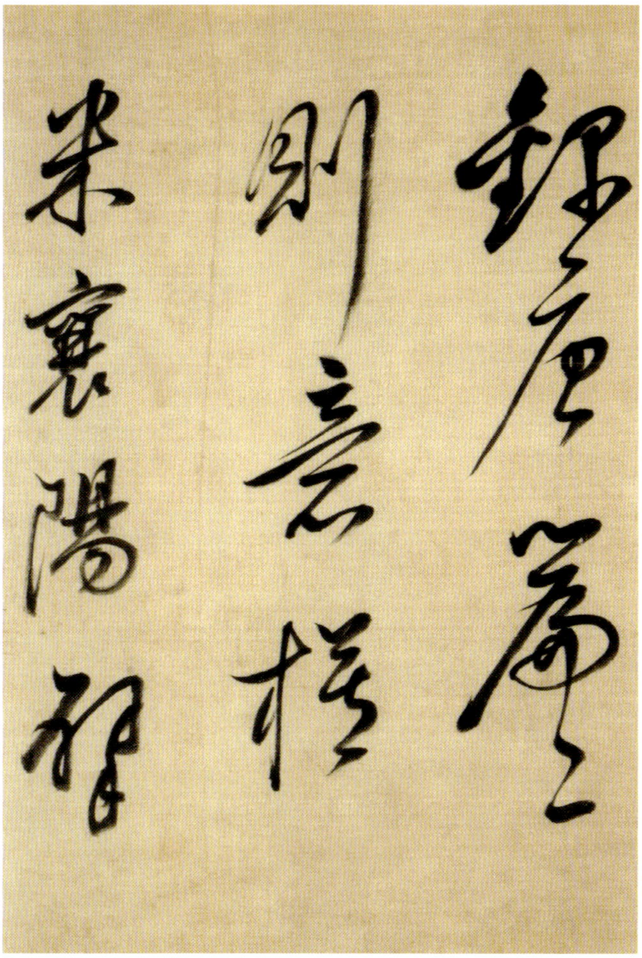

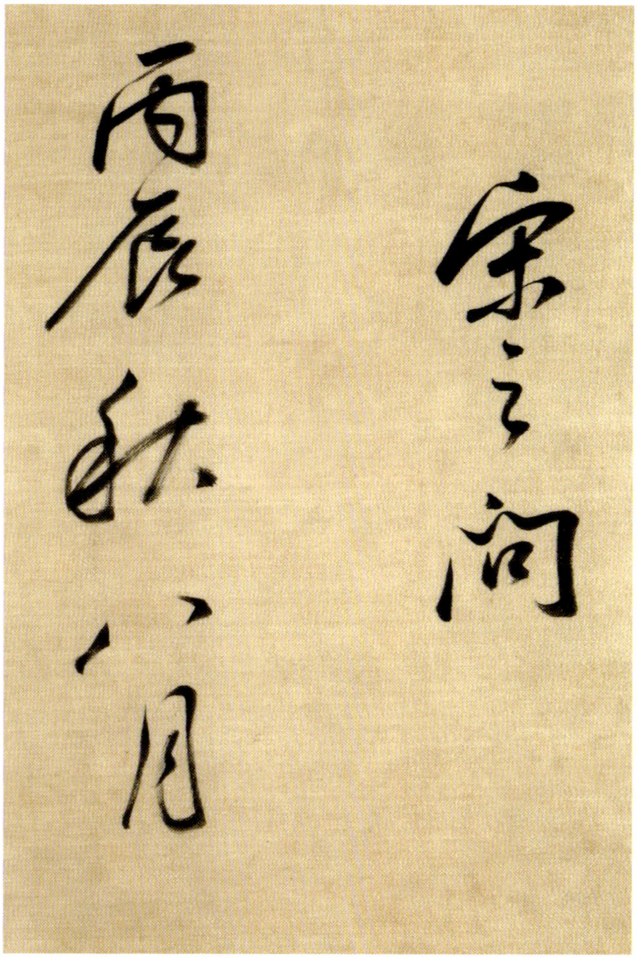

之七

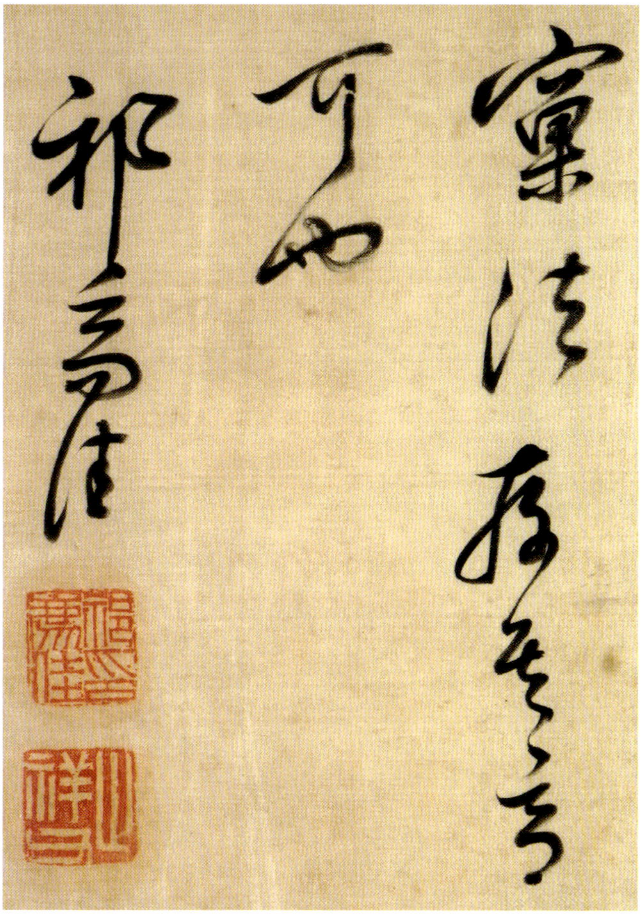

之八

祁豸佳　行草书录唐篇二则册

清

绫本

纵 24 厘米，横 16 厘米

1960 年北京市征集

八开。行草书录唐宋之问《明河篇》，师法米芾，矫健雄肆，神完气足。款“丙辰秋八月录唐篇二则，意模米襄阳擘窠法，存其意，可也”。钤“祁豸佳印”“止祥父”两方印。“丙辰”为清康熙十五年（1676年）。

王　鉴　仿北苑山水图轴

清

纸本　墨笔

纵 169 厘米，横 56.5 厘米

1960 年北京市征集

王鉴（1598~1677年），字元照、圆照，号湘碧、染香庵主等，江苏太仓人。明代著名文人王世贞曾孙，崇祯六年（1633年）举人，官至廉州太守。擅山水，与王时敏、王翚、王原祁并称“清初四王”。

高远法构图，山石以披麻皴绘之，墨色浓淡相宜，平淡天真。款“庚子秋仿北苑笔，王鉴”。钤“王鉴之印”。“庚子”为清顺治十七年（1660年）。

严　湛　抚琴图轴

清

绢本　设色

纵 128 厘米，横 61.5 厘米

1949 年太岳行政公署移交

严湛，生卒年不详，字水子，山阴（今浙江绍兴）人。陈洪绶弟子。

人物面部及服饰略施白粉，设色古雅，衣纹线条流畅，师法陈洪绶而有变化。款“口老祖台寿，严湛画于菜根轩”。钤“严湛之印”“水子”印。严湛作品传世稀少，此图甚为珍贵。

戴明说　墨竹图轴

清

绢本　墨笔

纵 191 厘米，横 51.5 厘米

旧藏

戴明说，生卒年不详，字道默，号岩荦，晚号定圃等，沧州（今河北沧县）人。崇祯七年（1634年）进士，官至户部尚书。工书画，墨竹得吴镇法，尤精山水。

水墨写竹石，用笔洒脱，清雅宜人。款“戴明说”，钤“戴明说印”“道墨”“米芾画禅烟峦如觌明说克传图章用锡”印。

云　涛　松溪垂钓图轴

清

绢本　设色

纵 167 厘米，横 100 厘米

1961 年北京市征集

云涛，生卒年不详，本名吴景佰，初名焕文，字君仰，号云涛，一作墨涛。福建浦城人。工诗文、绘画。尤精音律，以擅弹琵琶名噪大江以南。

三段式构图，山石用披麻皴，笔墨疏秀。款“云涛”。

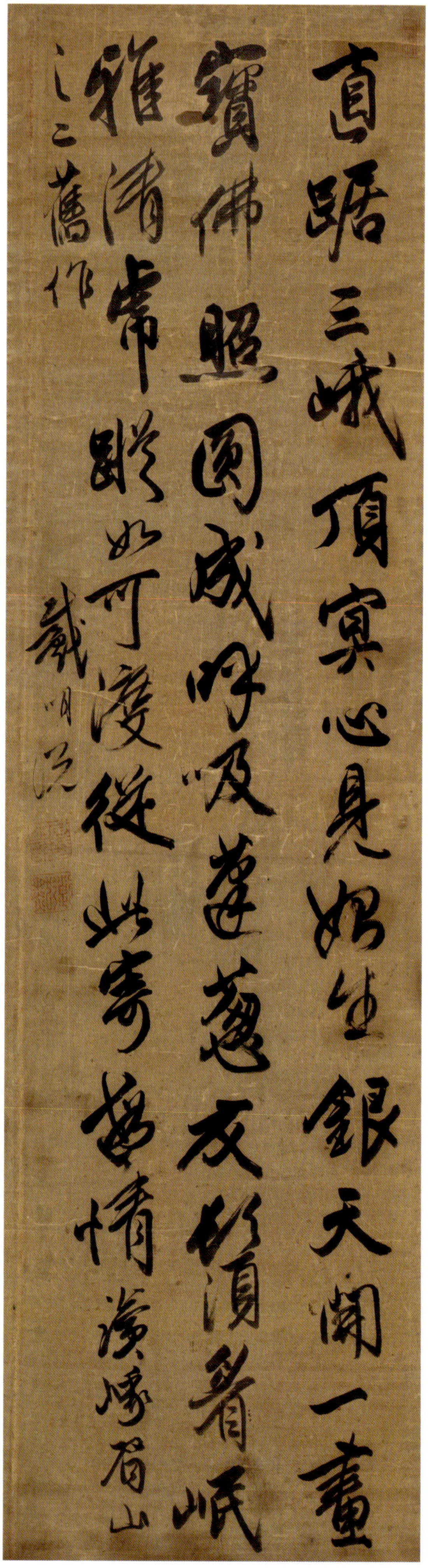

戴明说　行书峨眉山之二诗轴

清

绫本

纵 175 厘米，横 48 厘米

1962 年北京市征集

笔墨圆浑沉厚，结体、笔法得米芾之意。款“读峨眉山之二旧作，戴明说”。钤“戴明说印”“道默”“内观楼”印。

蓝　孟　秋岭遐征图轴

清
绢本　设色
纵 180 厘米，横 47.5 厘米
1962 年北京市征集

蓝孟（1585~约1668年后），字次公、亦舆，钱塘（今浙江杭州）人。蓝瑛之子。擅画山水，师法宋元诸家。传家法，笔法疏秀。

构图、笔墨承袭家法，用笔细腻。款“秋岭遐征，摹范中立画，蓝孟”。钤“蓝孟之印”“次公氏”印。

周　荃　仿北苑山水图轴

清

绫本　墨笔

纵 121 厘米，横 52 厘米

1961 年北京市征集

周荃，生卒年不详，字静香，号花溪老人，长洲（今江苏苏州）人。活动于清顺治、康熙年间。工书擅画，山水师倪、黄，功力深厚。

师董源笔法，得平淡天真之趣。款“魁翁老祖台具千秋法眼，必有以教我也。丙申秋仲长洲治下周荃”。钤“荃字静香”“齐楚观察”“镜山堂”印。“丙申”为清顺治十三年（1656年）。

周 荃 崇山水阁图轴

清

绫本 墨笔

纵 169 厘米，横 51 厘米

1962 年北京市征集

构图采用“高远”及“深远”相结合的方法，山石的画法出自董源、巨然。画上自题五言诗一首，款“长洲弟周荃”，钤“荃字静香”“齐楚观察”“花溪老人”“镜山堂”印。

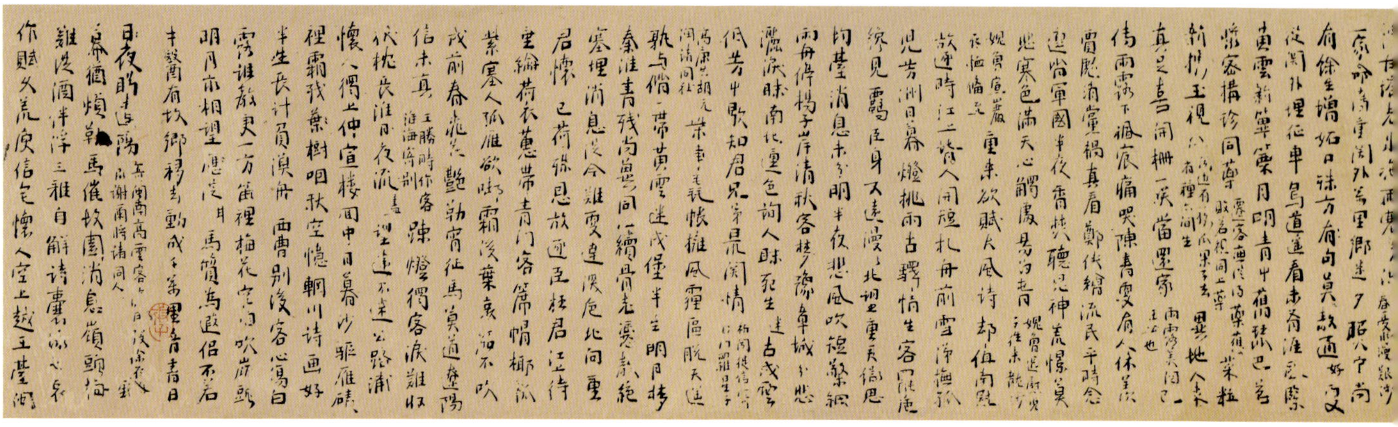

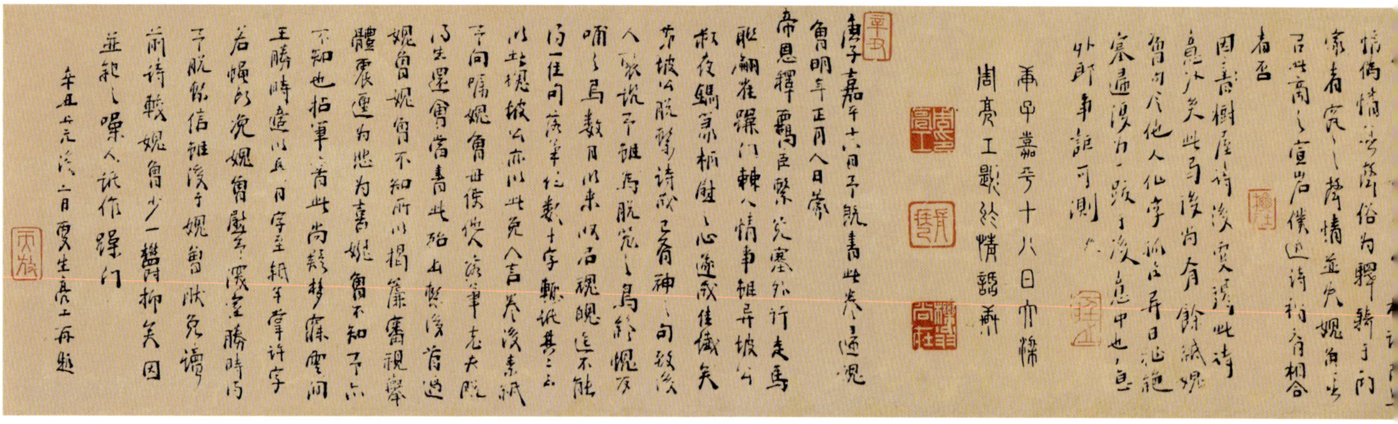

周亮工　行书情话轩近诗卷

清

纸本

纵 19 厘米，横 207 厘米

旧藏

周亮工（1612~1672年），字元亮，一字缄斋、减斋，号栎园、陶庵等，祥符（今河南开封）人，后移居金陵（今江苏南京）。工诗文，精鉴赏，爱好绘画篆刻。著有《赖古堂集》《读画录》等。

此为周亮工写赠黎士弘的诗卷，款“庚子嘉平十八日大梁周亮工题于情话轩”，钤“周亮工印”“长眉公”“栎翁尚在”等印。“庚子”为清顺治十七年（1660年）。引首翁方纲题，卷尾黎士弘、周体观、李世熊、翁方纲跋。

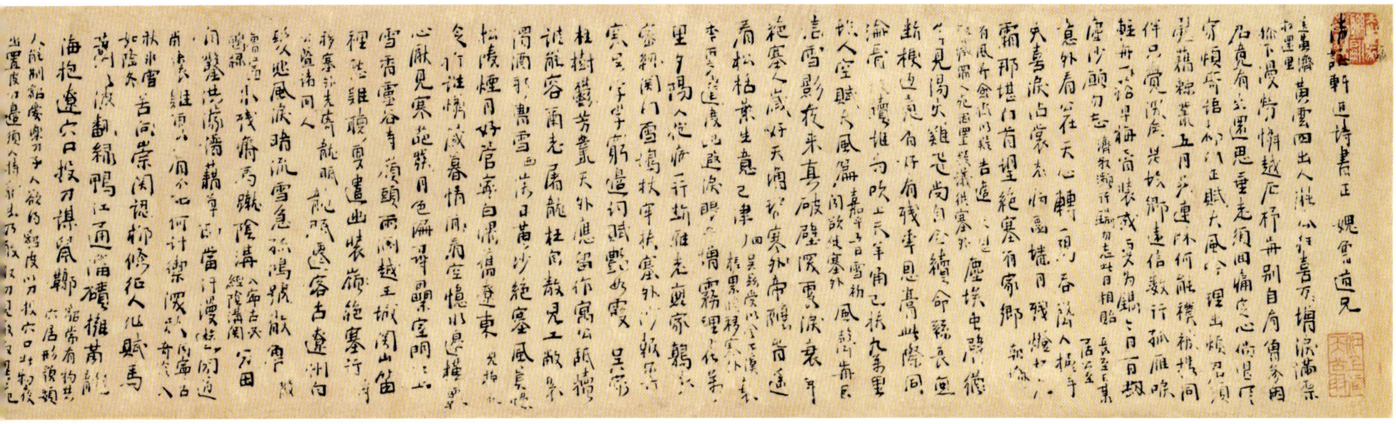

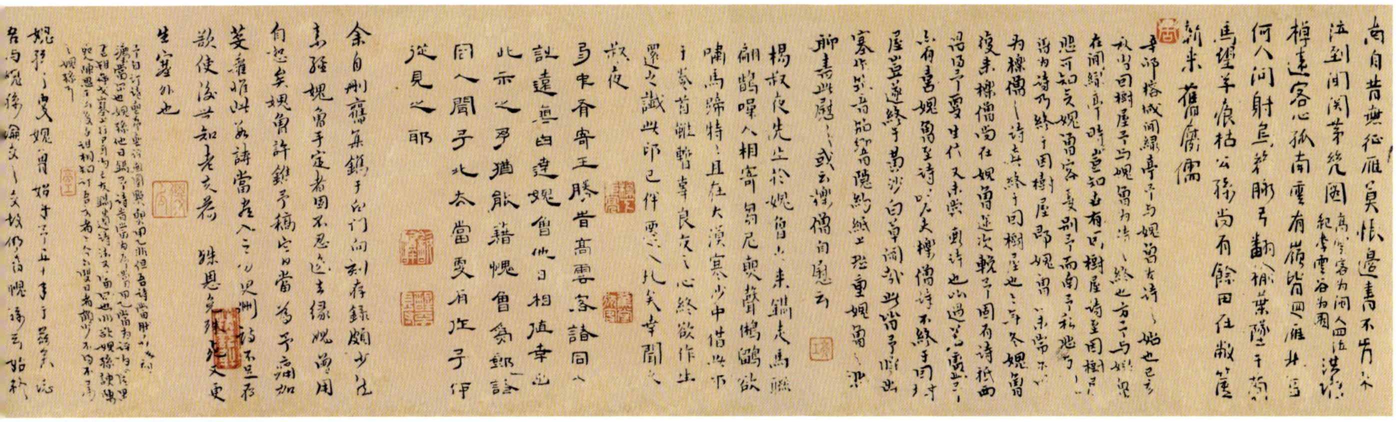

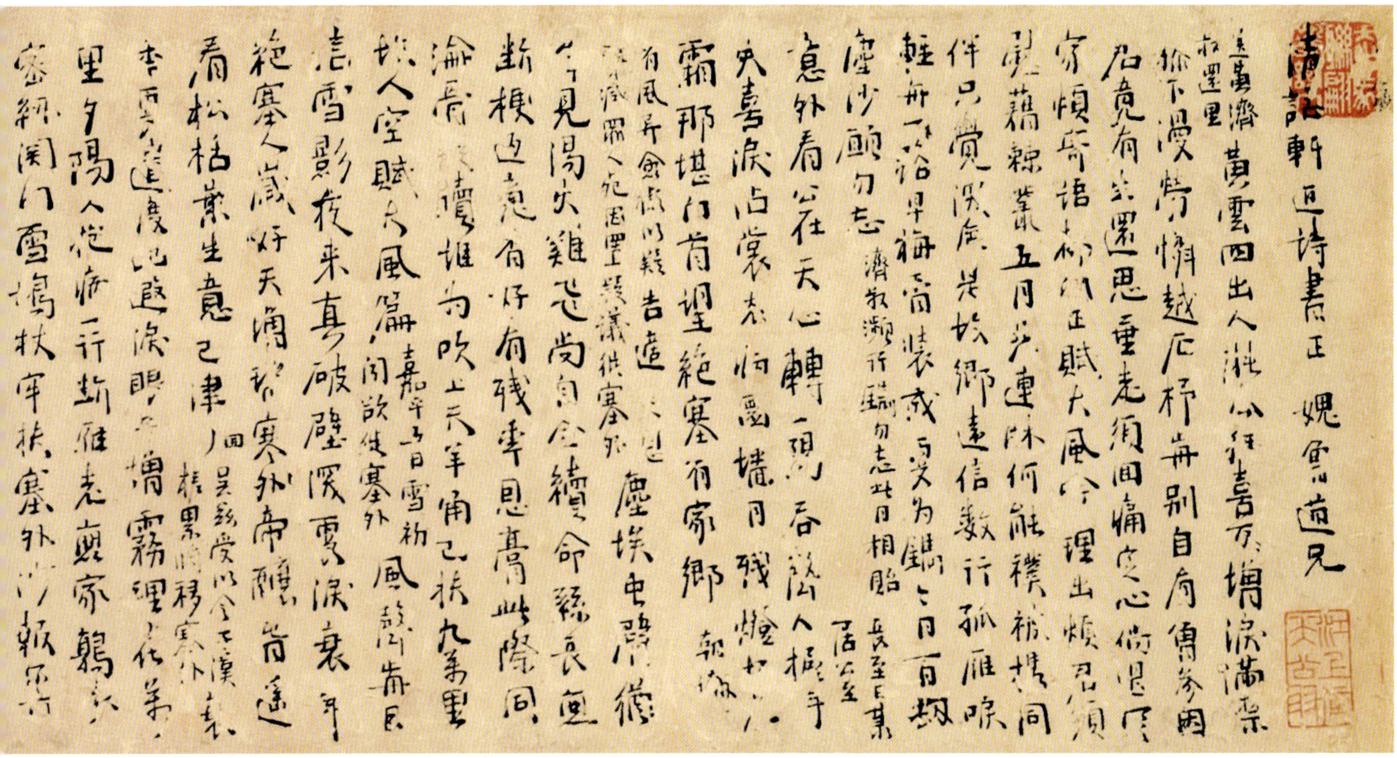

王　岱　松竹梅三友图轴

清

纸本　墨笔

纵 112 厘米，横 38 厘米

1960 年梁寯先生捐献

王岱，生卒年不详，字山长，号了庵，别号石史，湖南湘潭人。明崇祯十二年（1639年）举人，能诗文，工书画，山水奇逸，兼擅人物花鸟，深得古人笔意。著有《且园集》等。

松竹梅三友是文人画家喜爱的题材，借物抒情。此图是画家为挚友戴廷栻所画。款"潭州同学弟石史王岱识于燕山邸次"。钤"王岱私印""石史""且园"印。

查士标　米家云山图轴

清

纸本　墨笔

纵 177 厘米，横 50 厘米

1961 年北京市征集

查士标（1615~1698年），字二瞻，号梅壑散人，安徽休宁人。富收藏，精鉴别。擅画山水，与孙逸、汪之瑞、僧弘仁被称为"海阳四家"。

此图是查士标为螺青道兄所作，水墨淋漓，烟云氤氲。款"甲寅秋弟士标并识"，钤"士标私印""查二瞻"印。"甲寅"为清康熙十三年（1674年）。曾为李子青藏，钤"益昌李氏子青珍藏"印。

林亭春晓
康熙庚申正月仿
一峰道人画意
查士标

查士标　林亭春晓图轴

清

绫本　墨笔

纵 125 厘米，横 47 厘米

1960 年山西省太原市征集

图绘山村早春景色，墨色浓淡干湿互用，气韵高逸。题款“林亭春晓，康熙庚申正月仿一峰道人画意，查士标。”钤“梅壑”“二瞻”印。“庚申”为清康熙十九年（1680年）。

查士标　松壑泉声图轴

清

纸本　墨笔

纵 202 厘米，横 121.5 厘米

1962 年故宫博物院调拨

图中山峦叠嶂，青松挺立，泉水潺潺，笔墨疏简萧散，意境清远开阔。款“松壑泉声，康熙己巳小春月画于邗上，查士标”。钤“查士标印”“梅壑氏一字曰二瞻”印。“己巳”为清康熙二十八年（1689年）。

松壑泉聲
康熙己巳小春月畫
於邗上 查士標

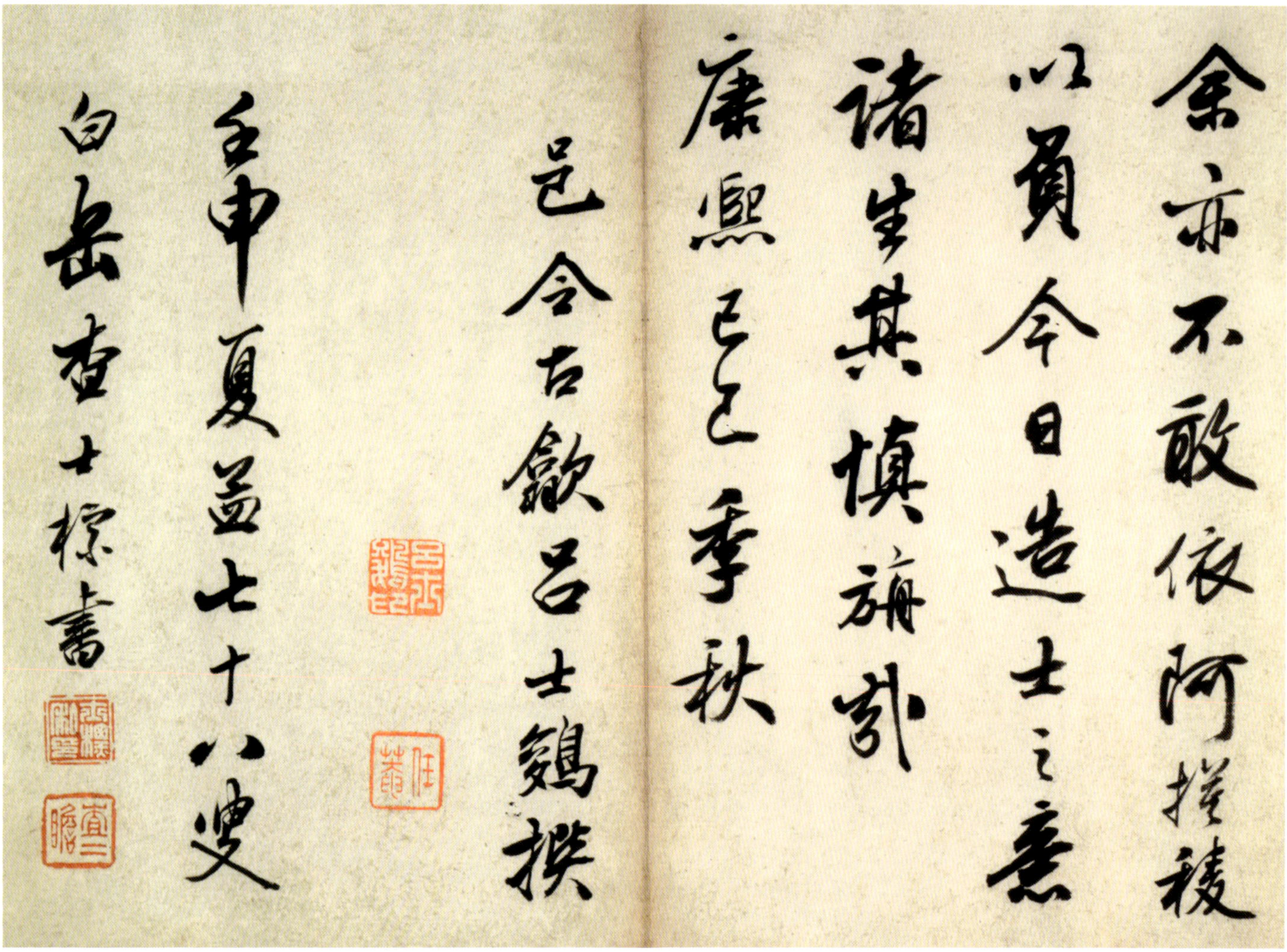

之九

查士标　行书新建真源义学记册

清

纸本

纵 24 厘米，横 34 厘米

1960 年北京市征集

九开。书录康熙己巳年（1689年）鹿邑知县吕士鵕撰《新建真源义学记》，行笔俊逸豪放，神韵深邃。款“壬申夏孟七十八叟白岳查士标书”，钤“士标私印”“查二瞻”“后乙卯人”印。“壬申”为清康熙三十一年（1692年）。

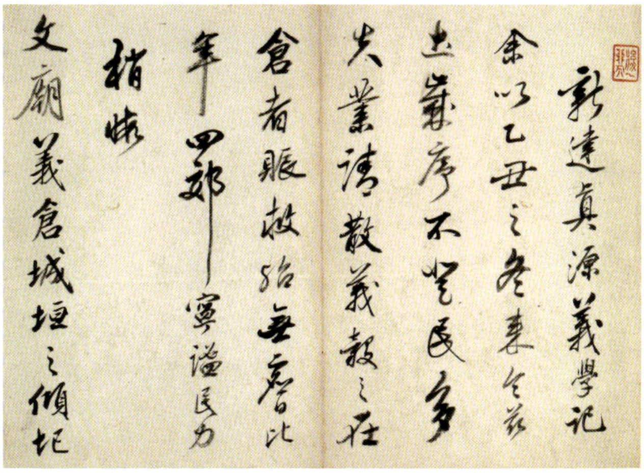

之一

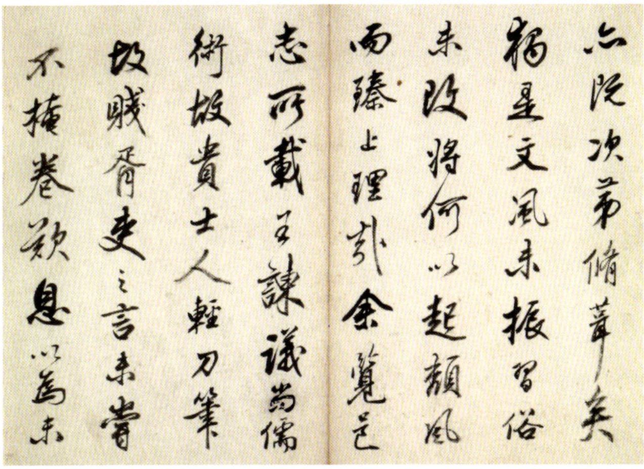

之二

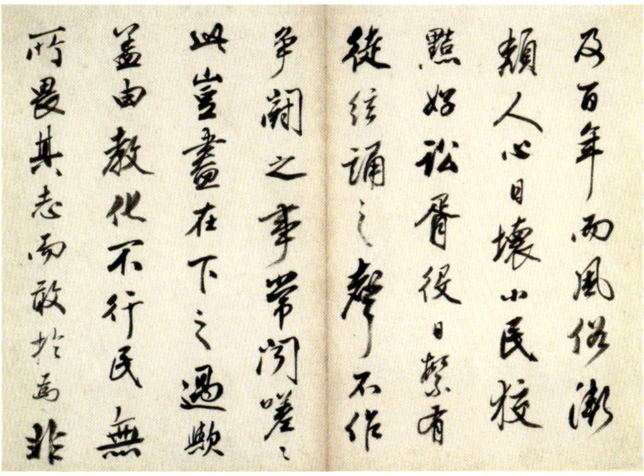

之三

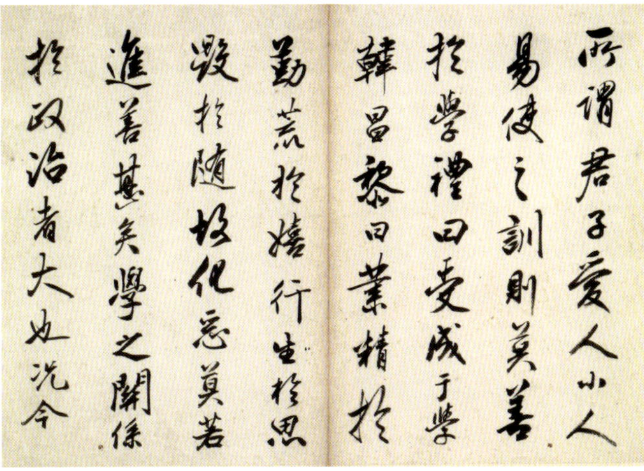

之四

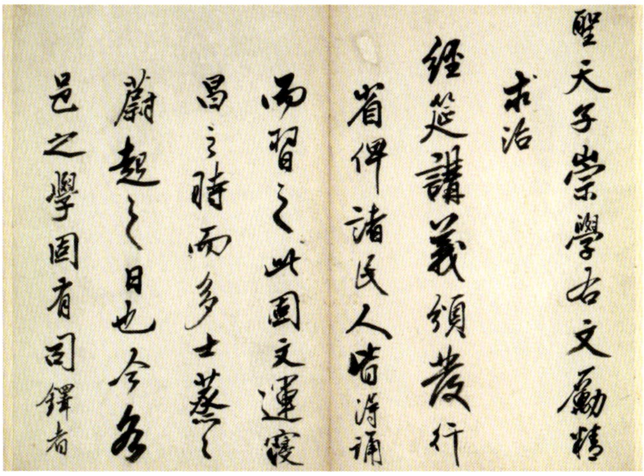

之五

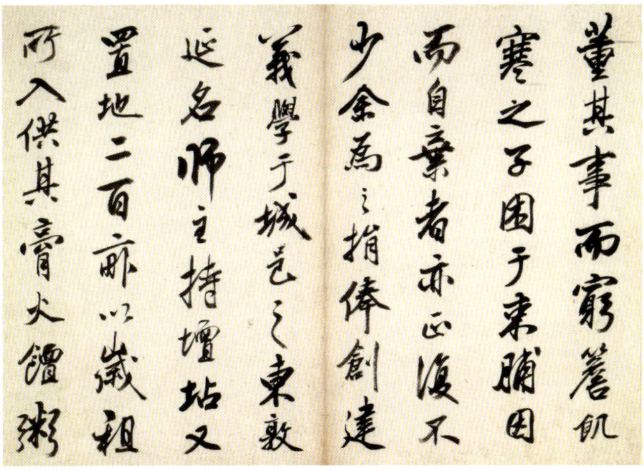

之六

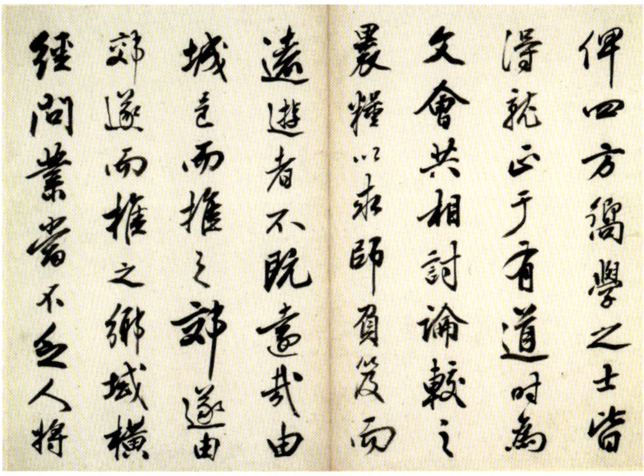

之七

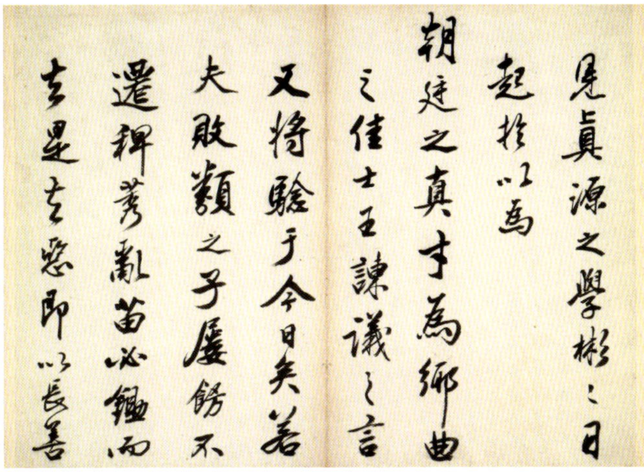

之八

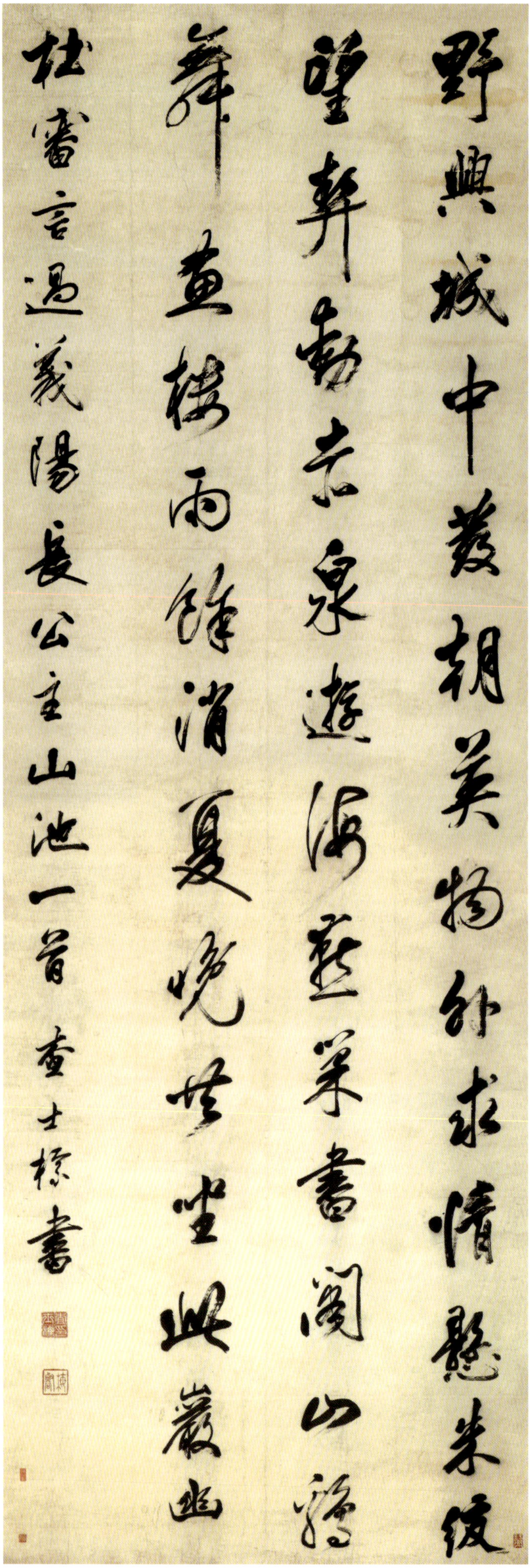
杜審言過義陽長公主山池一首 查士標書

查士标　行书杜审言诗轴

清

纸本

纵 349 厘米，横 120 厘米

1960 年北京市征集

章法结构谨严，用笔劲健潇洒。款“杜审言过义阳长公主山池一首，查士标书”。钤“查士标印”“梅壑”两方印。

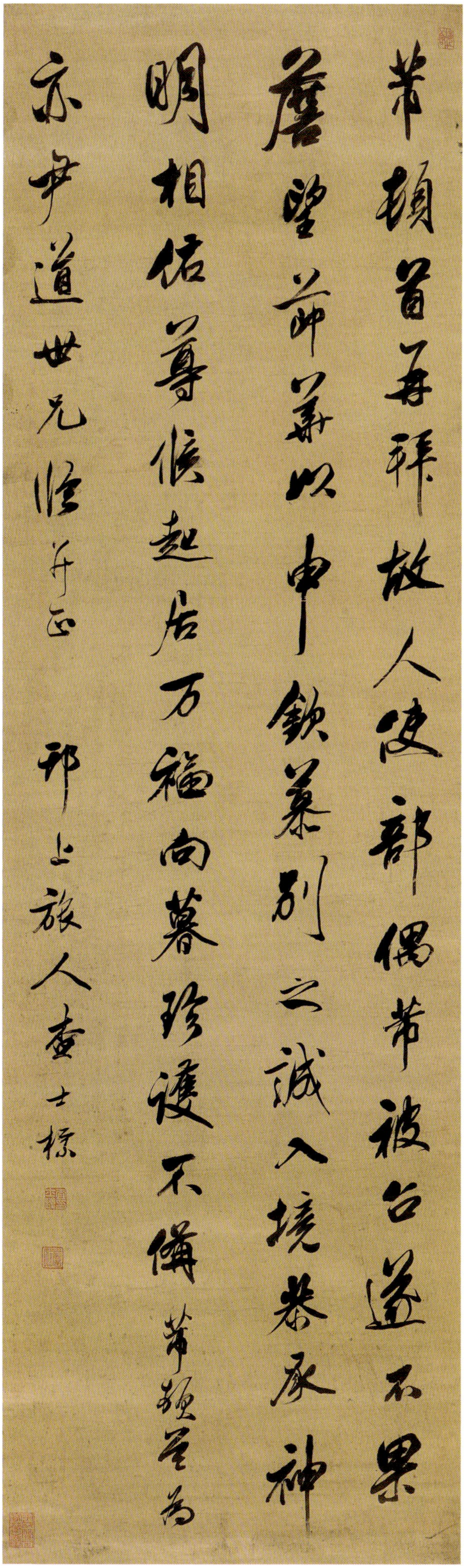

查士标　行书临米帖轴

清

绫本

纵 176 厘米，横 53.5 厘米

1959 年上海博物馆调拨

结体疏朗，笔墨丰润，得米书之神韵。款“为亦尹道世兄临并正，邗上旅人查士标”。钤“查士标印”“二瞻氏”“梅壑”印。曾为清代尹简堂收藏，钤“尹氏简堂家藏之章”藏印。

程 涝 丛林流水图轴

清

绢本 墨笔

纵133厘米，横71厘米

1956年北京市征集

程涝，生卒年不详，字箕山，号岸舫，广信（今江西上饶）人，后入籍顺天（今北京）。顺治六年（1649年）进士，官江西广信知府。擅画山水。

昔张颠以发濡墨作书，今画家效此意作画，笔墨自有新意。款“时戊戌冬仲念日，箕山程涝画并题”。钤“箕山”“程涝私印”两方印。“戊戌”为清康熙五十七年（1718年）。

丁亥清和為
熙老道長兄寫種菊圖
顧泉

顾　昶　种菊图轴

清
绢本　设色
纵 65 厘米，横 36.5 厘米
1956 年张会斗先生捐献

顾昶，生卒年不详，字符昭，一作元昭，长洲（今江苏苏州）人。工山水、界画。

图绘远山近树，林屋掩映，院中菊花盛放，主人对菊自醉。笔法细致，色彩清丽。款“丁亥清和为熙老道长兄写种菊图，顾昶”。钤“元朝”朱文印。

罗　牧　板桥远水图轴

清
纸本　墨笔
纵 185 厘米，横 68 厘米
1961 年山西省介休县征集

罗牧（1622~1705年），字饭牛，号云庵、牧行者、竹溪。江西宁都人。工诗词，擅书画。山水自成一家，笔意空灵，“江西派”代表画家。

图中山势峻嶒，板桥连岸，溪水曲迴。山石用披麻皴，树叶随类而点，墨色浓淡相宜。款“□云罗牧”，钤“罗牧私印”“饭牛”两方白文印。

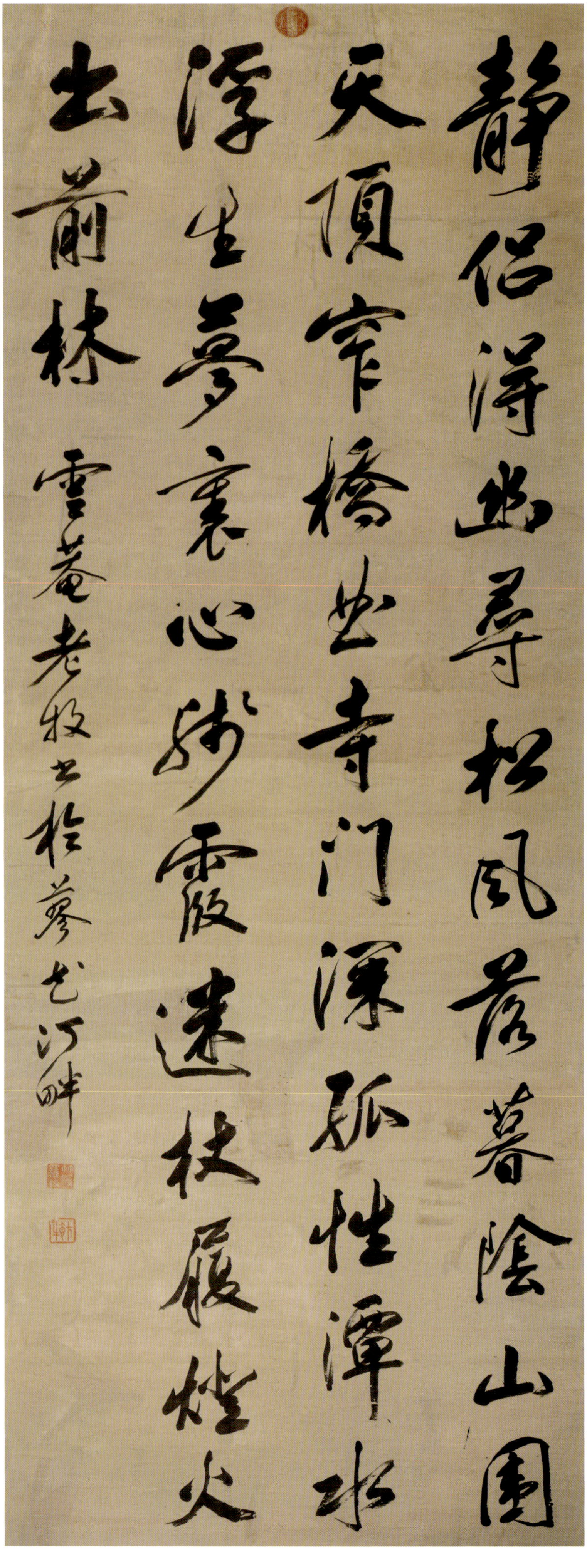

罗　牧　行书五言诗轴

清

纸本

纵 347 厘米，横 121 厘米

山西省文管会征集

行书五言诗："静侣得幽寻，松风落暮阴。山围天顶窄，桥曲寺门深。孤性潭水（浅），浮生梦里心。残霞迷杖履，灯火出前林。"字的间架结构，行笔的连贯气韵，均受董其昌影响。款"云菴老牧书于蓼花汀畔"，钤"竹溪罗牧""饭牛""御旌逸品"印。

甲戌秋七月写于雀兰堂
请中翁老年台一笑
余姚弟罗立襄时年七十二也

罗立襄　竹石图轴

清

绫本　墨笔

纵 178 厘米，横 48 厘米

旧藏

罗立襄，生卒年不详，浙江余姚人。

构图独具匠心，用笔沉着劲健。款“甲戌秋七月写于雀兰堂，请中翁老年台一笑，余姚弟罗立襄时年七十二也”。钤“江东布衣”“臣立襄印”两方印。“甲戌”为清康熙三十三年（1694年）。

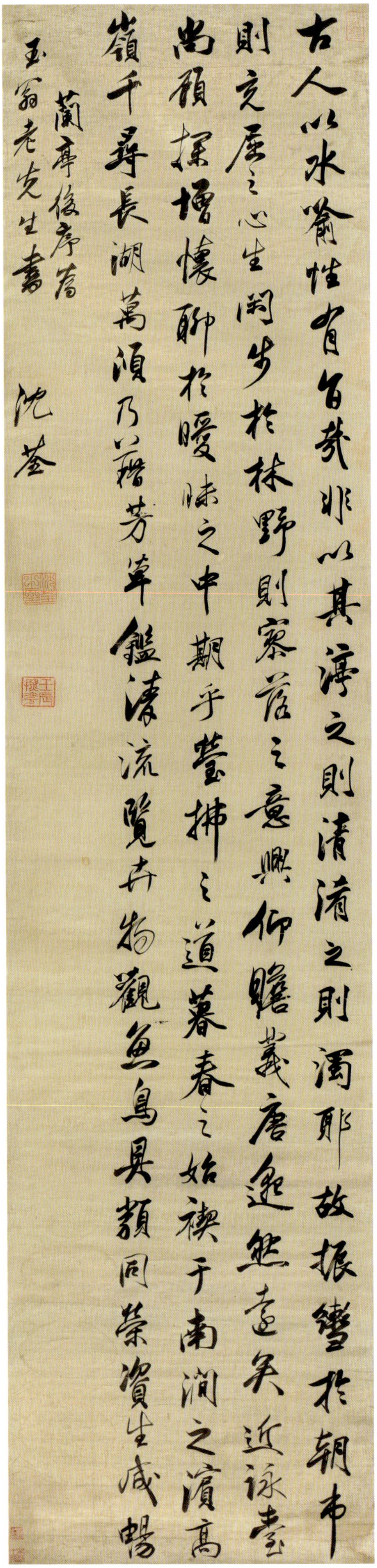

沈　荃　行书兰亭后序轴

清

绫本

纵 237 厘米，横 51 厘米

1962 年北京市征集

沈荃（1624~1684年），字贞蕤，号绎堂、充斋，华亭（今上海松江）人。顺治九年（1652年）探花，工书法，宗法董其昌、米芾。

行书东晋孙绰《三月三日兰亭诗序》，行距舒朗，笔法温润。款“兰亭后序为玉翁老先生书，沈荃”。钤“沈荃之印”“壬辰探花”“一研斋”印。

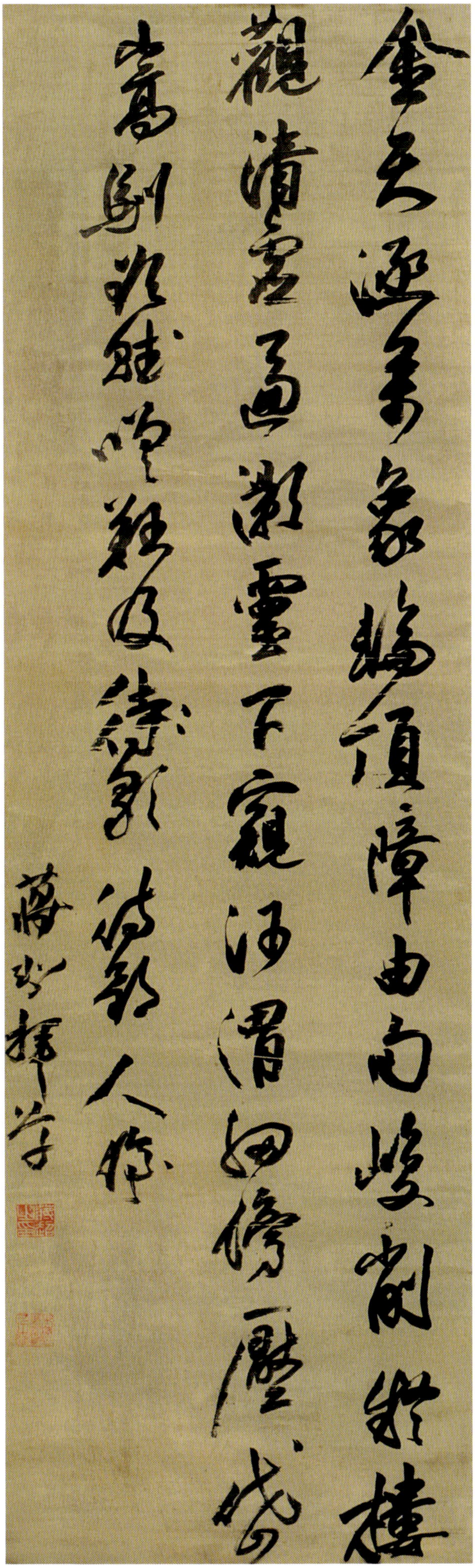

蒋　超　行书五言诗轴

清

绫本

纵 178 厘米，横 49 厘米

旧藏

蒋超（1624~1673年），字虎臣，号绥庵、华阳山人，金坛（今江苏常州）人。擅诗文，工书法。著有《绥庵诗稿》《绥庵集》等。

行书五言诗，线条凝练，笔墨厚重。款“蒋超挥草”，钤“蒋超之印”“朱陵蒋青霞真人之后”两方印。

朱　耷　竹石牡丹图轴

清

绫本　墨笔

纵155厘米，横50厘米

1962年北京市征集

朱耷（1626~1705年），字雪个，号八大山人、个山等，江西南昌人。工诗文，擅书画，清初“四僧”之一。

巨大的山石占据画面主体空间，没骨绘牡丹，墨色浓淡相宜。款“八大山人画”，钤“可得神仙”“八大山人”两方印。

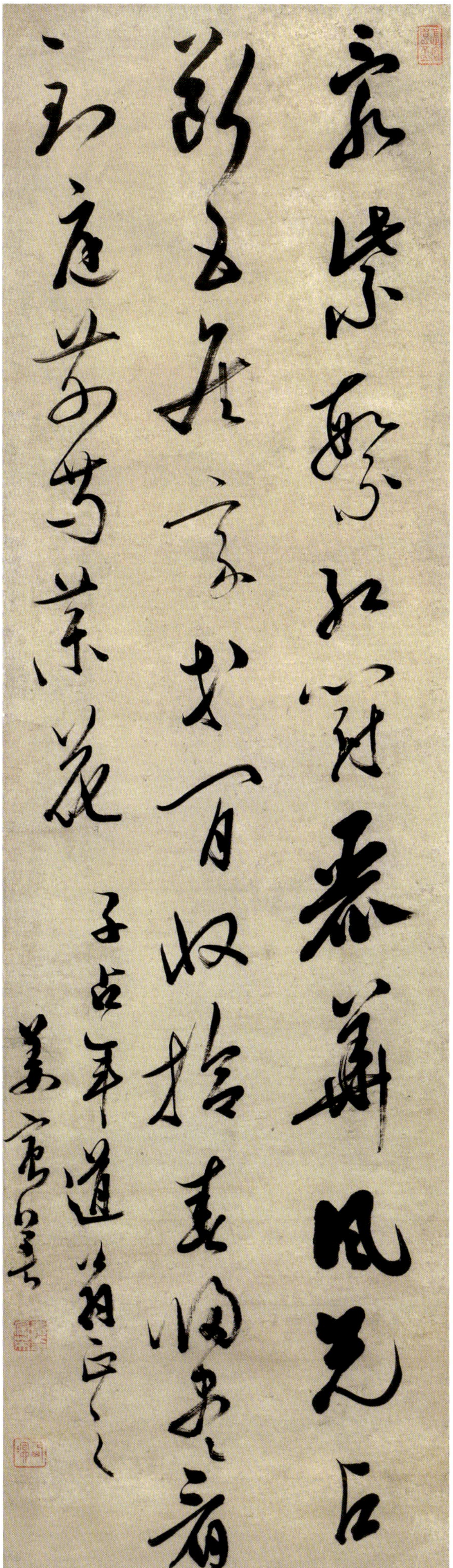

姜宸英　行书七绝诗轴

清
纸本
纵 111 厘米，横 29.5 厘米
1961 年北京市征集

姜宸英（1628~1699年），字西溟，号湛园，又号苇间，浙江慈溪人。工山水，精鉴赏，书法初学米、董，后学晋人书，以小楷最为精妙。

行书七绝诗："乱紫繁红斗丽华，风光占断五侯家。等闲收拾春归尽，看到庭前芍药花。"款"子占年道翁正之，姜宸英"。钤"姜宸英印""西溟""恐于名之不立"印。

吕焕成　摹赵伯驹山水图轴

清

绢本　设色

纵 212 厘米，横 98.5 厘米

1962 年北京市征集

吕焕成（1630~1705年），字吉文，号祉园山人，浙江余姚人。擅画人物、山水，花卉。

以石青石绿渲染山石，层次分明，色彩明丽。用笔精细，既有“北宗”画法的崇高峻美，也有“南宗”画法的秀润笔致。款“辛亥冬仲摹赵伯驹画法于花木深，舜江吕焕成”。钤“吕焕成印”“吉文氏”“游戏三昧”印。“辛亥”为清康熙十年（1671年）。

牛樞画

牛 枢 仿宋人山水册

清

纸本 墨笔/设色

纵 27 厘米，横 24 厘米

1961 年北京市征集

牛枢，生卒年不详，字孝标，顺天（今北京）人。工山水，师法董、巨。

四开设色，六开墨笔，计十开。傅山隶书题“清机飞动”。牛枢为好友戴廷栻所画。款“壬戌春暮偶仿宋人笔意写似，枫翁先生博粲，北平牛枢”。钤“牛枢暐印”“孝标”印。“壬戌”为清康熙二十一年（1682年）。

清

機

飛

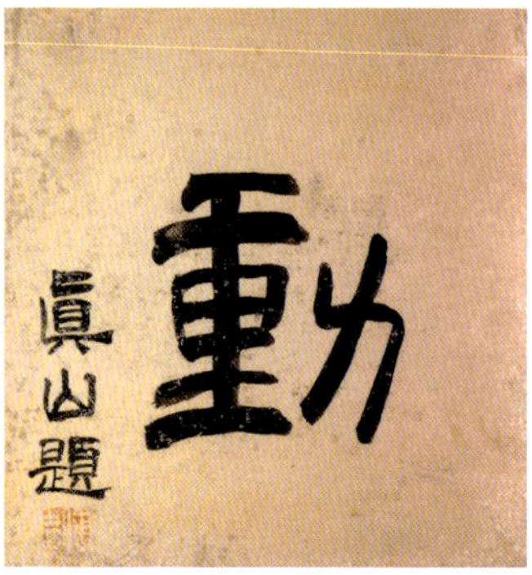
動
真山題

牛樞畫

朱 珏 赈饥图卷

清

绢本 设色

纵 34.5 厘米，横 394 厘米

1954 年山西省太原市征集

朱珏，生卒年不详，字二玉，江都（今江苏扬州）人。工山水、花卉、人物。

构图繁而不乱，将众多人物分置于不同场景中，笔墨工致。题款“赈饥图，邗樵朱珏仿李成笔意”。钤“朱珏印”。卷尾程滂题俚言二律。

賑饑圖

錢塘壺深仿元宋人十冊

蓝　深　仿宋元山水册

清

纸本　设色

纵 17.2 厘米，横 12 厘米

1961 年北京市征集

蓝深，生卒年不详，字谢青，钱塘（今浙江杭州）人。蓝瑛孙。山水得其祖传，妙于错综变化，悉合法度。

八开。设色仿宋元山水，笔墨精致。款“钱塘蓝深仿元宋人十册”，钤“臣深”“蓝深”“谢青”印。

王翚　溪山秋霁图轴

清
纸本　墨笔
纵 81 厘米，横 31.5 厘米
1961 年北京市征集

王翚（1632~1717年），字石谷，号耕烟散人、剑门樵客、乌目山人、清晖老人等，江苏常熟人。擅山水。与王时敏、王鉴、王原祁并称为“清初四王”。

图中长岩峻岭，远树平芜，与浮岚暮霭相映带，萧疏澹逸别具一格。款“时戊辰腊月廿日为琛石道兄先生，石谷王翚识”。钤“王翚之印”“石谷”“太原”印。“戊辰”为清康熙二十七年（1688年）。曾为郭会昌收藏，钤“景熙审定”“覃怀郭会昌珍藏书画”印。

郑旼　秋山霜霁图轴

清
绢本　设色
纵 183 厘米，横 49 厘米
旧藏

郑旼（1632~1683年），字慕倩、穆倩，号遗甦等，安徽歙县人。工诗文，擅画山水，为新安画派名家之一。著有《拜经斋集》《致道堂集》《正己居集》等。

笔墨尚简，山石用干笔淡墨勾勒，意境清幽。画家自题：“关仝早师浩然，无市朝尘俗之状，笔愈简而气愈壮。郭忠恕神仙中人，而亦师事之。世谓倪迂之迹，用笔本其脱略，或不皆然，此帧偶得其秋山霜霁之静气而已。遗甦旼识。”钤“古歙郑旼”“慕倩”印。

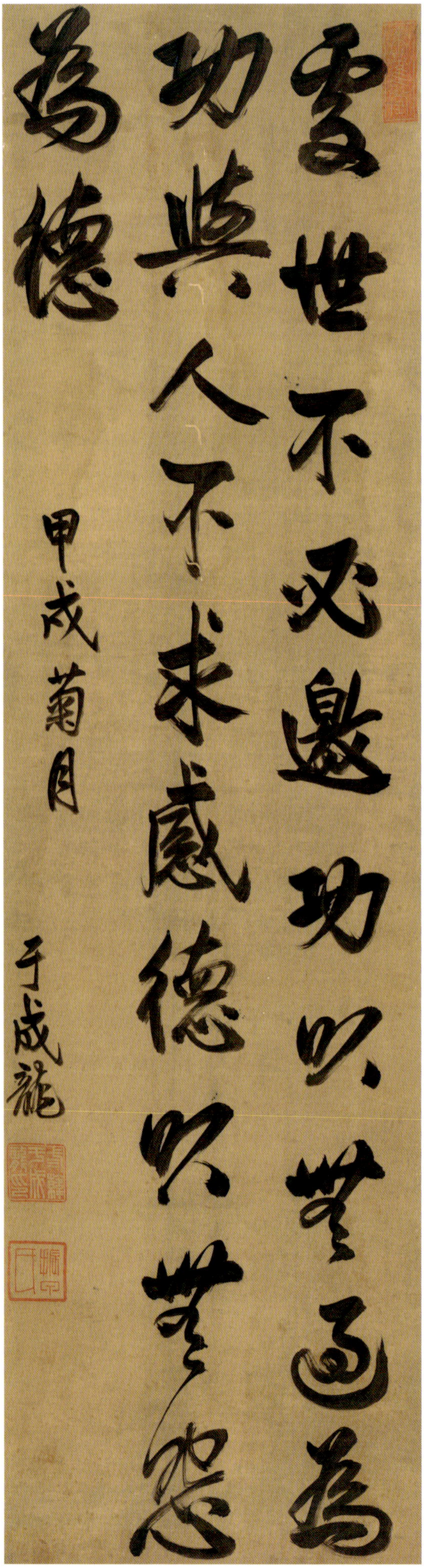

于成龙　行书格言轴

清

绫本

纵 170 厘米，横 46 厘米

1961 年北京市征集

于成龙（1638~1700年），字振甲，辽宁盖县人，工书法，尤擅行、楷书。

字体端庄，用墨丰厚。行书：“处世不必邀功，以无过为功。与人不求感德，以无怨为德。”款“甲戌菊月，于成龙”。钤“三韩于成龙印”“振甲氏”“来鹤堂”三方印。

陆　暍　渔樵耕读图轴

清

绢本　设色

纵 72.5 厘米，横 100 厘米

1954 年梁寯先生捐献

陆暍（?~1716年），字日为，号遂山樵，浙江遂昌人，居松江（今上海）。擅山水，师米家山水，并参以己意，自成一家。

此图远山迷蒙，墨气氤氲，得米家山水之神韵。款“云间陆暍”，钤“暍”印。左下角钤两方藏印，模糊不清。

康熙壬辰秋七月
稼亭王苹

王　苹　仿各家山水册

清

纸本　设色

纵 38.7 厘米，横 26.7 厘米

旧藏

王苹，生卒年不详，字耕南，号稼亭、梅峤，吴县（今江苏苏州）人。与王翚同时，擅画山水。

十开。仿王蒙、吴镇等各家笔意，用笔精细，设色淡雅，咫尺之间，描绘万千山水。款“康熙壬辰秋七月，稼亭王苹”。钤“王苹之印”“稼亭”“梅峤居士”“耕南散人书画之章”印。

王原祁　晓烟宿雨图轴

清

纸本　墨笔

纵 118 厘米，横 47 厘米

1961 年北京市征集

王原祁（1642~1715年），字茂京，号麓台，江苏太仓人，王时敏孙。康熙九年（1670年）进士，官至户部侍郎，人称王司农。擅画山水，继承家法，学元四家，以黄公望为宗，与王时敏、王鉴、王翚并称“清初四王”。

图绘雨后烟岚弥漫之景，笔墨淋漓，气韵生动。题识“宿雨初收，晓烟未泮。庚辰长夏雨窗仿高尚书笔，王原祁”。钤“王原祁印”“麓台”“归华庵”“西庐后人”印。“庚辰”为清康熙三十九年（1700年）。

王原祁　仿米高山水扇页

清

纸本　墨笔

纵 49 厘米，横 17.5 厘米

1961 年北京市征集

图仿米家山水，运用米家横点写山，参以留白，呈现烟云氤氲之气象。款“康熙甲午春日，从畅春园启事归，雨窗漫笔聊拟其意，偶仿高米合作，王原祁”。钤“王原祁”“麓台”“三昧”印。曾由程十发收藏，钤“云间步鲸楼藏”印。

杨 晋　山水册

清

纸本　设色

纵 32 厘米，横 23.5 厘米

1962 年北京市征集

杨晋（1644~1728年），字子和，一字子鹤，号西亭，鹤道人等，江苏常熟人。王翚入室弟子，长于界画，擅画牛，工人物、花鸟草虫。

八开。仿宋元山水，设色古雅，绘于康熙辛丑年（1721年）。钤“杨晋”“胸中丘壑”“西亭”“七十八老人”等印。

松风涧水
临李晞古笔 杨晋

富春大嶺圖
壬寅長夏倣黄子久筆 楊晉

杨　晋　富春大岭图轴

清
绢本　设色
纵 179 厘米，横 96.5 厘米
1961 年北京市征集

图绘崇山峻岭，笔墨精致，设色明丽。款“富春大岭图，壬寅长夏仿黄子久笔，杨晋”。钤“杨晋私印”“字曰子鹤”“鹤道人时年七十有九”。“壬寅”为清康熙六十一年（1722年）。

王　概　秋关喜客图轴

清
纸本　设色
纵 215.5 厘米，横 79.5 厘米
1961 年北京市征集

王概（1654~1716年），初名匃，一作改，亦作丐，字东郊，又字安节，秀水（今浙江嘉兴）人。擅画山水、人物、花鸟。

图中山势高耸，云遮雾绕，主人开门喜迎客来。山石用牛毛皴笔法，干湿互用，繁而不复。款“秀水王概”，钤“王概之印”“安节”“意在丹丘黄鹤青藤白石之间”“鸳鸯莫愁两湖渔子”四方印。

康熙四十二年長夏廣陵禹之鼎恭繪

禹之鼎　楮窗图卷

清

绢本　设色

纵 51 厘米，横 182 厘米

1962 年山西省晋城市征集

禹之鼎（1647~1716年），字尚吉，一字尚基，一作尚稽，号慎斋，江苏扬州人。擅画山水、人物、花鸟、走兽，尤精肖像。山水初师蓝瑛，后取法宋元诸家，精于临摹，功底扎实。肖像画名重一时，有白描、设色两种面貌，形象逼真，生动传神。

图中陈廷敬着官服端坐于北窗之下，屋后有楮树一株。画面设色艳丽，屋宇楼阁描绘精准。隶书款“康熙四十二年长夏广陵禹之鼎恭绘”，钤“慎斋禹之鼎印”“广陵涛上渔人”“必逢佳士亦写真”印。卷尾有孙岳颁、宫鸿历、史申义、查慎行等题记。

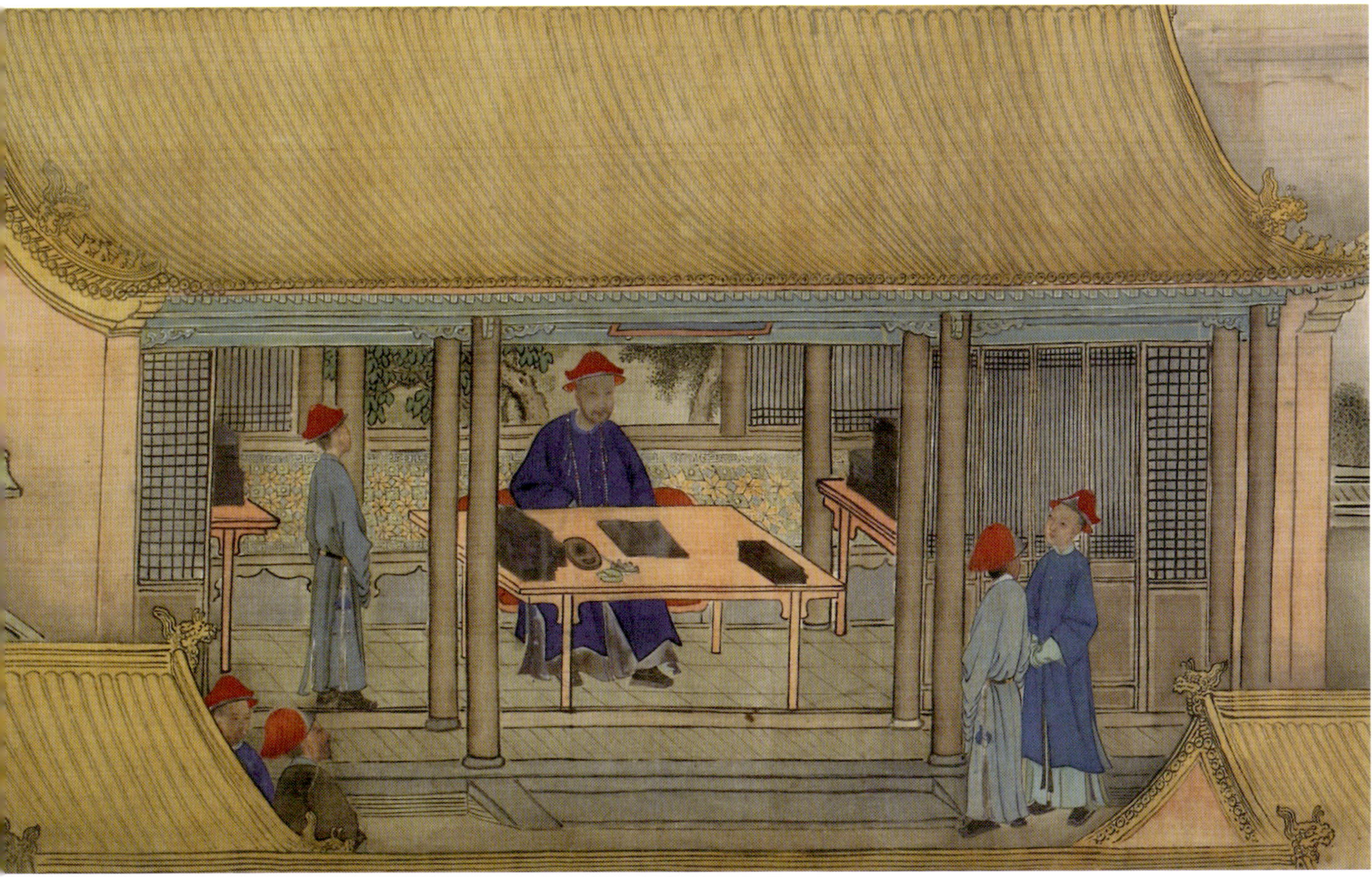

禹之鼎　南垞灌蔬图卷

清

绢本　设色

纵 42 厘米，横 176 厘米

旧藏

画家用精细的笔墨描绘出一幅农园灌蔬的景象，人物线条流畅，面部刻画精微。隶书题“南垞灌蔬图”，款“辛卯春和广陵禹之鼎写”，钤“禹”“必逢佳士亦写真”“慎斋禹之鼎印”“广陵涛上渔人”印。“辛卯”为清康熙五十年（1711年）。

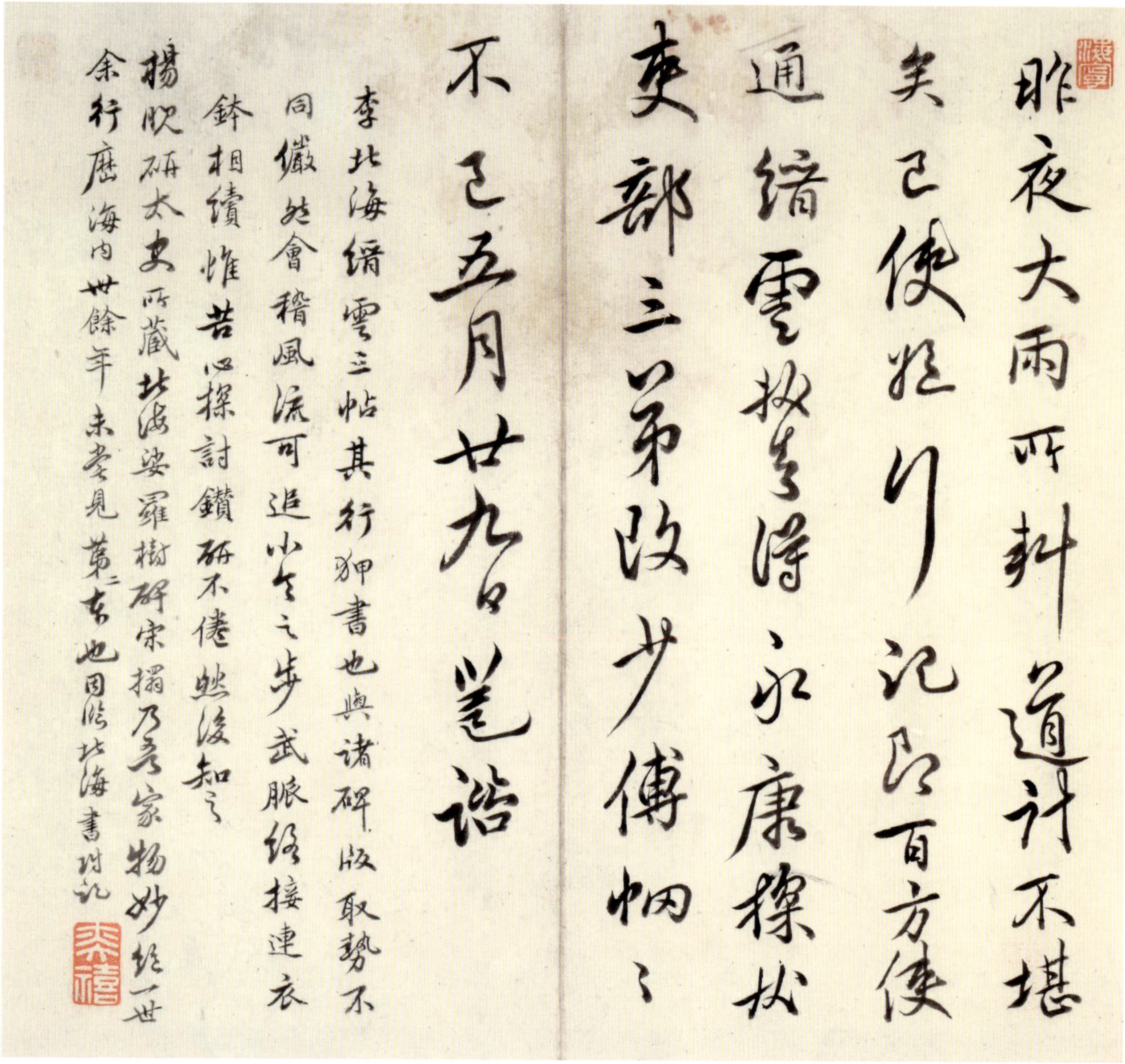

之一

陈奕禧　行书临各家册

清

纸本

纵 25.5 厘米，横 27.5 厘米

1953 年北京市征集

陈奕禧（1648~1709年），字六谦，又字子文，号香泉，晚号葑叟，浙江海宁人。擅诗歌和书法，尤以书法为名，精于小楷与行书。

十二开。行书临李北海、董其昌、米芾等各家书。款“庚辰十月书为翠庭老长兄清鉴，海宁陈奕禧”。钤“臣禧私印”“香泉翁”“奕禧”“盐州陈禧之印”“六谦”“农官大夫”等印。“庚辰”为清康熙三十九年（1700年）。

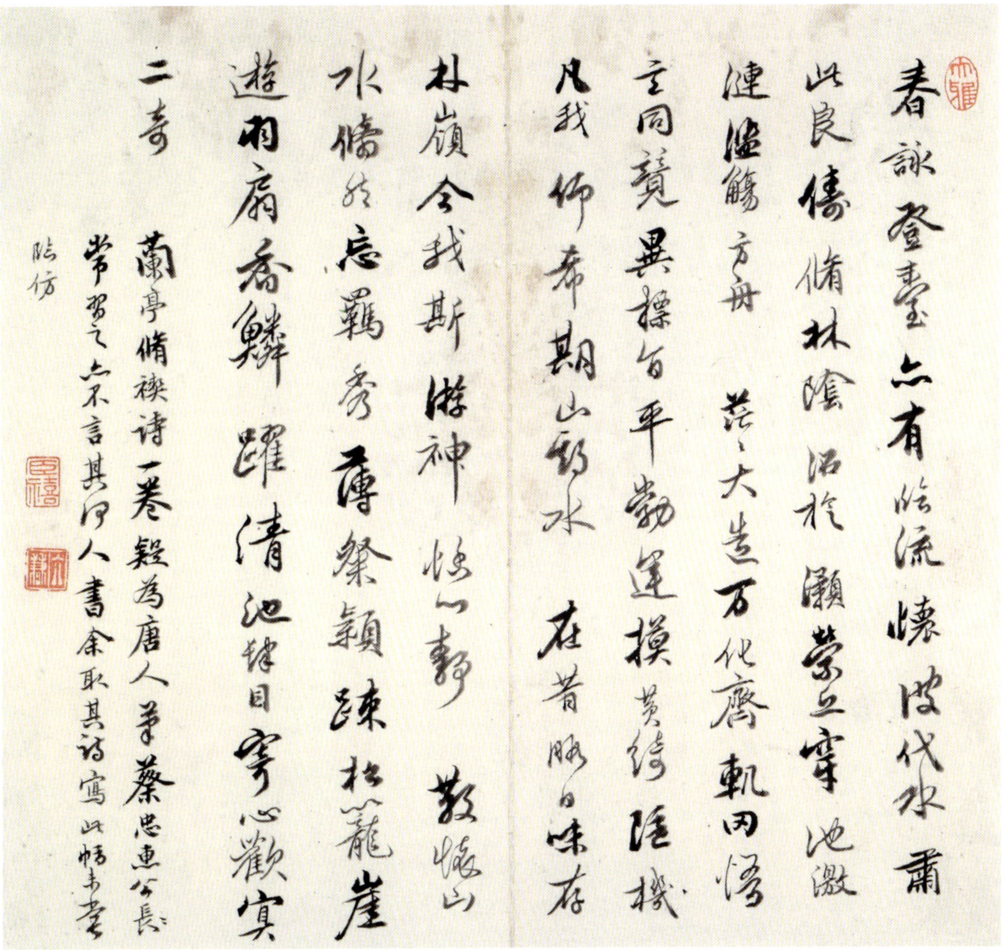

之十一

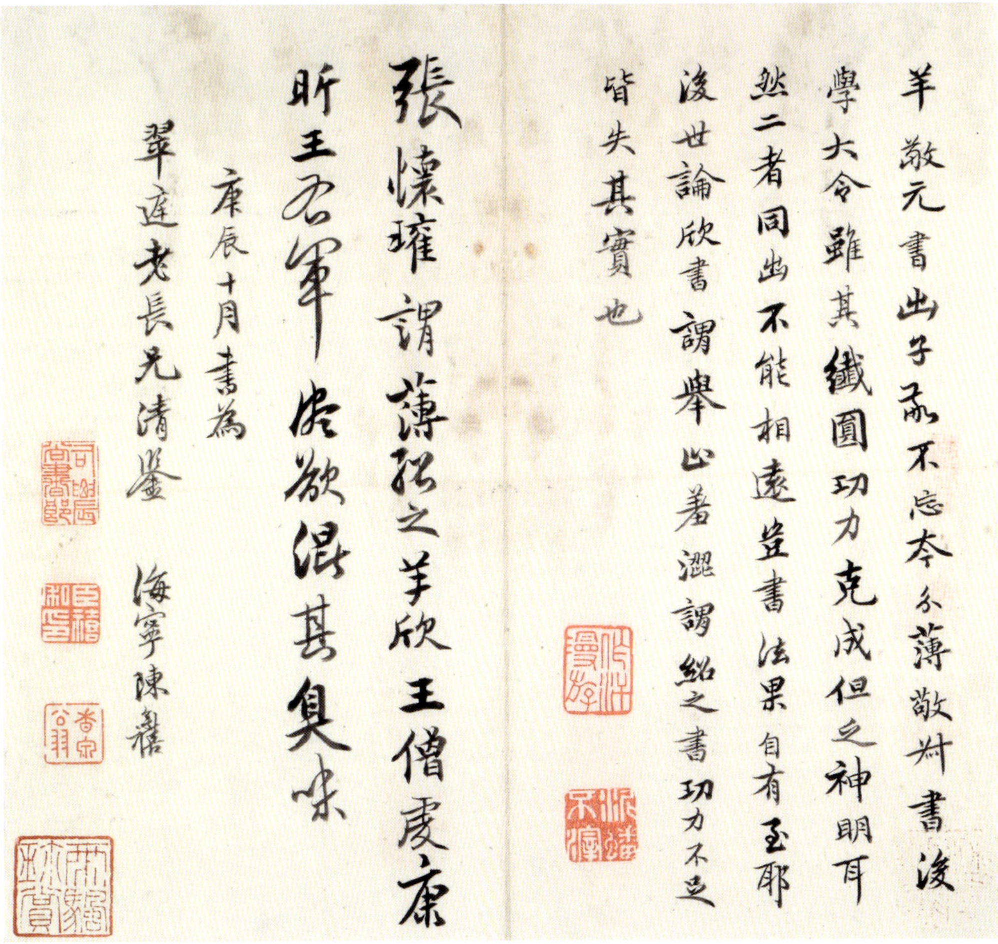

之十二

王树榖　捡玩图轴

清

绢本　设色

纵 182 厘米，横 95 厘米

1961 年北京市征集

王树榖（1649~1733年后），字原丰，号无我、鹿公，浙江杭州人。擅画人物，师法陈洪绶。人物衣纹秀劲，设色古雅。

图中人物生动传神，描绘精细，衣纹秀劲，线条流畅，笔法出自陈洪绶，而又自出新意。款“王鹿丰摹于古松堂”，钤“王树榖书画记”。

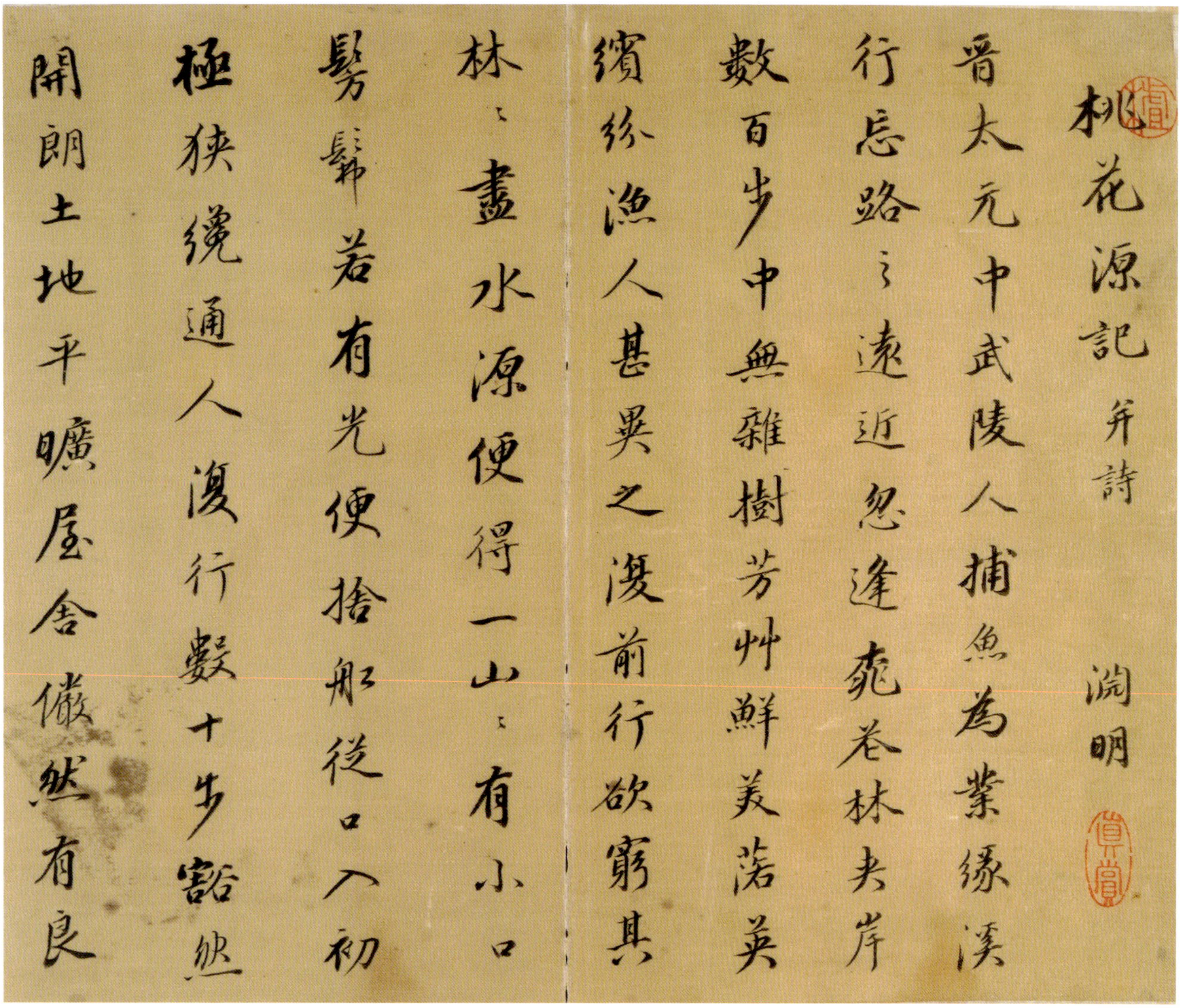

之一

查　昇　行书册

清

绫本

纵 23 厘米，横 32 厘米

1960 年北京市征集

查昇（1650~1707年），字仲韦，号声山，浙江海宁人。工书法，精小楷，得董其昌之神韵。著《淡远堂集》。

七开。行书录陶渊明《桃花源记》，布局疏宕，笔墨灵秀，有董书遗意。款“康熙廿九年四月十二日书于金陵道中，龙山查昇”。钤“查”“查昇之印”“声山翰墨”印。曾为宫本昂收藏，钤“宫”“贤者而后乐此”“宫子行同弟玉父宝之”“泰州宫氏珍藏”印。

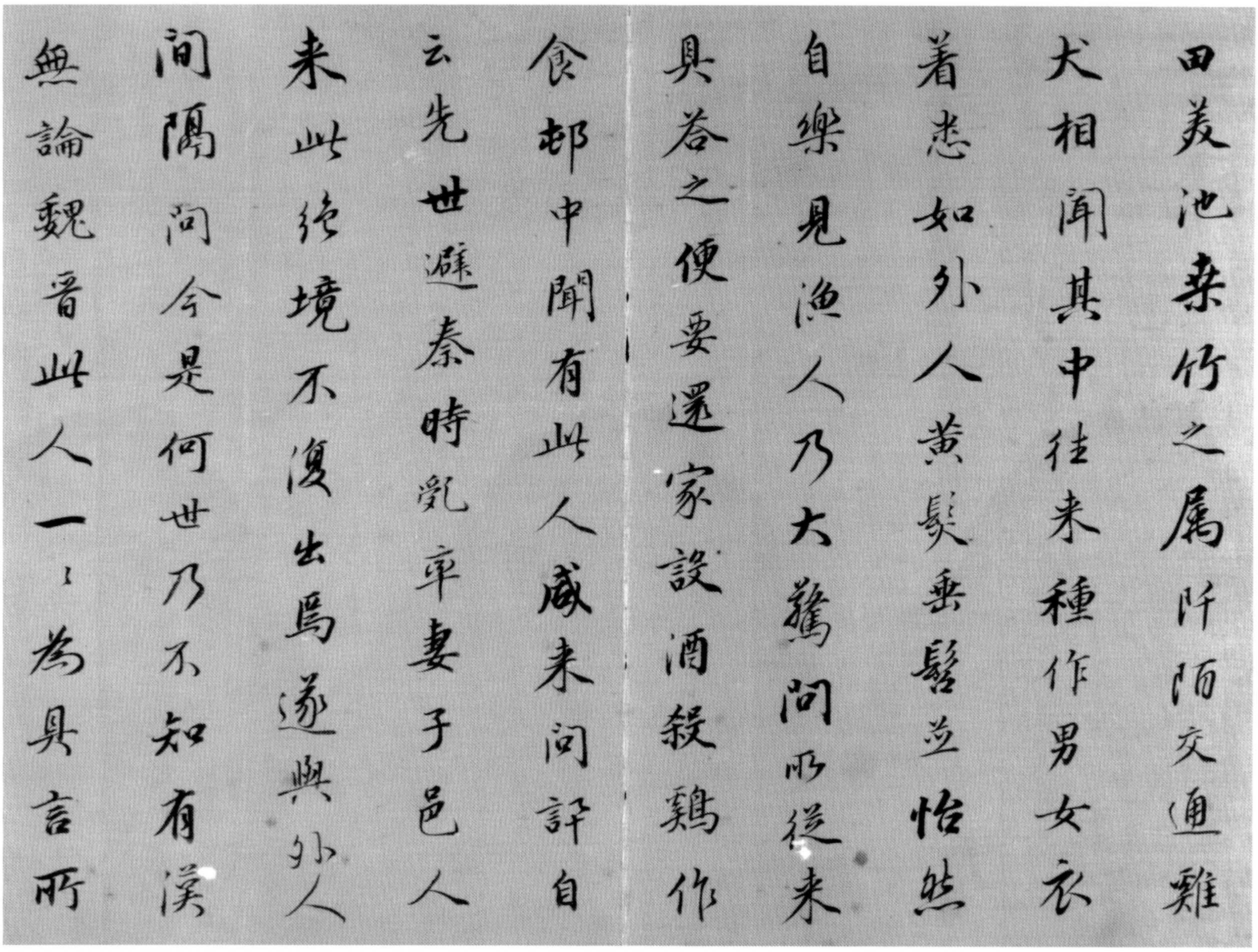
田美池桑竹之屬阡陌交通雞
犬相聞其中往来種作男女衣
著悉如外人黃髮垂髫並怡然
自樂見漁人乃大驚問所從来
具荅之便要還家設酒殺雞作
食邨中聞有此人咸来問訊自
云先世避秦時亂率妻子邑人
来此絕境不復出焉遂與外人
間隔問今是何世乃不知有漢
無論魏晉此人一一為具言所

之二

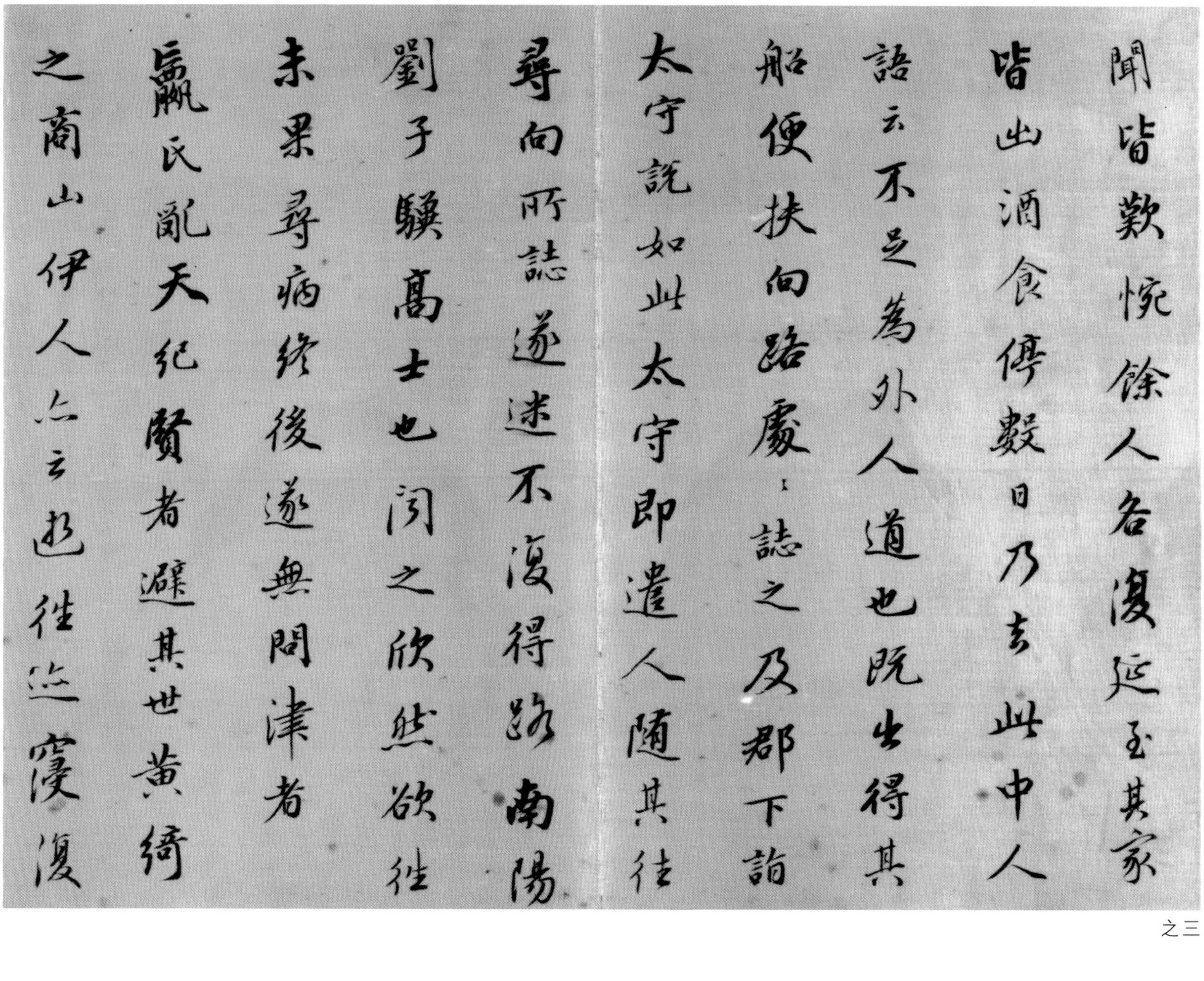
聞皆歎惋餘人各復延至其家
皆出酒食停數日乃去此中人
語云不足為外人道也既出得其
船便扶向路處處誌之及郡下詣
太守說如此太守即遣人隨其往
尋向所誌遂迷不復得路南陽
劉子驥高士也聞之欣然欲往
未果尋病終後遂無問津者
嬴氏亂天紀賢者避其世黃綺
之商山伊人亦云逝往迹浸復

之三

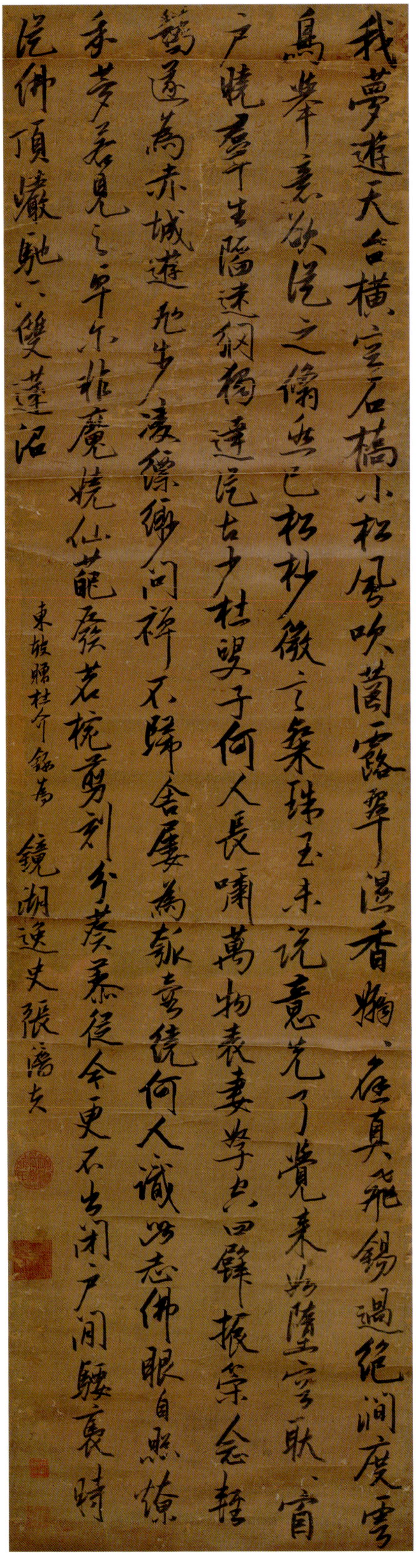

张潜夫　行书录东坡赠杜介诗轴

清

绢本

纵 172.5 厘米，横 46.5 厘米

1960 年山西省太原市征集

张潜夫（1608~1695年），字为龙，号确庵、镜湖逸史，张瑞图之子，福建晋江人。工诗文，擅书法。

书录苏东坡《赠杜介》五言诗，用笔遒劲飞动，使转处多用折笔，欹侧多变，书承家风而有变化。款“镜湖逸史张潜夫”，钤“镜湖长为龙氏”“确庵张潜夫一字遁生”印。

匡山飛瀑

吴闸思　匡山飞瀑图轴

清

绢本　设色

纵 173 厘米，横 59.5 厘米

1975 年山西省介休县征集

吴闸思，生卒年不详，字道贤，武进（今江苏常州）人。能诗擅画，山水师法北宋，著有《匡庐纪游》《卧云堂诗集》。

图绘庐山瀑布，布局疏朗有致，笔墨苍润稳健，景物郁茂，气韵生动。自题“匡山飞瀑，戊寅九月下弦延陵吴闸思澹斋画”。钤“吴闸思印”“道严”两方印。“戊寅”为清康熙三十七年（1698年）。

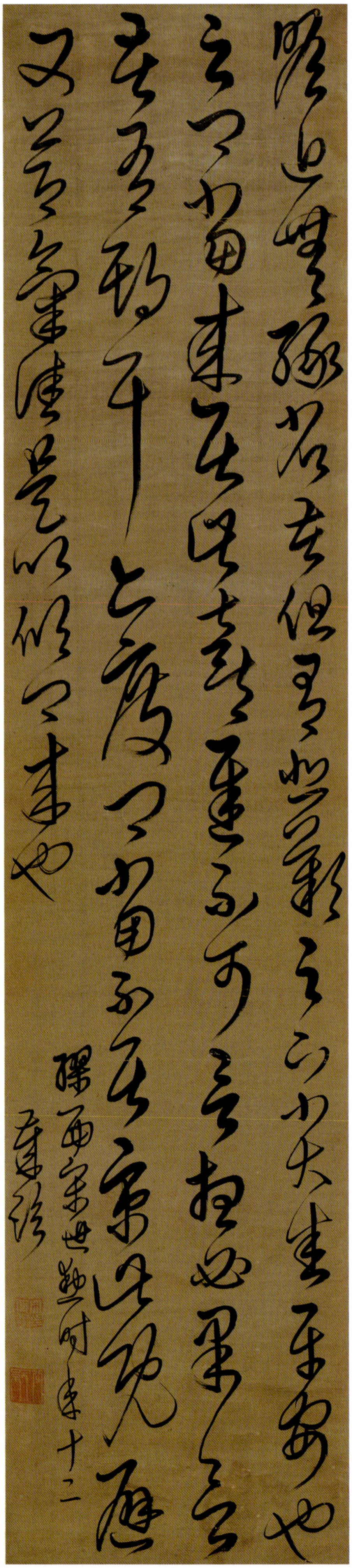

宋世勋　草书临瞻近帖轴

清

绫本

纵 218 厘米，横 49 厘米

1961 年北京市征集

宋世勋，生平不详。

《瞻近帖》是王羲之《十七帖》丛帖第八通尺牍。笔力矫健，婉转流畅，一气呵成，不失原貌。款“胶西宋世勋时年十二岁临”，钤“宋世勋印”“公纪”“东海童子六岁学书”印。

严　载　山水图轴

清

纸本　墨笔

纵 96 厘米，横 39.5 厘米

1964 年罗静宜女士捐献

严载，生卒年不详，字沧酷，华阳（今四川成都）人。擅画山水，兼擅花鸟。

深远法构图，笔墨苍润，意境空灵。钤“严载之印”“字沧酷”两方印。

李　熙　昭君出塞图横幅

清

纸本　设色

纵 29 厘米，横 184.5 厘米

1954 年山西省太原市征集

李熙，生平不详。

笔墨精致，线条劲健流畅，人物、鞍马形神俱佳。款“侯山李熙写”，钤“李熙”“周思”两方印。引首曹国栋赋五言诗一首，卷尾有史乐善题记。

羣山萬壑赴荆门生長
明妃尚有村一去紫台連
朔漠獨留青冢向黄昏
畫圖省識春風面環珮
空歸月夜魂千載琵琶
作胡語分明怨恨曲中
論
採軒曹國棟

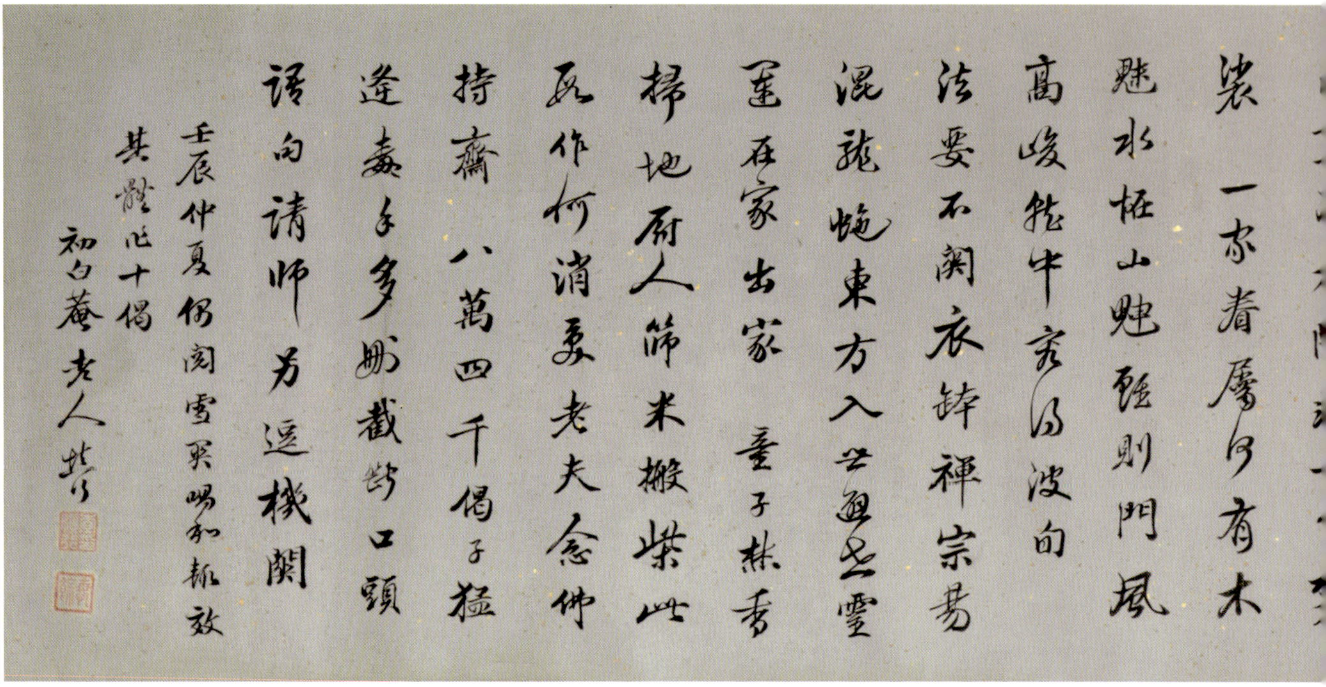

查慎行　行书偈言十首卷

清

纸本

纵 30 厘米，横 126 厘米

1962 年北京市征集

查慎行（1650~1727年），初名嗣琏，字夏重，号查田，后改名慎行，字悔余，号他山，晚年号初白，浙江海宁人。工诗词，擅书法，尤精行书。

行书偈言十首，款“壬辰仲夏偶阅雪关唱和，辄效其体作十偈。初白庵老人慎行”。钤“查慎行印”“悔余”“宸翰敬业堂”印。卷尾孙德威、马翼赞题跋。“壬辰”为清康熙五十一年（1712年）。

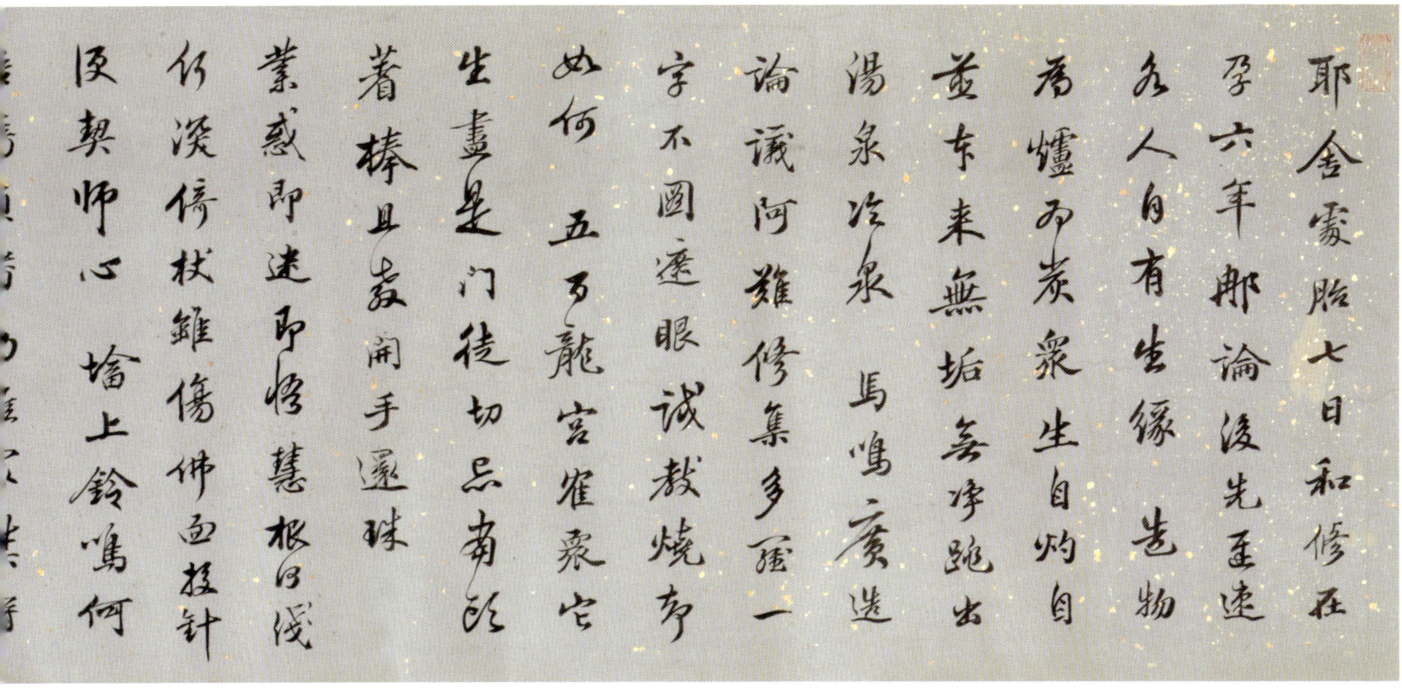

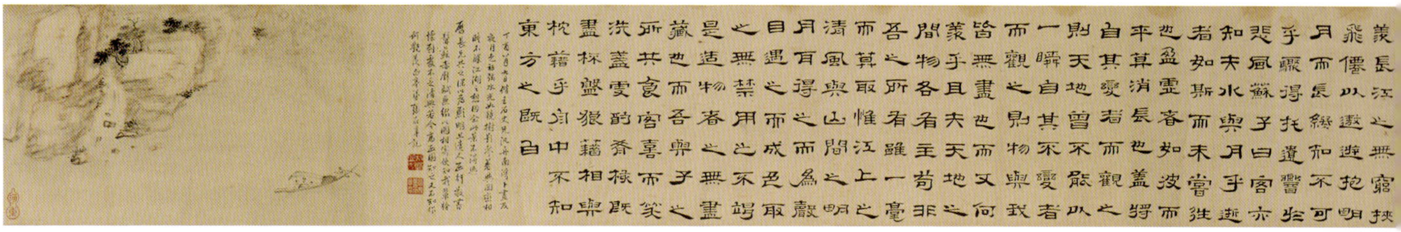

张在辛　赤壁赋书画卷

清

纸本　设色

纵 52 厘米，横 181 厘米

1959 年上海博物馆调拨

张在辛（1651~1738年），字卯君，号柏庭、子舆，山东安邱人。精篆刻，喜收藏。工篆、隶书，师事郑簠。擅画山水、松石、梅竹。著《隶法琐言》《隐厚堂诗集》等。

此卷是画家于康熙丁酉年（1717年）八月为长山王历长而作，书法端庄秀丽，图画笔简意足。款“白亭弟张在辛记”，钤“放情丘壑”“张姓辛君字卯君”“河东”印。卷首高凤翰题“江山如画”。

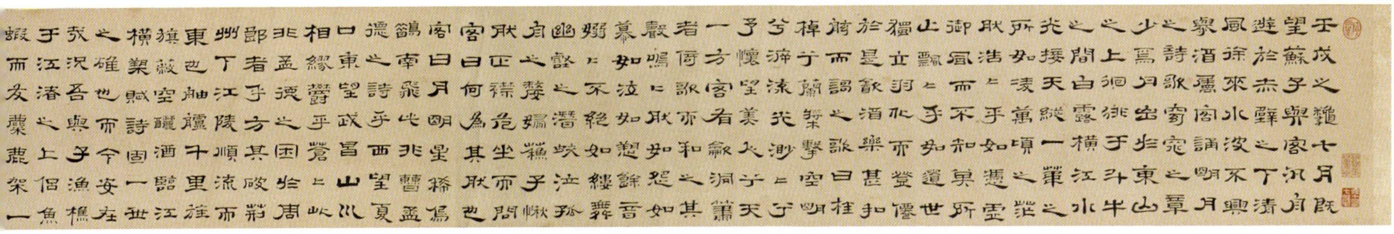

江山如畫
康熙丁酉 膠州同學 弟高鳳翰 題

王 云 西园雅集图轴

清

绢本 设色

纵 181 厘米，横 52 厘米

1961 年北京市征集

王云（1652年~？），字汉藻，号清痴，一字雯庵，号竹里，江苏高邮人。擅画山水、人物、花卉，人物近似仇英。

《西园雅集》是宋代画家李公麟的画本，描写苏东坡、蔡天培、李公麟等在驸马都尉王诜府中雅集的情景，历代画家多有仿本。此图设色古雅，人物刻画精细传神。无款，钤“王云之印”“汉藻”两方印。

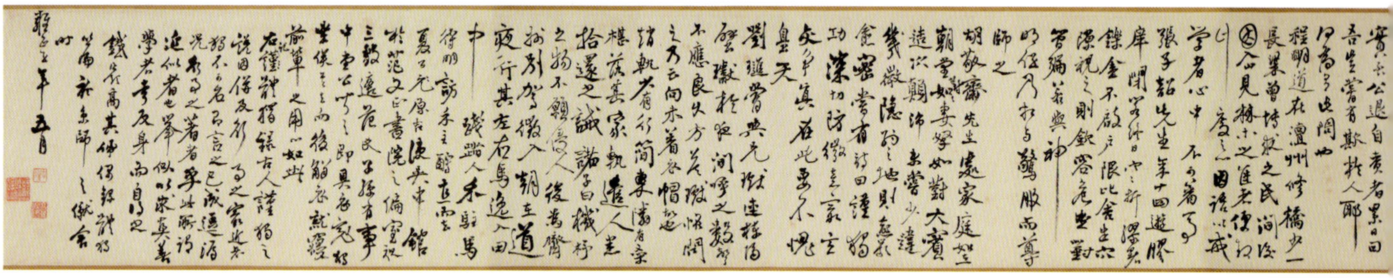

高其佩　行书体独篇卷

清

纸本

纵 24.5 厘米，横 285 厘米

旧藏

高其佩（1660~1734年），字韦之，号且园、南村、且道人等，辽宁铁岭人。官至刑部侍郎，工诗文，擅书画。凡花木、山水、人物无不精妙，以减笔写意法见长，尤擅指画。

行书录《体独篇》，行笔以中锋为主，既沉厚雄肆，又奇诡灵动。款“铁岭高其佩偶录体独篇于京师之僦舍，时雍正五年五月”。钤“古狂”“高其佩印”“宸翰恪勤堂”印。

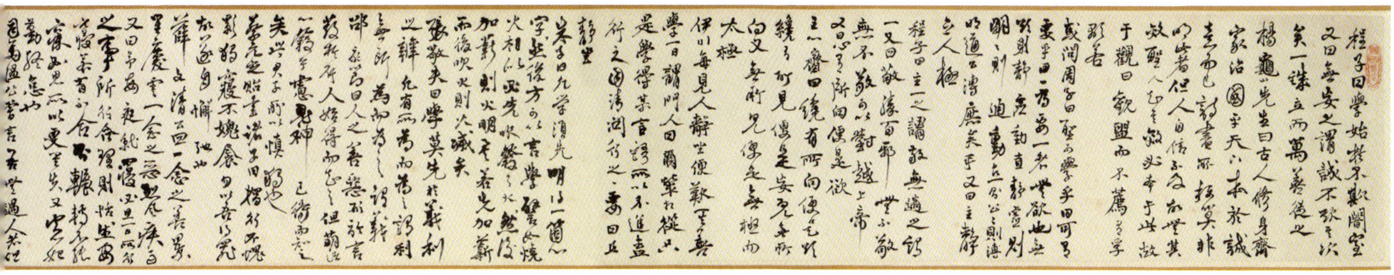

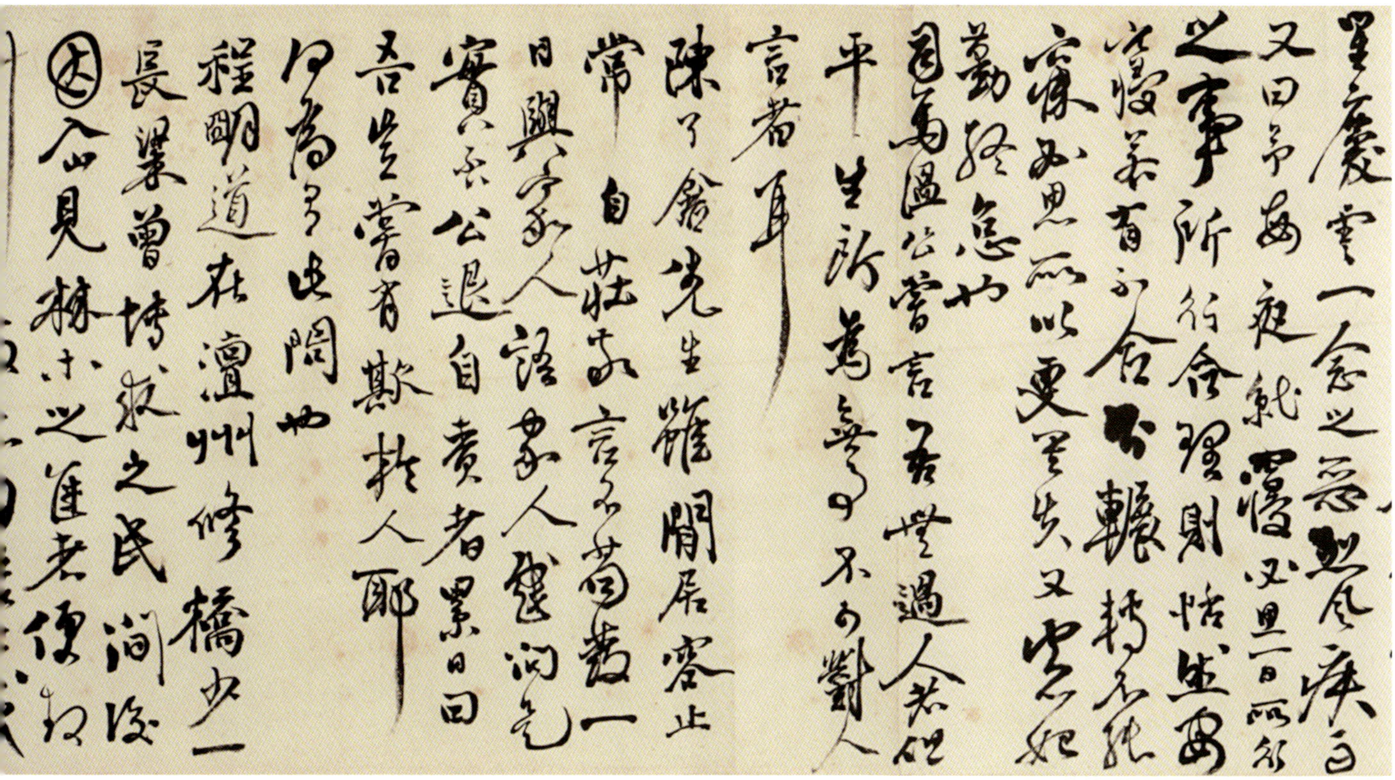

其佩

高其佩　指画松鹰图轴

清

绢本　设色

纵 123 厘米，横 51.5 厘米

1952 年山西省太原市征集

构图动静结合，设色古雅。浓淡干湿的墨色将雄鹰的蓬松羽毛，老树的苍劲质感，表现得十分出色。款“其佩”，钤“指头画”朱文印。

高其佩　指画钟馗图轴

清

纸本　设色

纵 200 厘米，横 94 厘米

1961 年山西省太原市征集

钟馗面部勾勒极为传神，衣纹顿挫自如，人物整体形象生动，是高其佩指画的精品之作。款“铁岭高其佩指头敬画”，钤“高其佩印”“且道人”“神来”印。

鐵嶺高其佩指頭敬畫

黄　鼎　仿巨然山水图轴

清

绢本　设色

纵 160 厘米，横 67.5 厘米

1962 年北京市征集

黄鼎（1660～1730年），字尊古，号旷亭、闲圃、净垢老人，江苏常熟人。擅画山水，师法王原祁，下笔有生机。

图绘山石、溪流、树木，用干笔皴擦，淡墨渴染，有苍郁之趣。画家自题“山深交合流泉涌，溪静回旋古木多”。款“丁亥小春仿巨然笔意，砚华轩黄鼎”。钤“黄鼎之印”“尊古”两方印。“丁亥”为清康熙四十六年（1707年）。

岳　礼　云栈图轴

清

纸本　墨笔

纵 119 厘米，横 49 厘米

旧藏

岳礼，生卒年不详，字会嘉，号蕉园，满洲正白旗人。康熙五年（1666年）举人。所画山水多似川北溪山峰峦之态。

图绘突峰危石，云栈雄浑，气韵深厚，笔墨直追黄公望。款“癸酉小春九日，蕉园岳礼”。钤“岳礼私印”“蕉园”两方印。

俞　龄　流觞曲水图屏

清

绢本　设色

纵 206 厘米，横 54 厘米

1954 年山西省太原市征集

俞龄，生卒年不详，字大年，浙江杭州人。工山水、人物。所画走兽，精神骨相皆妙。

用笔工致，设色明丽。款题“流觞曲水图，安期俞龄写”。钤“俞龄私印”“大年”印。流觞曲水是中国古代民间的一种传统习俗，夏历三月上旬的巳日在水滨聚会宴饮，以祓除不祥，后发展为文人墨客诗酒唱酬之雅事。

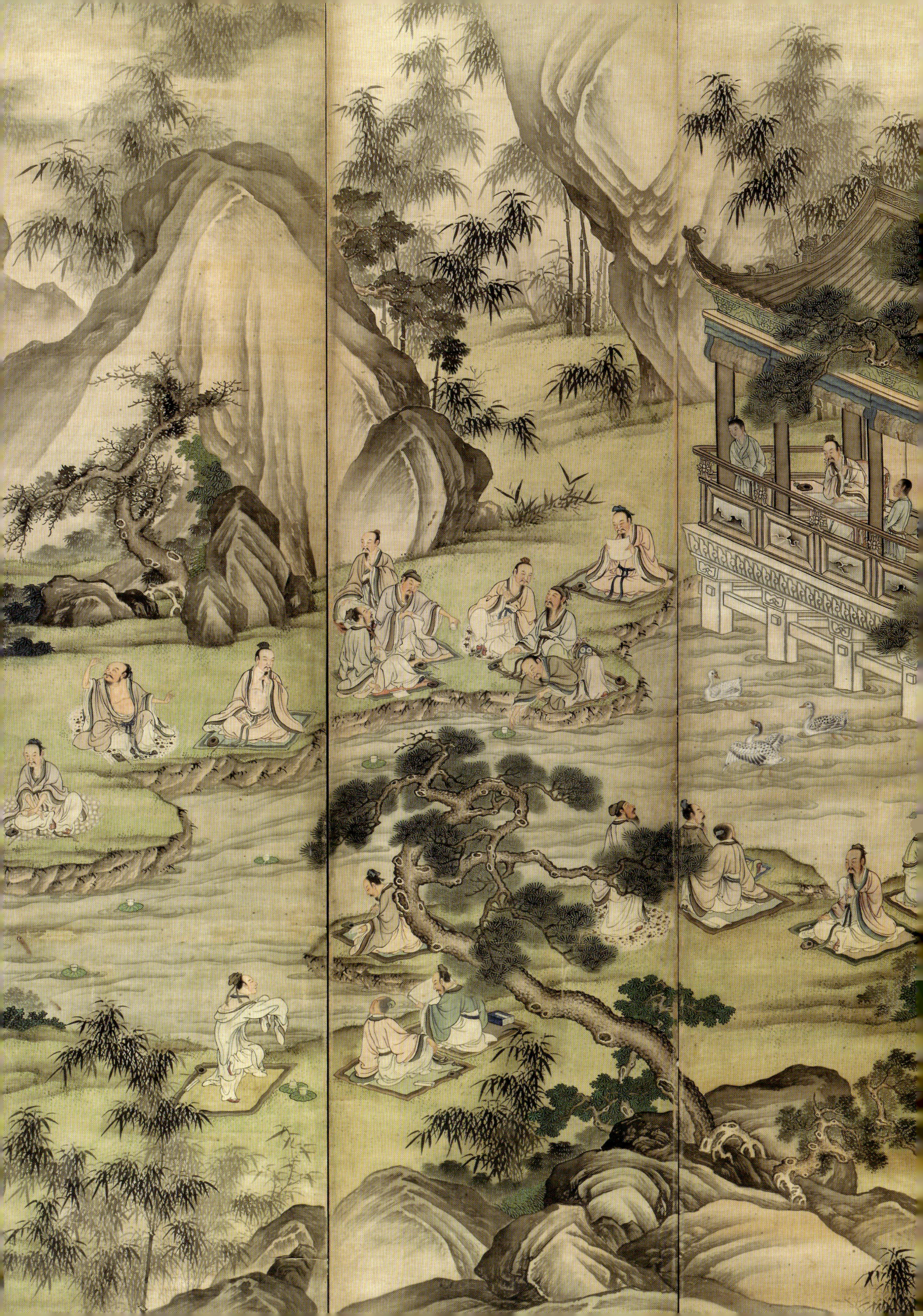

袁 江　杂画册

清

绢本　设色

纵 30 厘米，横 30.5 厘米

1956 年北京市征集

袁江，生卒年不详，字文涛，号岫泉。江都（今江苏扬州）人。雍正年间曾供奉内廷。擅山水、楼阁及花鸟，尤长于界画。

八开。绘蔬果、花卉、牛羊等。袁江擅界画，传世作品亦多为大尺幅山水楼阁。此册小品画笔墨精妙，情趣盎然，十分珍贵。款“壬冬邗上袁江画”，钤“袁江印”“文涛”两方印。

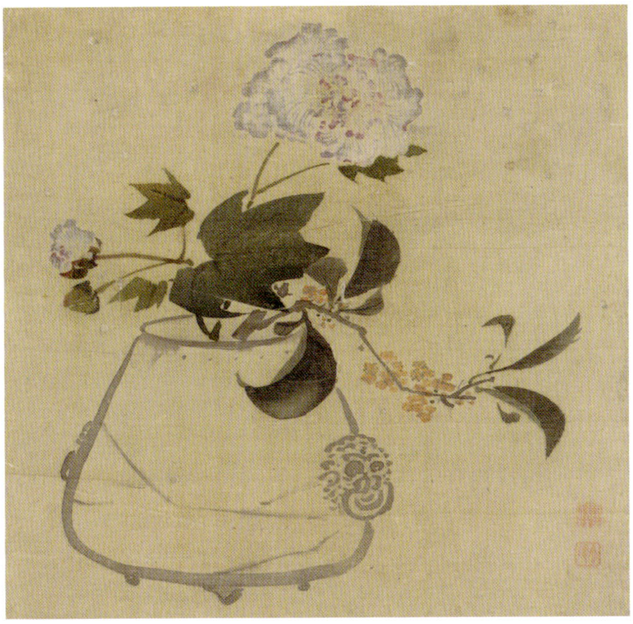

壬辰邗上袁江画

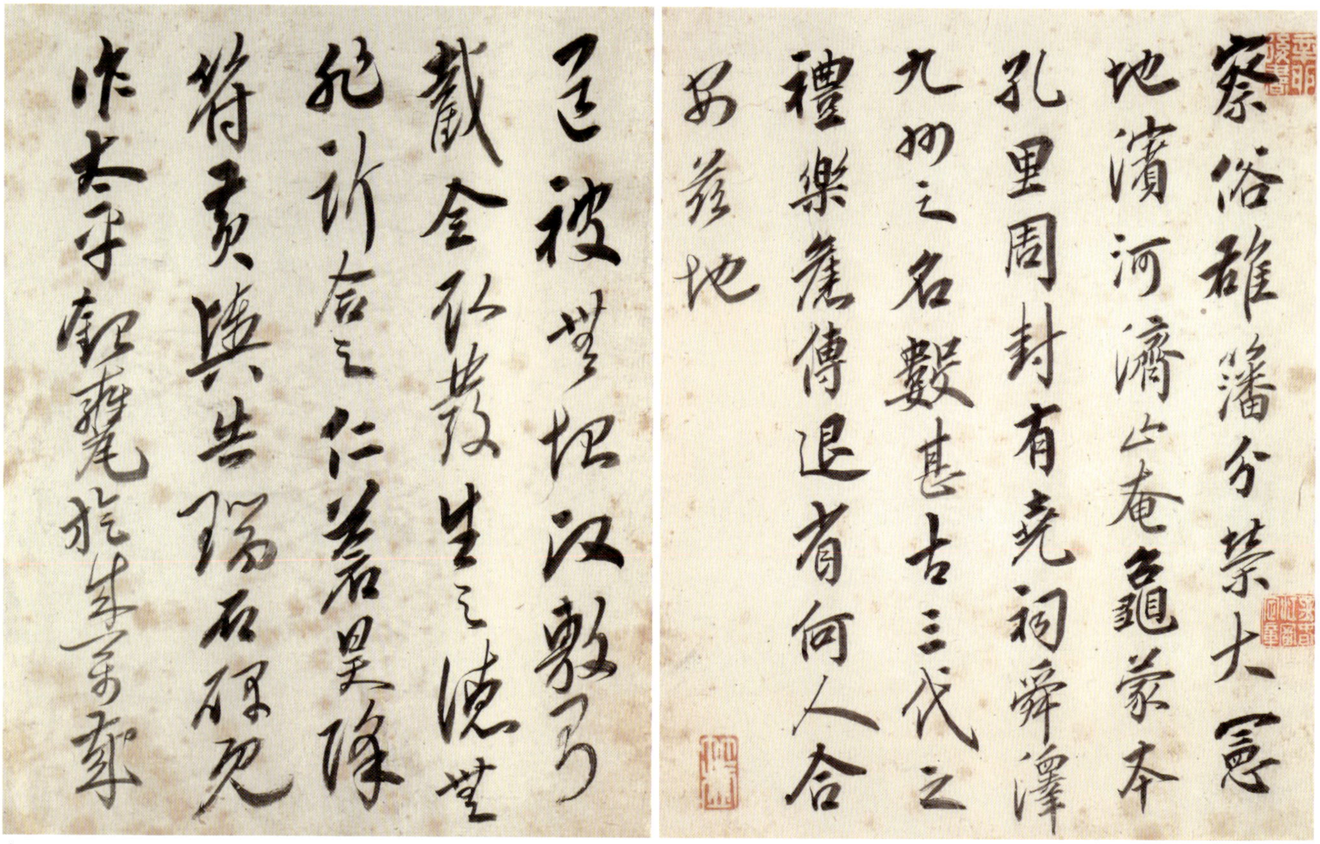

之一

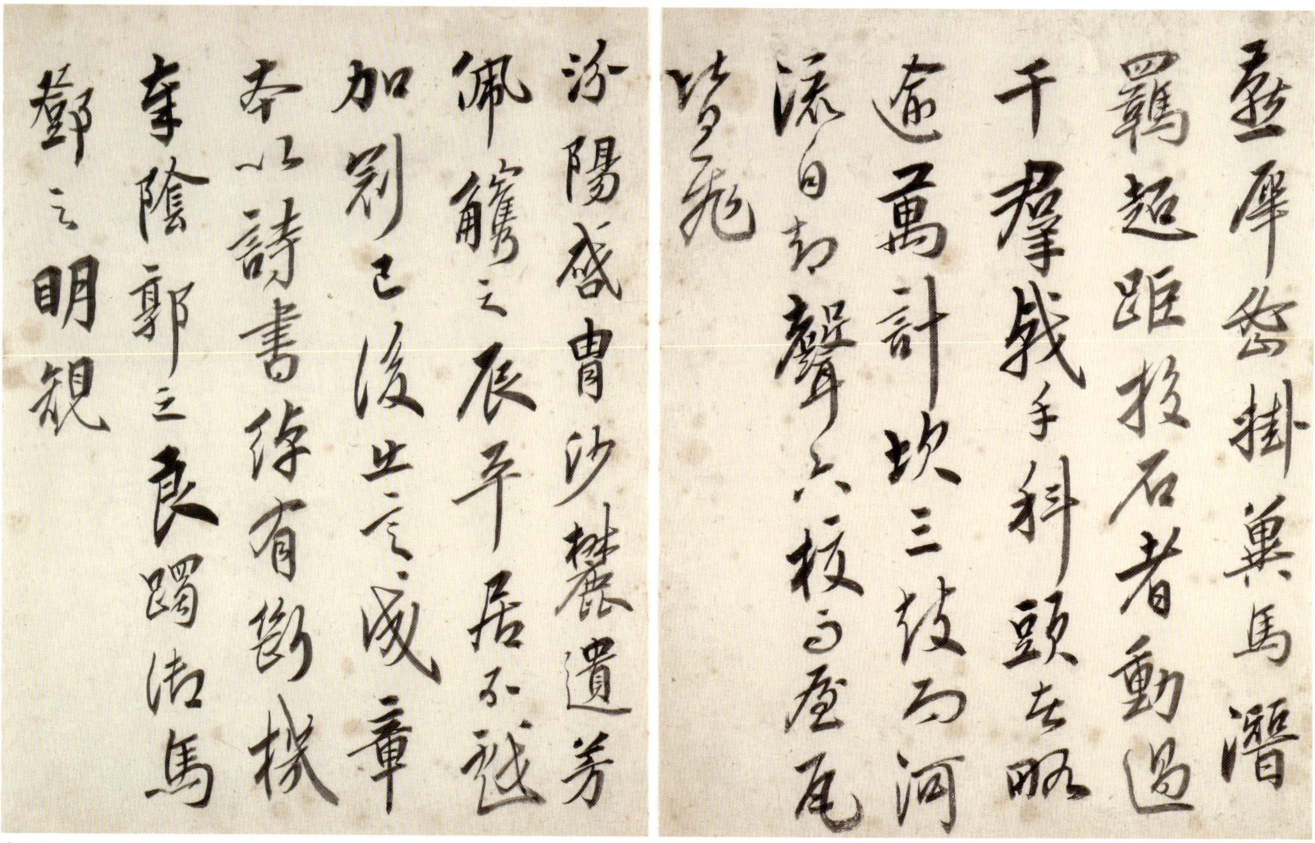

之二

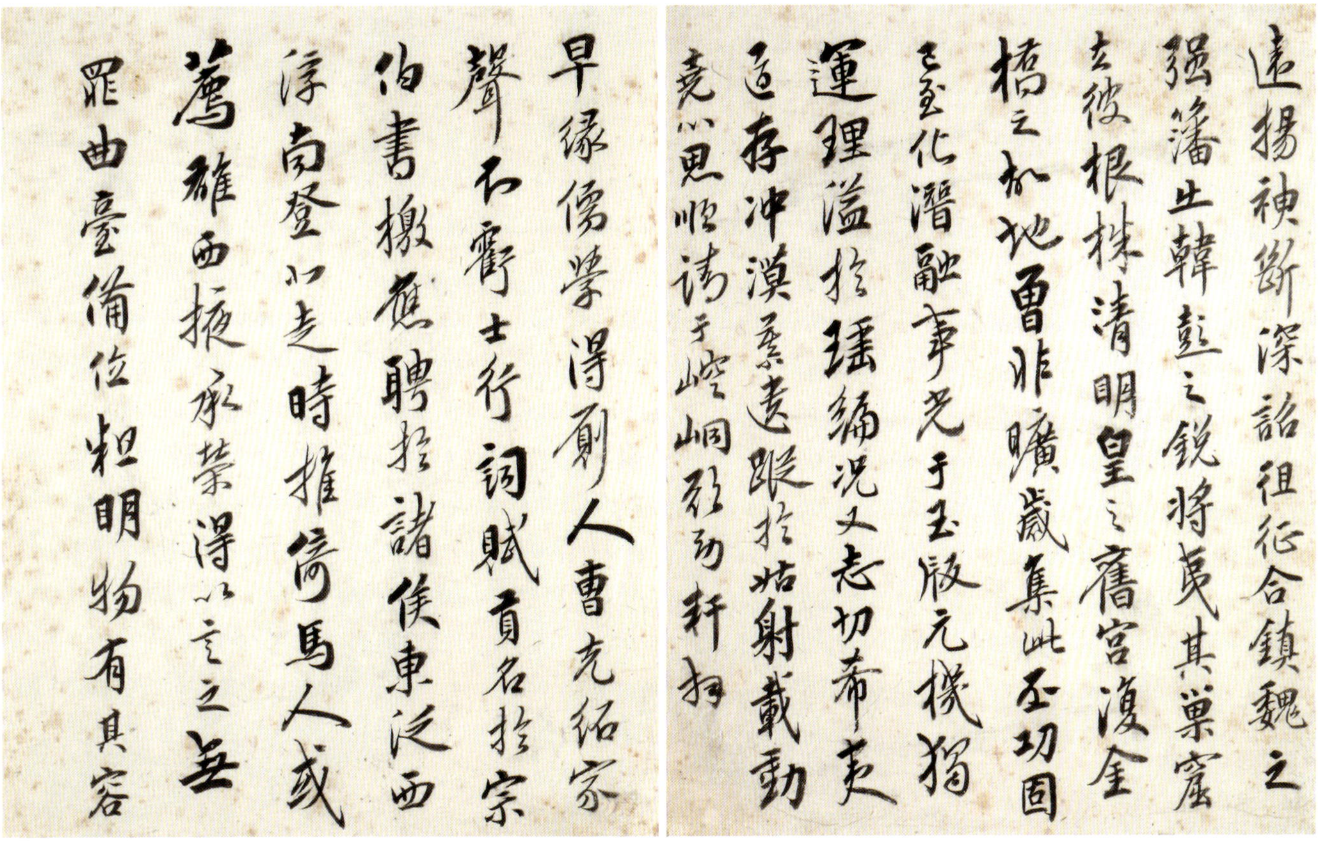

之三

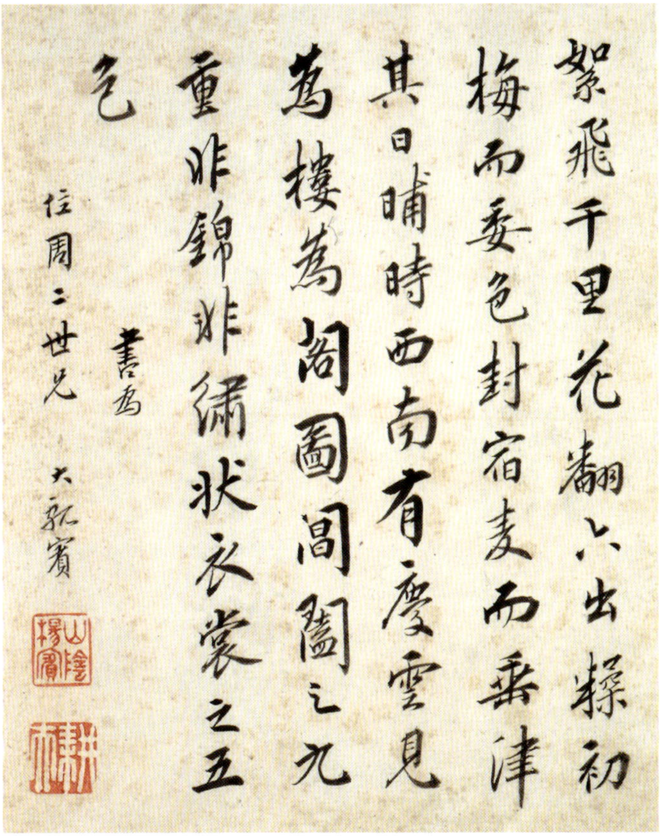

之四

杨　宾　行书册

清

纸本

纵 21.5 厘米，横 17 厘米

1961 年北京市征集

杨宾（1650~1720年），字可师，号耕夫，晚号大瓢山人，山阴（今浙江绍兴）人。工诗古文，精鉴碑版，善书法，行、楷书王羲之，圆韵自然。著有《柳边纪略》《大瓢杂文残稿》《晞发堂集》等。

四开。书法风神秀逸，犹有晋人风韵。款“书为位周二世兄，大瓢宾。”钤“山阴杨宾”“耕夫”“辛卯后书”印。册后有清代诗人、藏书家石韫玉题跋。

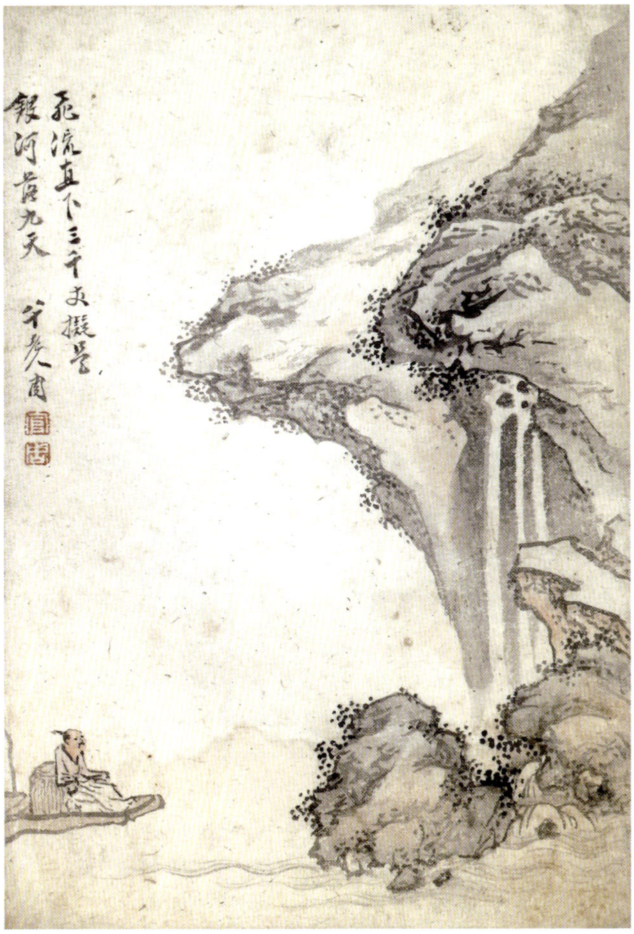

上官周　山水册

清

纸本　设色

纵 27.5 厘米，横 18.5 厘米

1964 年罗静宜女士捐献

上官周（1665~1749年后），字文佐，号竹庄、竹庄道人，福建长汀人。擅诗文、篆刻、书画，尤精于绘画。

十开。作浅绛山水，清新淡雅，笔墨疏秀，意境清幽。钤“官”“周”两方印。此山水册作于清乾隆九年（1744年）。

林屋勞澂

劳　澂　山水图轴

清

绢本　墨笔

纵 77 厘米，横 45.5 厘米

1954 年山西省太原市文物馆移交

劳澂，生卒年不详，字在兹，号林屋山人，长洲（今江苏苏州）人。工诗画，擅山水、花卉。

图中山峦巍峨，气势雄伟，笔墨学黄公望。款“林屋劳澂”，钤“劳澂之印”白文印。

王　澍　篆书轴

清

纸本

纵 109 厘米，横 58 厘米

1964 年罗静宜女士捐献

王澍（1668~1743年），字若林，号虚舟、恭寿、水精宫道人等，金坛（今江苏常州）人。精鉴古，工篆刻，擅书法。书法师欧阳询、褚遂良。尤精篆书，法李斯，称一时好手。

节录《孟子·滕文公下》，结体端庄，法度分明，用笔细劲圆转，是王澍玉筋篆的代表作品。款“癸丑三月二十四日书，琅琊王澍”。钤“王澍印”“恭寿”两方印。“癸丑”为清雍正十一年（1733年）。

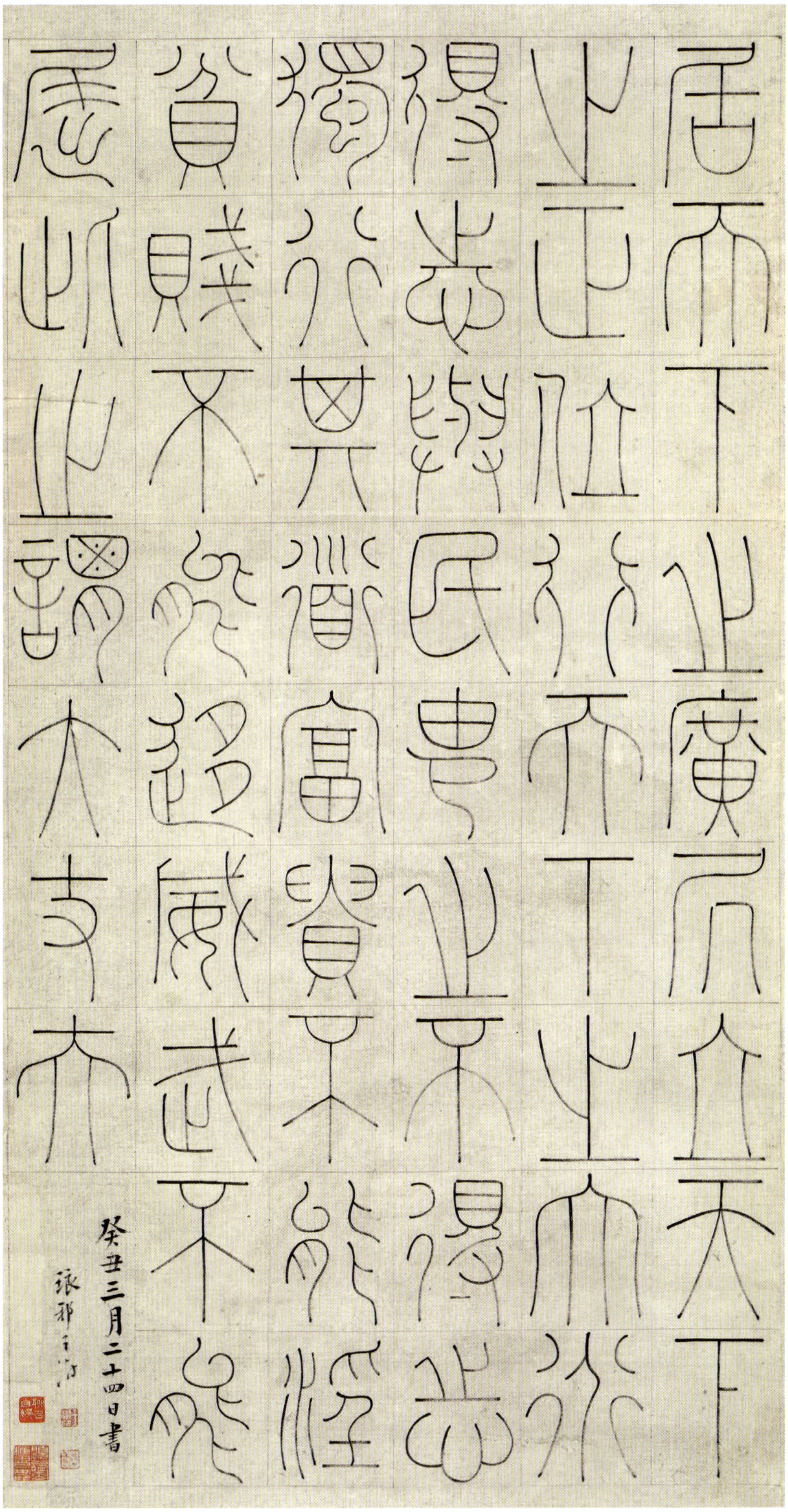
癸丑三月二十四日書
琅邪王澍

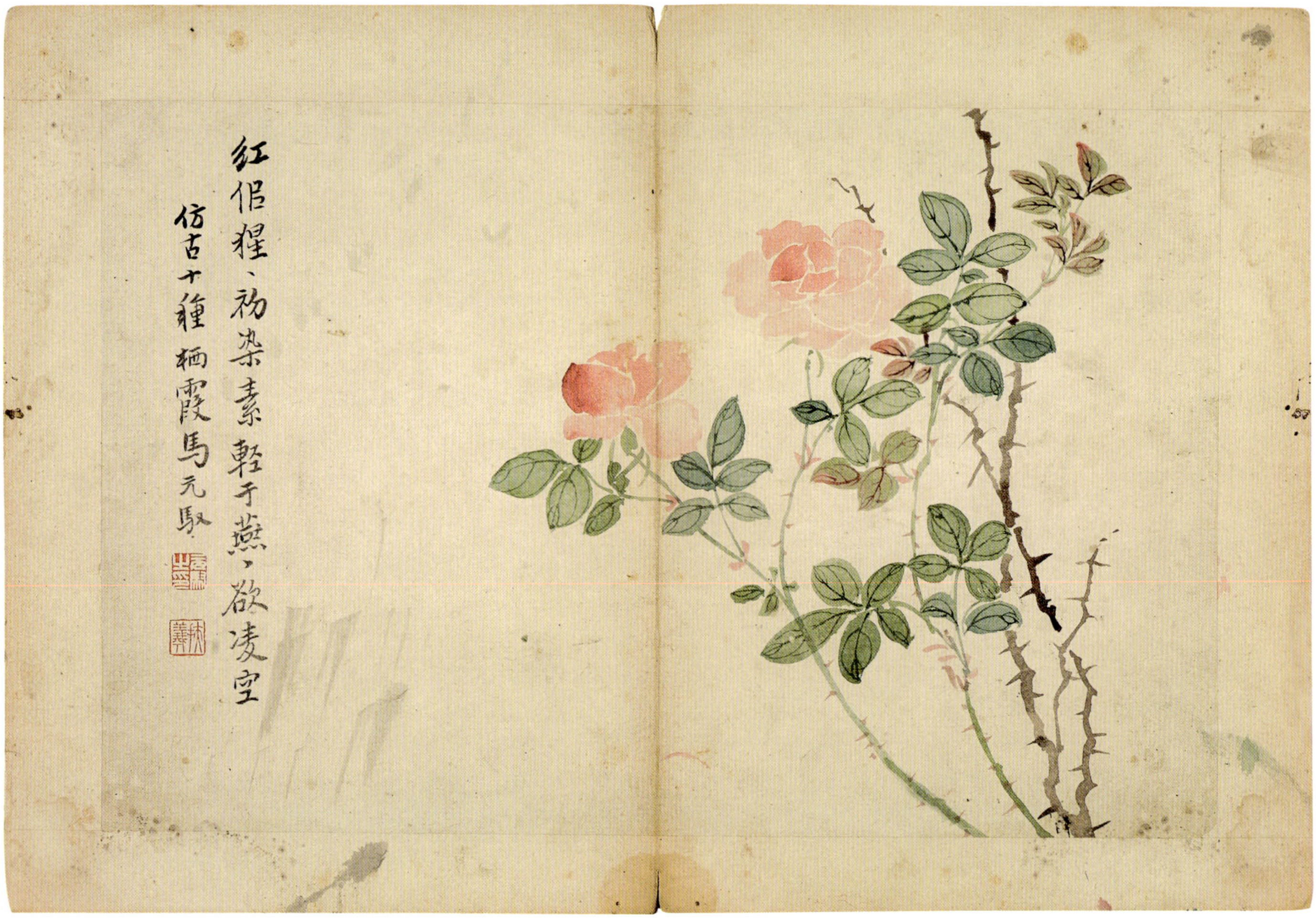
仿古十種 棲霞馬元馭

马元驭　杂画册

清

纸本　设色

纵 23 厘米，横 36 厘米

1954 年山西省太原市征集

马元驭（1669~1722年），字扶羲，号栖霞，又号天虞山人、栖霞散人、栖霞道人、南沙布衣等，江苏常熟人。工书画，画传家法，精于花鸟写生。

十开。绘花、鸟、鱼、果等，兼工带写，设色淡雅。用笔简洁凝练，物象生动，趣味浓郁。钤有“栖霞子”“栖霞道人”“元驭之印”“扶羲”“南沙”等印。画册作于清康熙庚辰年（1700年）。

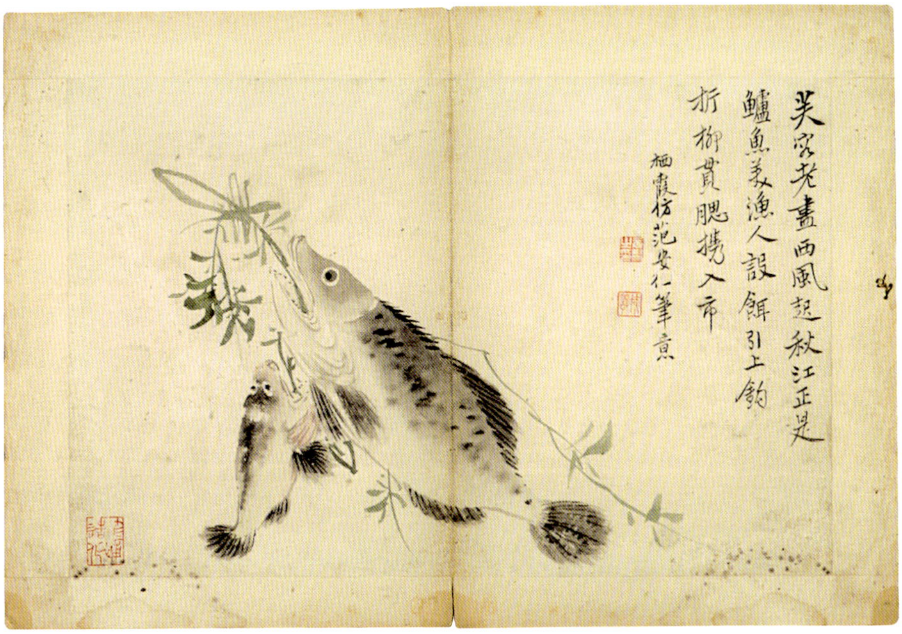
吴家老畫西風起秋江正是
鱸魚美漁人設餌引上釣
折柳貫腮携入市
栖霞仿范安仁筆意

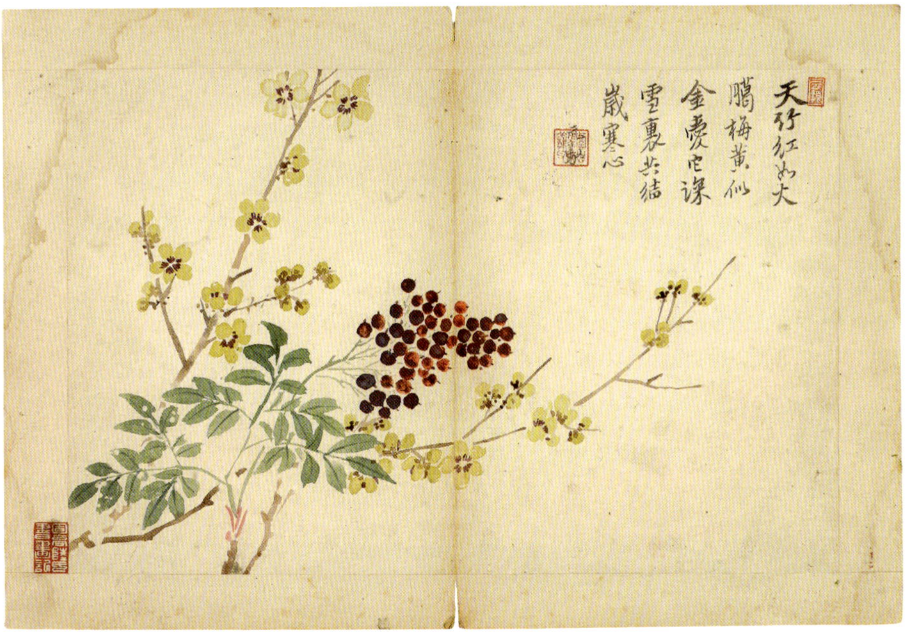
天竹紅如火
臘梅黃似
雪裏共結
歲寒心

雪窗觀石田先生
蔬果長卷戲臨
二種 庚辰二月
馬元馭

紫苞紅刺玉纖纖甘露收香入翠奩
何處薰風開滿架綠陰庭院水
晶簾 乙巳清和月寫
青桐居士蔣廷錫

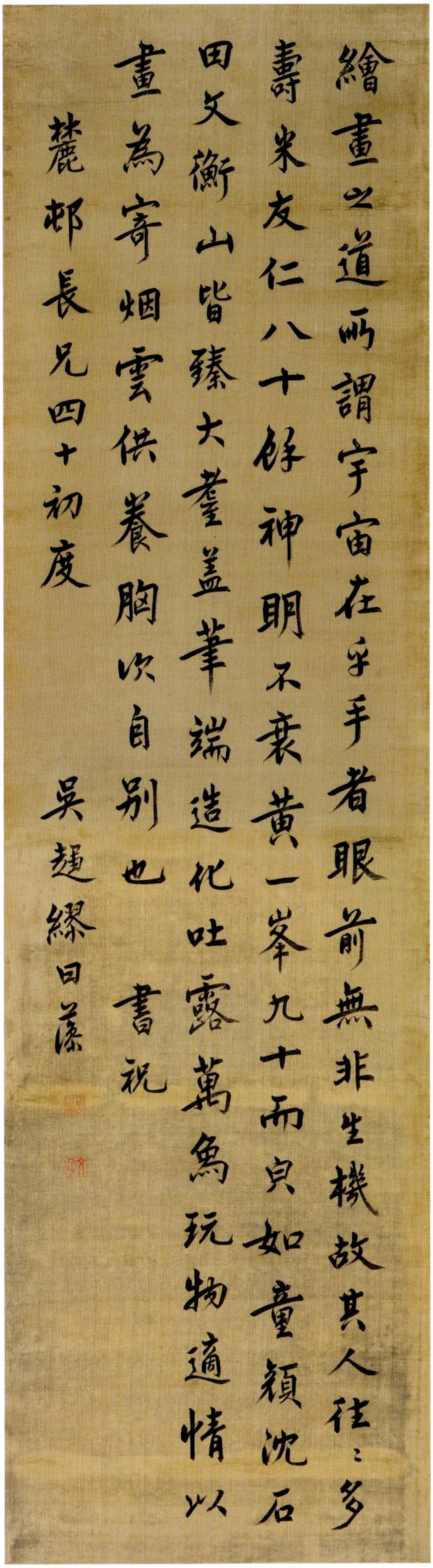
繪畫之道所謂宇宙在乎手者眼前無非生機故其人往往多
壽米友仁八十餘神明不衰黄一峯九十而皃如童顏沈石
田文衡山皆臻大耋盖筆端造化吐露萬爲玩物適情以
畫爲寄烟雲供養胸次自別也 書祝
麓邨長兄四十初度 吳趨繆曰藻

蒋廷锡　月季萱花图轴

清
绢本　设色
纵 125.9 厘米，横 51 厘米
1962 年北京市征集

蒋廷锡（1669~1732年），字扬孙，号南沙、青桐居士，江苏常熟人。擅长花卉，画风工致婉丽。

采取没骨与勾勒兼用的方法，淡墨勾勒花瓣略作晕染，以墨色浓淡表现叶之向背。款“乙巳清和月写，青桐居士蒋廷锡”。钤“蒋廷锡印”“扬孙”“形似”“妙与道俱”印。“乙巳”为清雍正三年（1725年）。

缪曰藻　楷书轴

清
绢本
纵 182.5 厘米，横 50.7 厘米
1949 年太行行署移交

缪曰藻（1682~1761年），字文子，号南有居士，室名缪晋斋，吴县（今江苏苏州）人。工书法，富收藏，擅鉴别，著有《南有堂诗文集》《寓意录》等。

节录明董其昌《画禅室随笔》，法度严谨，用笔沉稳。款“书祝麓村长兄四十初度，吴趋缪曰藻”。钤“缪曰藻印”“文子”印。麓邨，即安岐，字仪周。

赫奕

赫　奕　仿元人山水册

清

纸本　墨笔 / 设色

纵 47.5 厘米，横 33 厘米

1956 年张会斗先生捐献

赫奕，生卒年不详，一作颐，字澹士，号南谷，别号碧岩箫史、碧箫外史，满洲人。擅画，山水宗法元人，笔意苍劲。

八开。仿元人山水，笔精墨妙，咫尺之间，有千里之趣。款“赫奕”，钤有“赫奕之印”“澹士”“赫奕”“中林士”印。画对页为榆次常旭春行书杜甫《秋兴八首》。

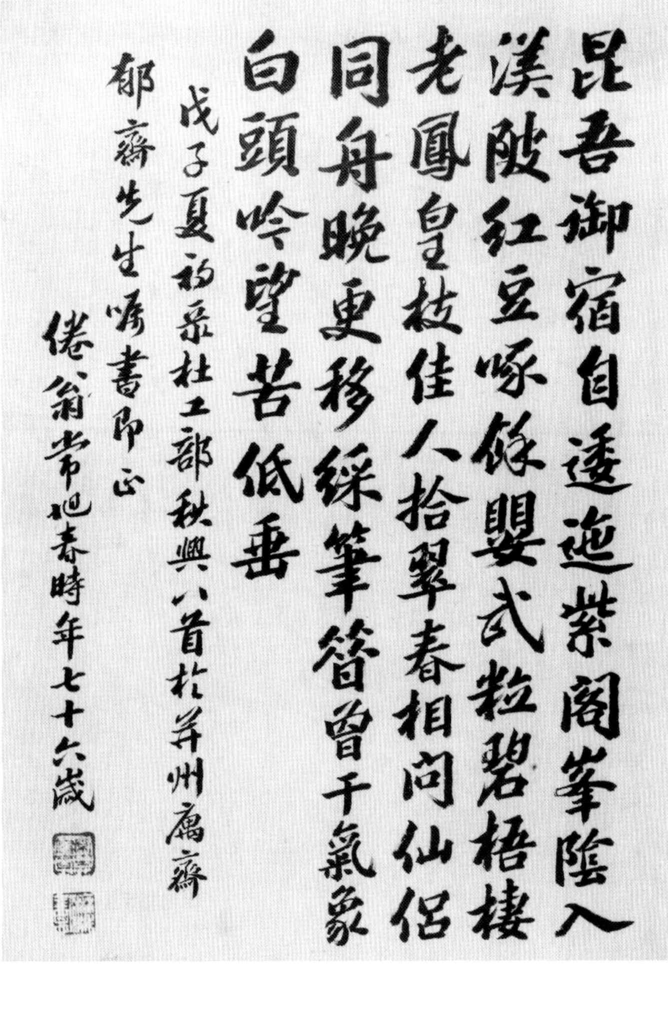
昆吾御宿自逶迤紫閣峯陰入
渼陂紅豆啄餘鸚鵡粒碧梧棲
老鳳皇枝佳人拾翠春相問仙侶
同舟晚更移綵筆昔曾干氣象
白頭吟望苦低垂
戊子夏初錄杜工部秋興八首於并州寓齋
郁齋先生囑書即正
倦翁常廻春時年七十六歲

马 豫 画竹册

清

纸本 墨笔 / 设色

纵 33.8 厘米，横 26.8 厘米

1961 年北京市征集

马豫，生卒年不详，字观我，号文湘，陕西绥德人。康熙四十五年（1706年）进士，官侍读学士。擅画墨竹，脱去时习，枯竿新笋，各有风致。

十二开。画家为孝翁老世兄所绘，老竿、新篁、风竹、雨竹，心手相应，墨笔、设色自有意趣。款“甲午九秋，文湘马豫”。钤“马豫”“文湘”“承云端之清露”印。“甲午”为清康熙五十三年（1714年）。

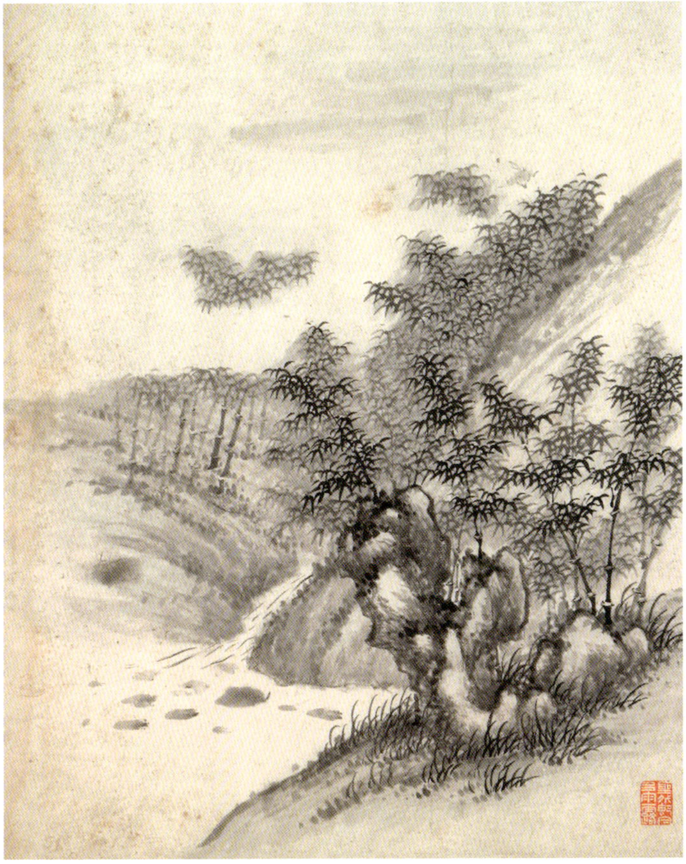

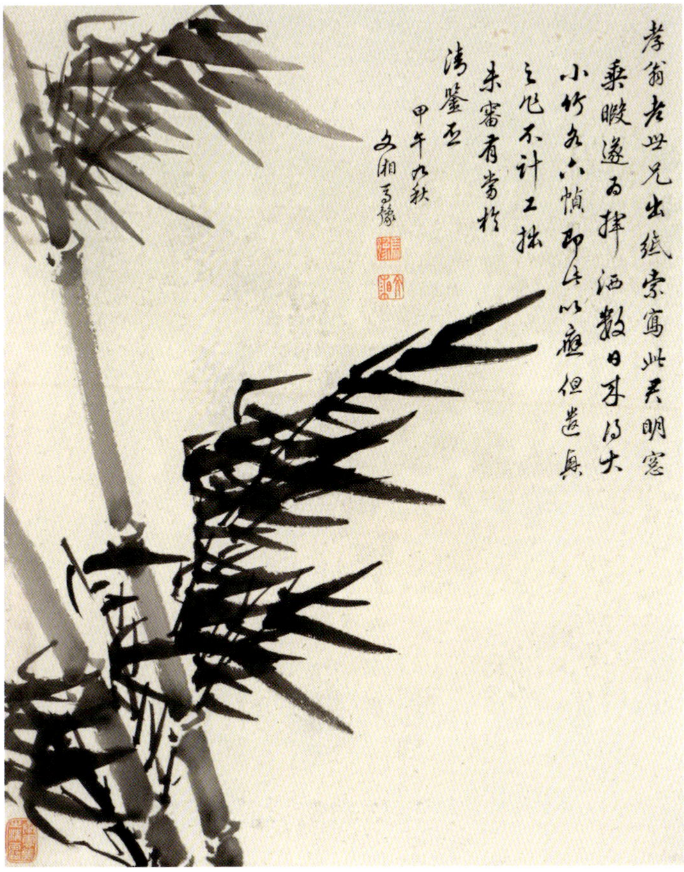
孝翁老世兄出紙索寫此天明窓
乘暇遂為揮洒數日來得大
小竹五六幀聊存以應但遣興
之作不計工拙
未審有當於
清鑒否
甲午九秋

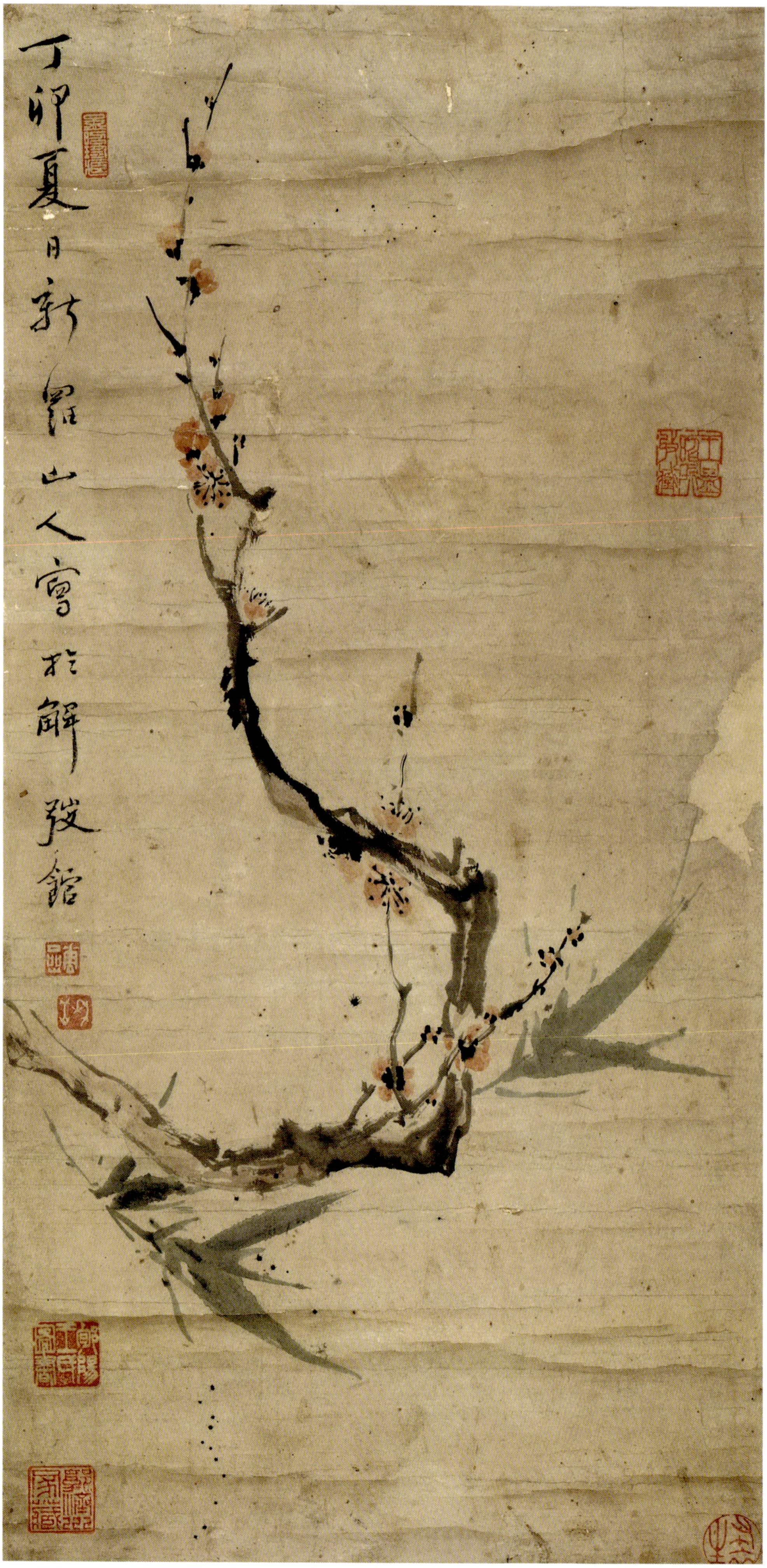
丁卯夏日新羅山人寫於解弢館

华　喦　梅竹图轴

清

纸本　设色

纵 62.5 厘米，横 30 厘米

1975 年王世庆先生捐献

华喦（1682~1756年），字秋岳，号新罗山人、布衣生、白沙道人、离垢居士等，福建临汀人。后寓扬州，以卖画为生。擅画人物、山水，尤精花鸟草虫及走兽。亦工诗，擅书，有“三绝”之称。

构图新颖，干枝红梅与青竹相映，别有逸趣。款“丁卯夏日，新罗山人写于解弢馆”。钤“华喦”“秋岳”“布衣生”印。“丁卯”为清乾隆十二年（1747年）。钤四方藏印。

华　喦　三狮图轴

清

纸本　墨笔

纵 181 厘米，横 95 厘米

1961 年北京市征集

画家以近似泼墨的笔法，描绘出水墨淋漓的云泉及威猛雄狮。钤“布衣生”“华喦”两方印。诗堂有启功先生题记。

一角寒秋寫未就數聲幽鳥下庭來
新羅山人

华　嵒　秋庭山鸟图轴

清

纸本　设色

纵 124 厘米，横 44 厘米

1962 年北京市征集

设色清雅，兼工带写。山鸟笔触细微，生动传神。石块水墨扫出，用笔粗放。题款“一角寒秋写未就，数声幽鸟下庭来。新罗山人”。钤“华嵒”“秋岳”两方印。曾为山西洪洞董氏珍藏，钤“云舫秘玩”“洪洞董氏珍藏书画记”印。

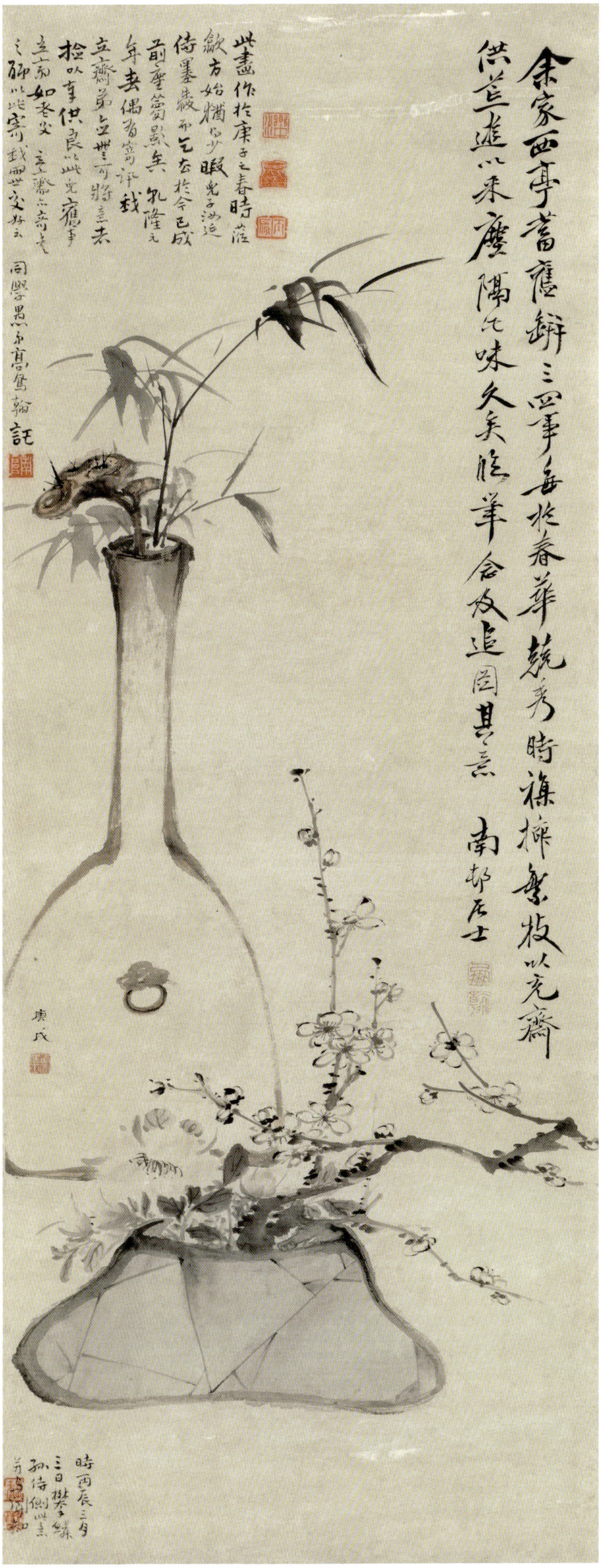

华　喦　蝠鹿图轴

清

纸本　墨笔

纵 120.5 厘米，横 59 厘米

1960 年故宫博物院调拨

构图简约，笔墨简洁，物象极为传神。款“新罗”，钤“布衣生”“太素道人”两方印。

高凤翰　瓶芝梅竹图轴

清

纸本　设色

纵 115 厘米，横 45.5 厘米

1961 年北京市征集

高凤翰（1683~1749年），字西园，号南邨、南阜山人，山东胶州人。晚年因病风痹，用左手作书画，自号尚左生。五十五岁刻印“丁巳残人”。工书画篆刻，擅画花卉、山水，不拘法度。

绘折枝梅、竹及灵芝，笔墨浓淡干湿运用极妙，用笔工致洒脱。此画作于康熙庚子年（1720年）春，乾隆丙辰年（1736年）再题。钤“凤”“翰”“南阜”“西园居士”等印。

高凤翰　云峰霖雨图轴

清

绢本　设色

纵 125 厘米，横 46 厘米

1954 年吴元善先生捐献

构图饱满，皴笔不多，以涂染的方式描绘云峰、山石、树木，别有特色。此图绘于清乾隆丁卯（1747年），是高凤翰晚年的作品。

李　鱓　水仙双鱼图轴

清

纸本　设色

纵 123.5 厘米，横 63.5 厘米

1954 年山西省太原市征集

李鱓（1686~1762年），字宗扬，号复堂、懊道人、木头老子，江苏兴化人。工诗善画，早年画风工细严谨，颇有法度。中年画风始变，转入粗笔写意。为"扬州八怪"之一。

绘酒坛、水仙、双鱼，笔墨简约，色墨淡雅，具有较强的艺术表现力。画幅上方长题，书法古朴，参差错落，气韵酣畅，别具特色。款"乾隆九年岁在甲子之中冬月，复堂懊道人李鱓制"。钤"鱓印""宗杨"两印。

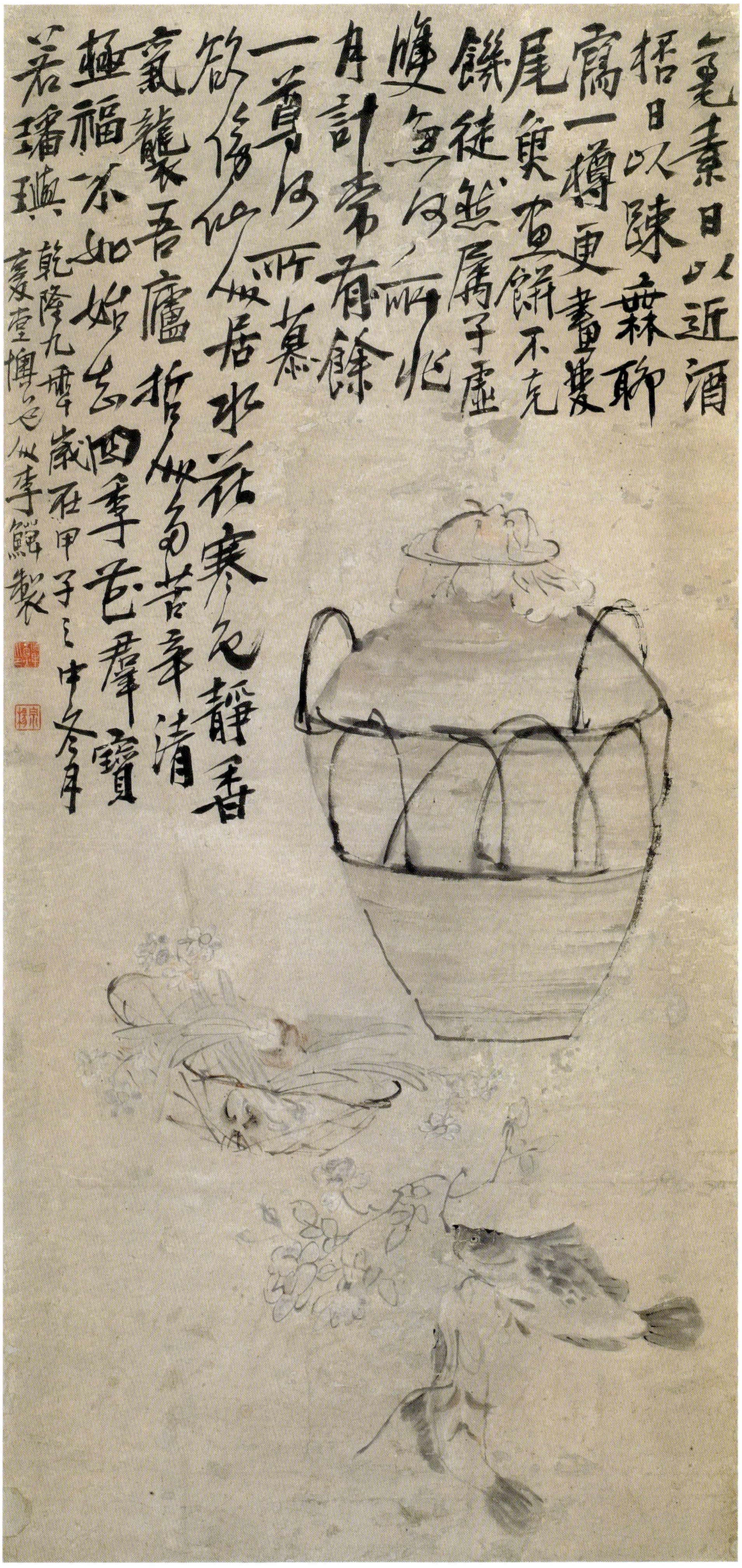

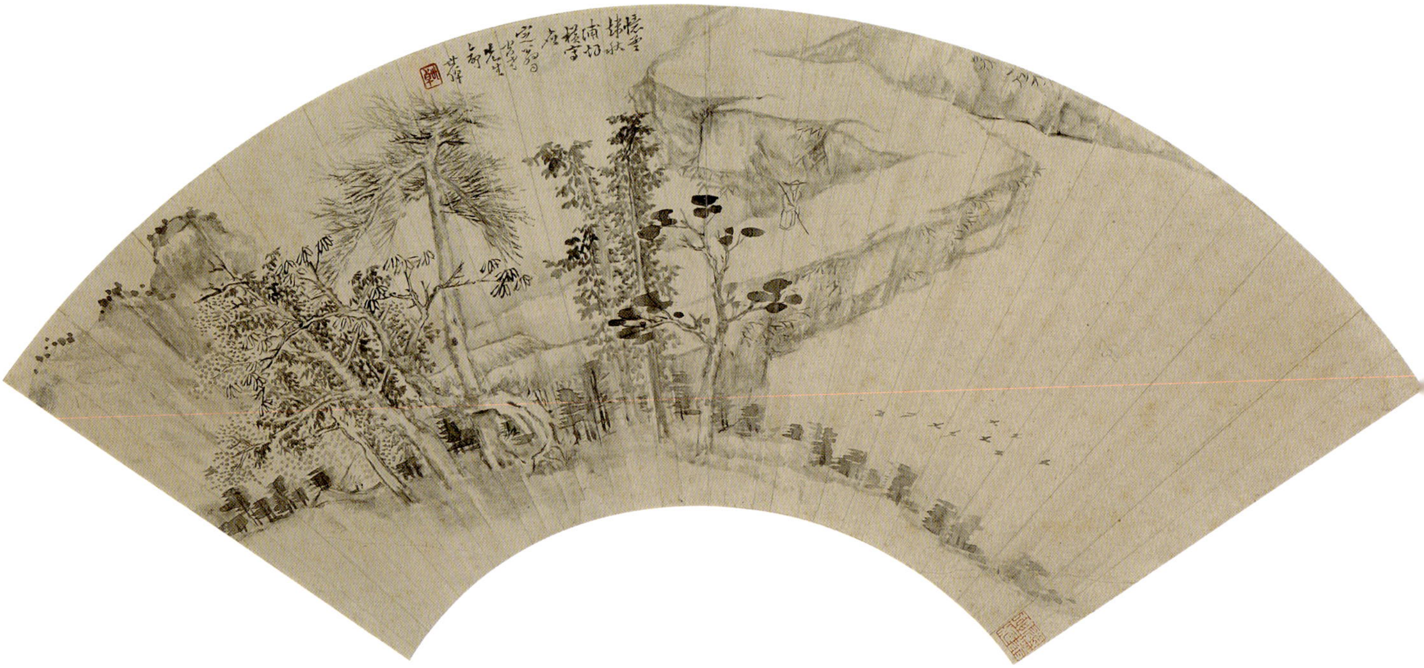

李世倬　山水扇页

清

纸本　墨笔

纵 16.5 厘米，横 48 厘米

1949 年太岳行政公署移交

李世倬（？~1770年），字天章，一字汉章、天涛，号榖斋、菉园，别号十石居士、太平拙吏、伊祁山人等，高其佩外甥，奉天（今辽宁沈阳）人。擅画山水、人物、花鸟。晚年喜用指墨作画，写意传神，颇有生趣。

干笔皴擦，浓墨点染，描绘出秋浦之景。款“忆孟端秋浦烟横写应定翁司空老先生之命，世倬”。钤“世卓”朱文方印。

李世倬　秋浦横舟图轴

清

纸本　墨笔

纵 69 厘米，横 35 厘米

1962 年北京市征集

用笔严整细致，墨色浓淡相宜。画上题：“晴峦天际见，握管忆游踪。更写舟横浦，长林近下春。”款“伊祁李世倬”，钤“髯”“世卓”“了可长生”“居涿”“幻中了幻”印。

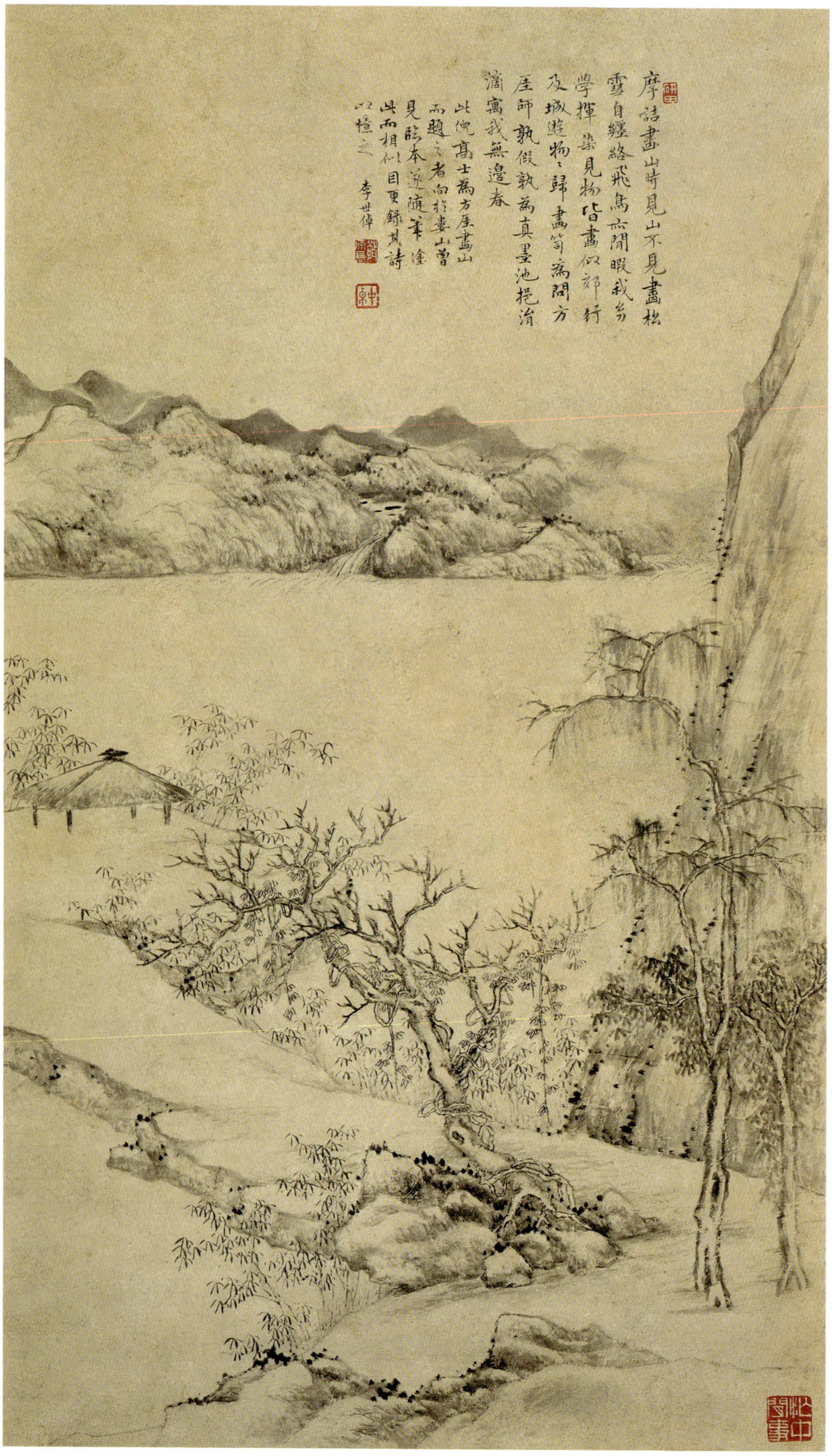
摩詰畫山時見山不見畫松
雪自纏絡飛鳥亦閒暇我今
學揮染見物皆畫似郊行
及城遊物物歸畫笥爲問方
厓師孰假孰爲真墨池挹涓
滴寓我無邊春
此倪高士爲方厓畫山
而題之者向於婁山曾
見臨本遂隨筆塗
此而相似因更錄其詩
以憶之 李世倬

李世倬

仿倪瓒山水图轴

清

纸本 墨笔

纵 64.5 厘米，横 37.5 厘米

1961 年北京市征集

构图与笔法仿倪瓒。题款“此倪高士为方厓画山而题之者，向于娄山曾见临本，遂随笔涂此而相似，因更录其诗以忆之。李世倬”。钤“敬原长”“仲卓”“研田”“忙中闲事”印。

黄 慎

风雨归舟图轴

清

纸本 墨笔

纵 178 厘米，横 92 厘米

1957 年山西省太原市征集

黄慎（1687~1770年后），字恭寿、恭懋、躬懋，号瘿瓢子，别号东海布衣，福建宁化人。擅画人物、花卉、蔬果，笔姿放纵，风格豪放，亦工诗、书。“扬州八怪”之一。著有《蛟湖诗钞》。

画家以豪放的用笔描绘风雨归舟之景。天空用淡墨扫出，树木以浓墨点写，画幅水墨淋漓，气势雄伟。题款“横涂直抹气穹窿，不与人间较拙工，醉里哪知身是我，凭他笑作米南宫。乾隆三年十二月写，宁化黄慎”。钤“黄慎”“恭寿”两方印。

黄　慎　苏武牧羊图轴

清

纸本　设色

纵 198 厘米，横 109.5 厘米

1952 年山西省太原市征集

以草书笔法绘人物，衣纹线条劲健流畅，背景用淡墨进行涂染。画上方草书录李陵《与苏武》五言诗一首，书画相映，极为臻妙。款“乾隆十六年秋八月写，宁化黄慎”。钤“黄慎”“瘿瓢”两方印。

黄　慎　停琴独坐图轴

清

纸本　设色

纵 69 厘米，横 80.5 厘米

1961 年山西省太原市征集

构图简练，人物衣纹流畅，生动传神，是黄慎简笔写意人物画的代表作品之一。题款“不羞老圃秋容淡，且看黄花晚节香。乾隆丁丑十二月写于江西旅馆，瘿瓢”。钤“黄慎”“瘿瓢”两方印。“丁丑”为清乾隆二十二年（1757年）。

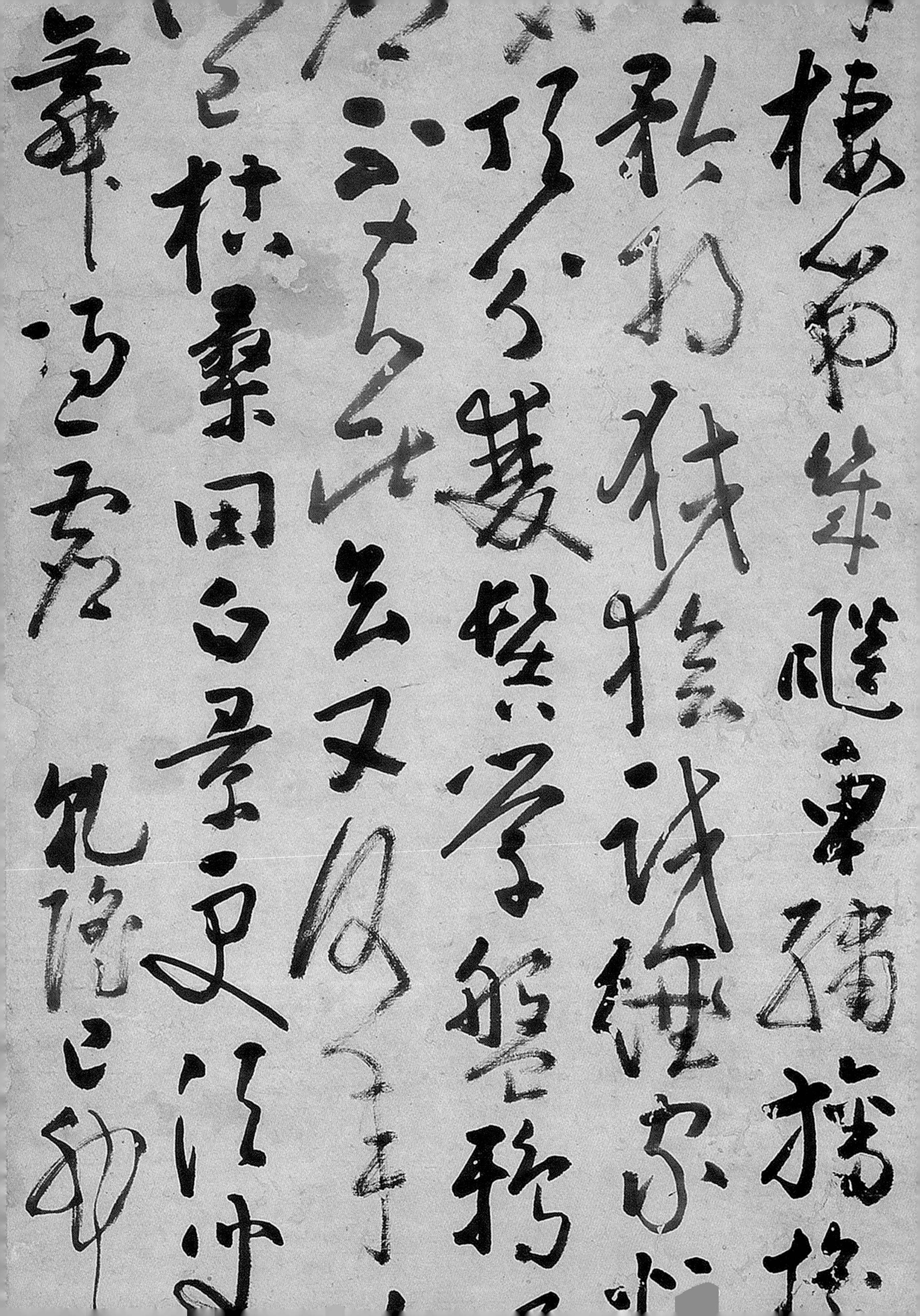

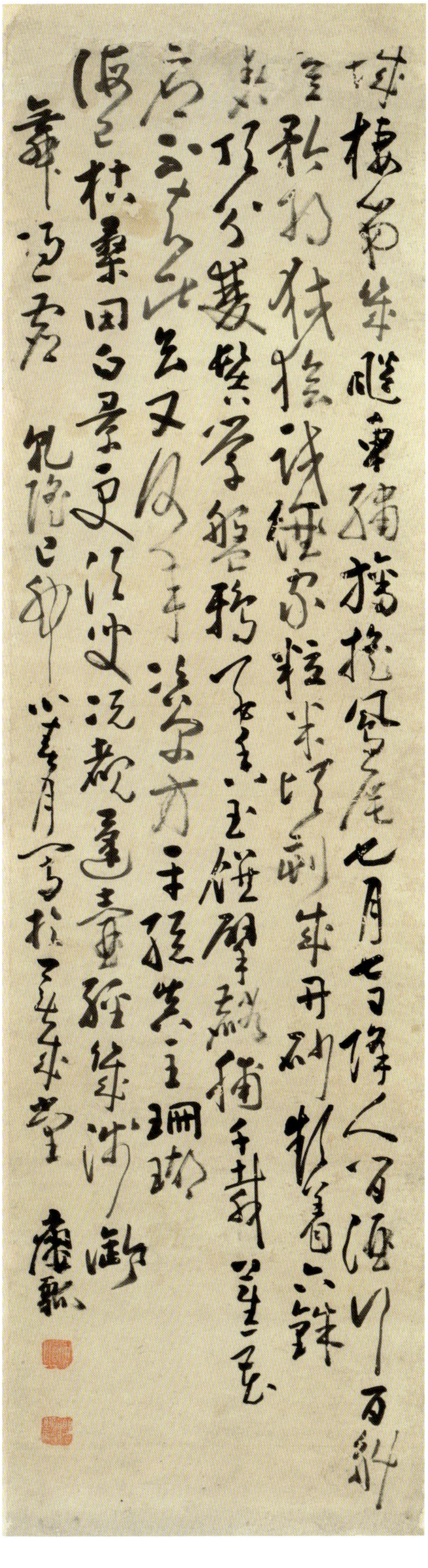

黄 慎 草书七言诗轴

清

纸本

纵 145.5 厘米，横 41 厘米

1953 年山西省太原市征集

点画纷披，章法疏密聚散，笔墨忽断忽连，顾盼呼应，得怀素笔意，兼章草之古朴。款“乾隆己卯小春月写于美成堂，瘿瓢”。钤“黄慎”“瘿瓢”两方印。“己卯”为清乾隆二十四年（1759年）。

黄 慎　接蝠图轴

清
纸本 设色
纵 192 厘米，横 109 厘米
1954 年尹正斋先生捐献

绘一老者双手接蝠，用笔粗放，水墨交融，衣纹线条时有飞白，人物形神俱佳，是其草书入画的代表作品之一。题款“哑性多累，聋性多喜。与其缄口，不如充耳。宁化瘿瓢子慎写”。钤“黄慎”“瘿瓢山人”“东海布衣”印。

王 逸　仙山楼阁图轴

清
纸本 设色
纵 133 厘米，横 63.5 厘米
1961 年北京市征集

王逸，生卒年不详，字宗彦，嘉定（今上海市）人。工画龙虎。著《练水画徵补录》。

构图饱满，重峦叠嶂，小斧劈皴绘山石，设色古雅。隶书题“仙山楼阁”，款“己巳秋疁城王逸并识，时年六十有一”。钤“臣逸印”“钟彦氏”“卧云”等印。

朱文震　山水册

清

纸本　墨笔

纵 23 厘米，横 28 厘米

1953 年北京市征集

朱文震，生卒年不详，字青雷，号去羡、平陵外史、玄羡道人。济南历城人。精山水，擅篆刻。

十二开。仿惠崇、燕文贵、赵孟頫、高克恭等宋元画家笔意。款“乾隆辛巳九月朱文震作小册十二帧”，钤“臣震私印”“紫琳弟子”“平陵外史”“青雷”等印。“辛巳”为清乾隆二十六年（1761年）。

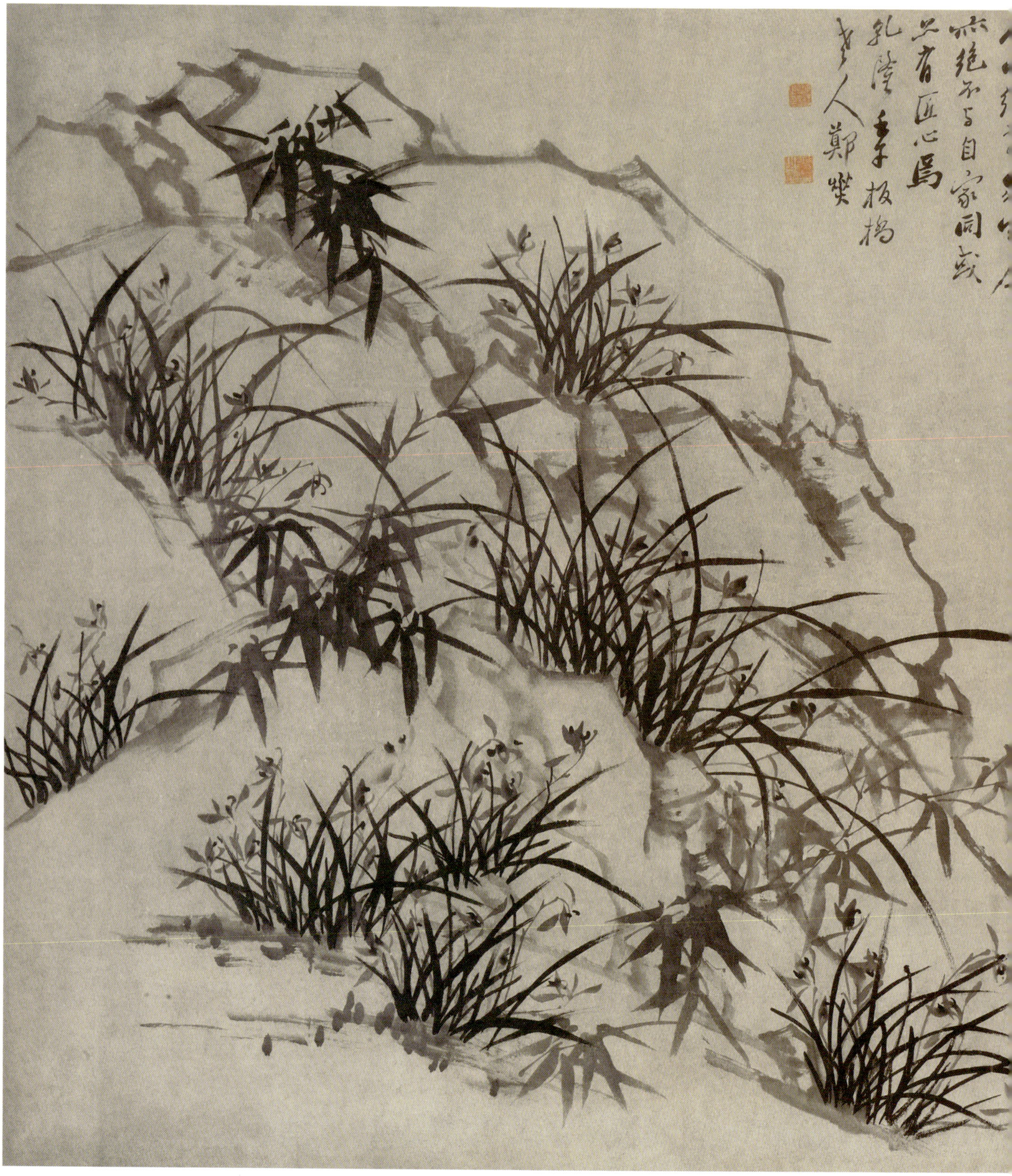

郑 燮 兰竹石图横幅

清

纸本 墨笔

纵 112 厘米，横 200 厘米

1962 年山西省永济县征集

郑燮（1693~1765年），字克柔，号板桥，江苏兴化人。工书法，诗词。以篆隶体参合行楷，非古非今，非隶非篆，自称“六分半书”。擅画兰竹，为“扬州八怪”之一。

图以淡墨勾石，浓墨绘兰竹，兰叶用草书中的竖长笔为之。画面疏密有致，豪放潇洒，充满生机。画上方长题，书画相映。款“乾隆壬午板桥老人郑燮”，钤“郑燮之印”“爽鸠氏之官”两方印。“壬午”为清乾隆二十七年（1762年）。

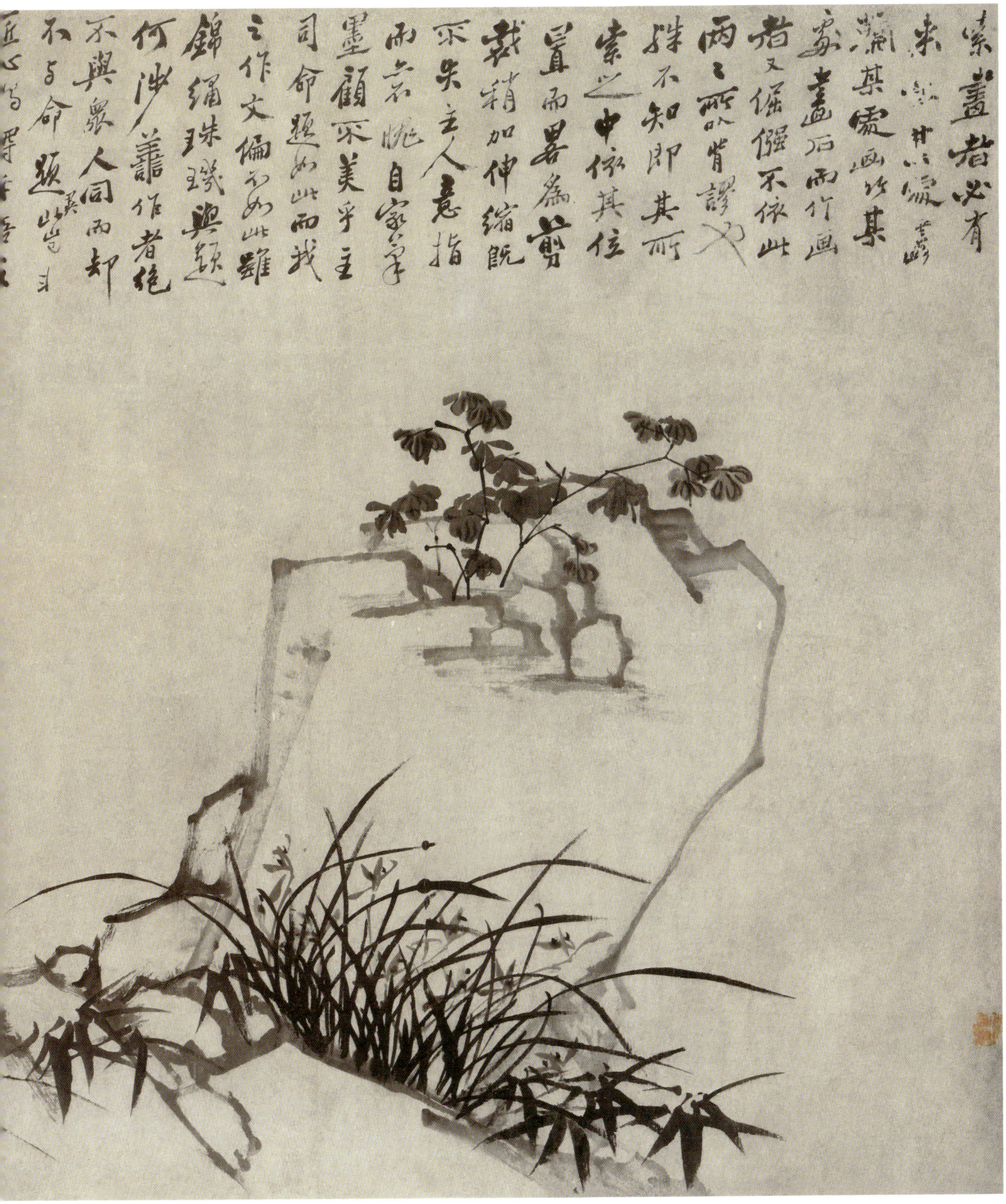

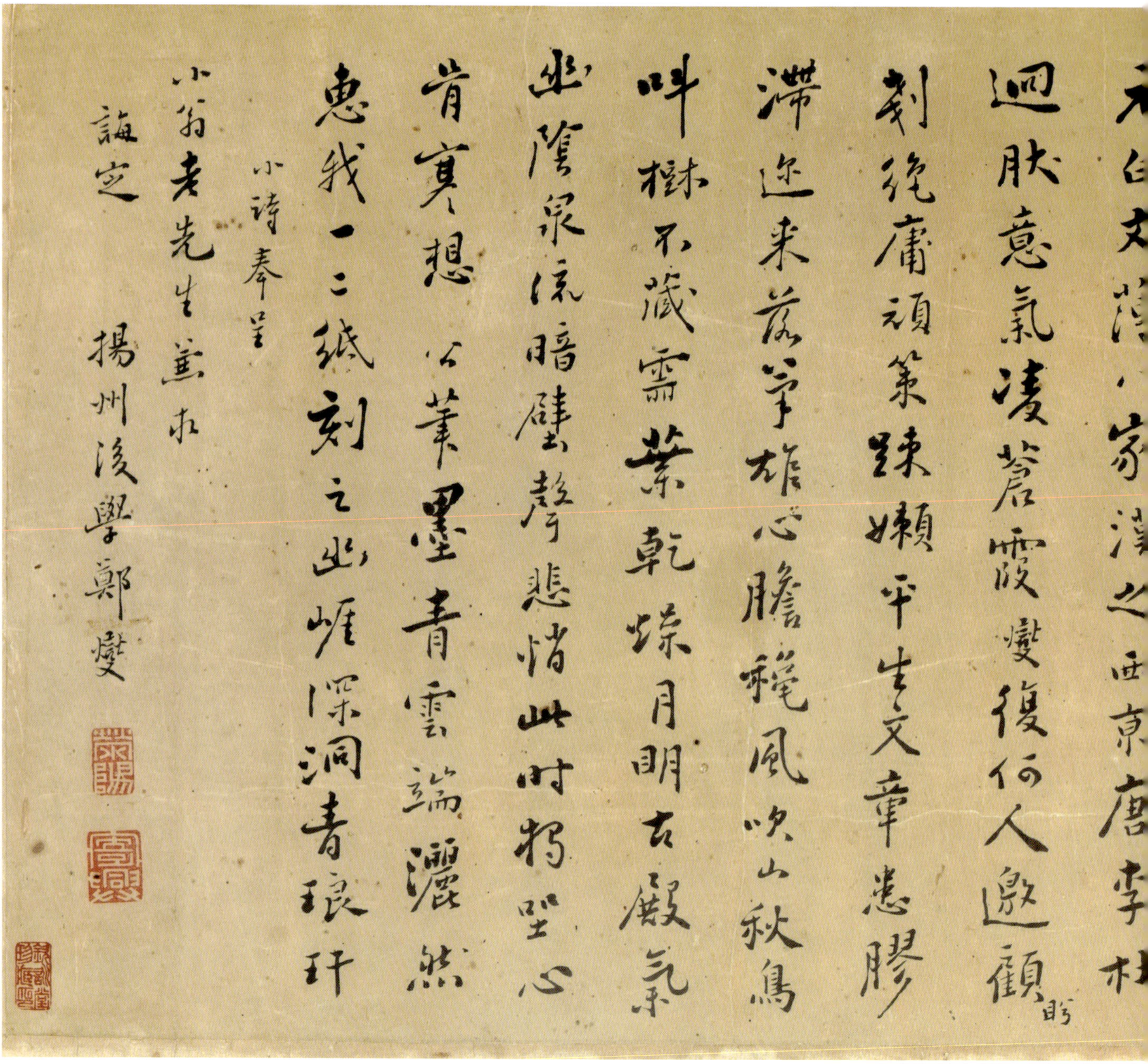

郑　燮　行书自书七古诗横幅

清

纸本

纵 28.5 厘米，横 63 厘米

1962 年山西省太原市征集

行书自书七古一首，布白疏朗，出规入矩。款“小诗奉呈小翁老先生兼求诲定，扬州后学郑燮”。钤“荥阳”“寄兴”两方印。另钤“益斋”“传之同好”“钦咏堂珍藏印”鉴藏印。

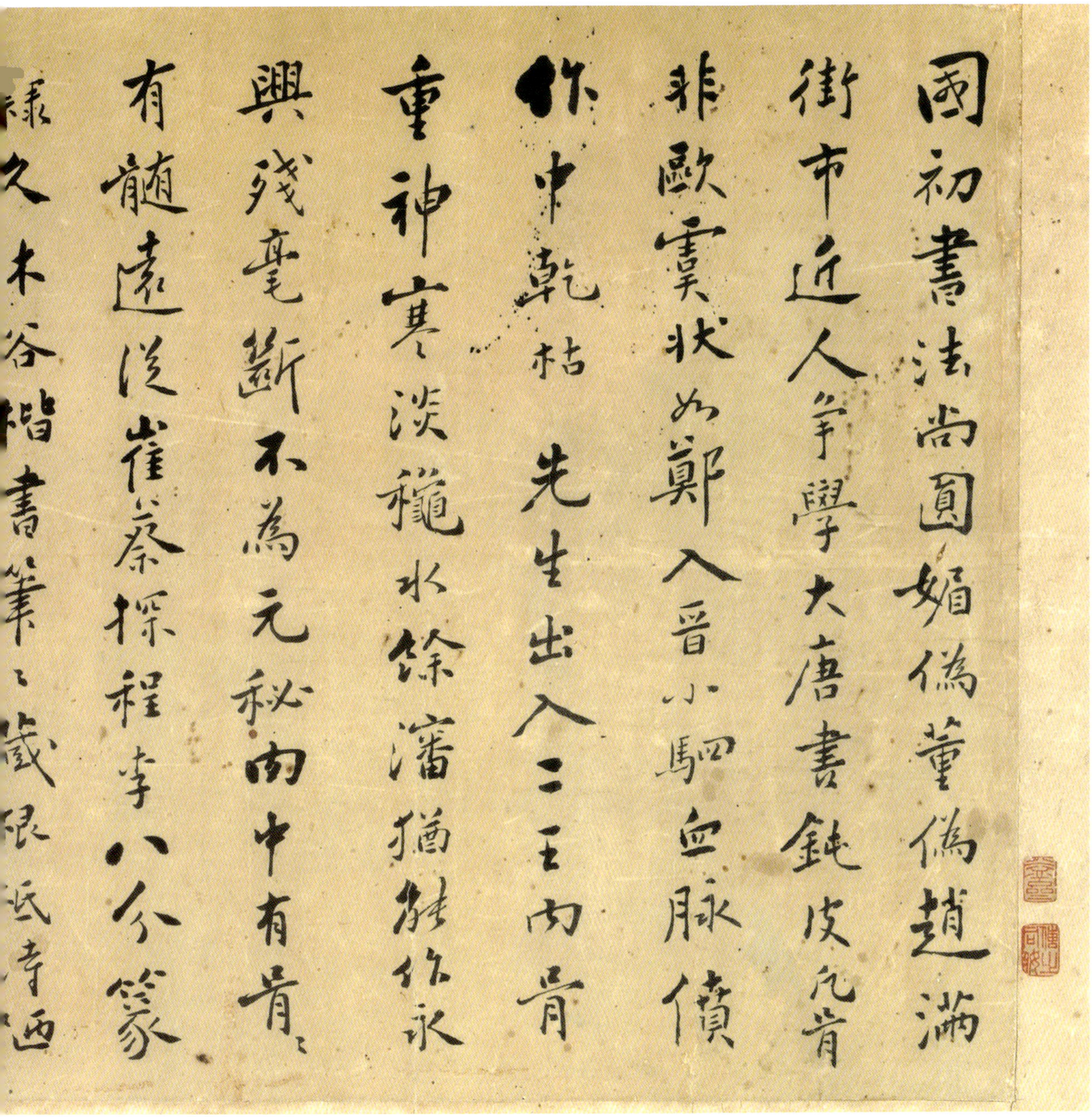
國初書法尚圓媚僞董僞趙滿
街市近人爭學大唐書鈍皮凡骨
非歐虞狀如鄭入晉小駟血脈僨
作中乾枯 先生出入二王肉骨
重神寒淡纖水餘瀋猶能作永
興殘毫斷不爲元秘內中有骨
有髓遠從崔蔡探程李八分篆

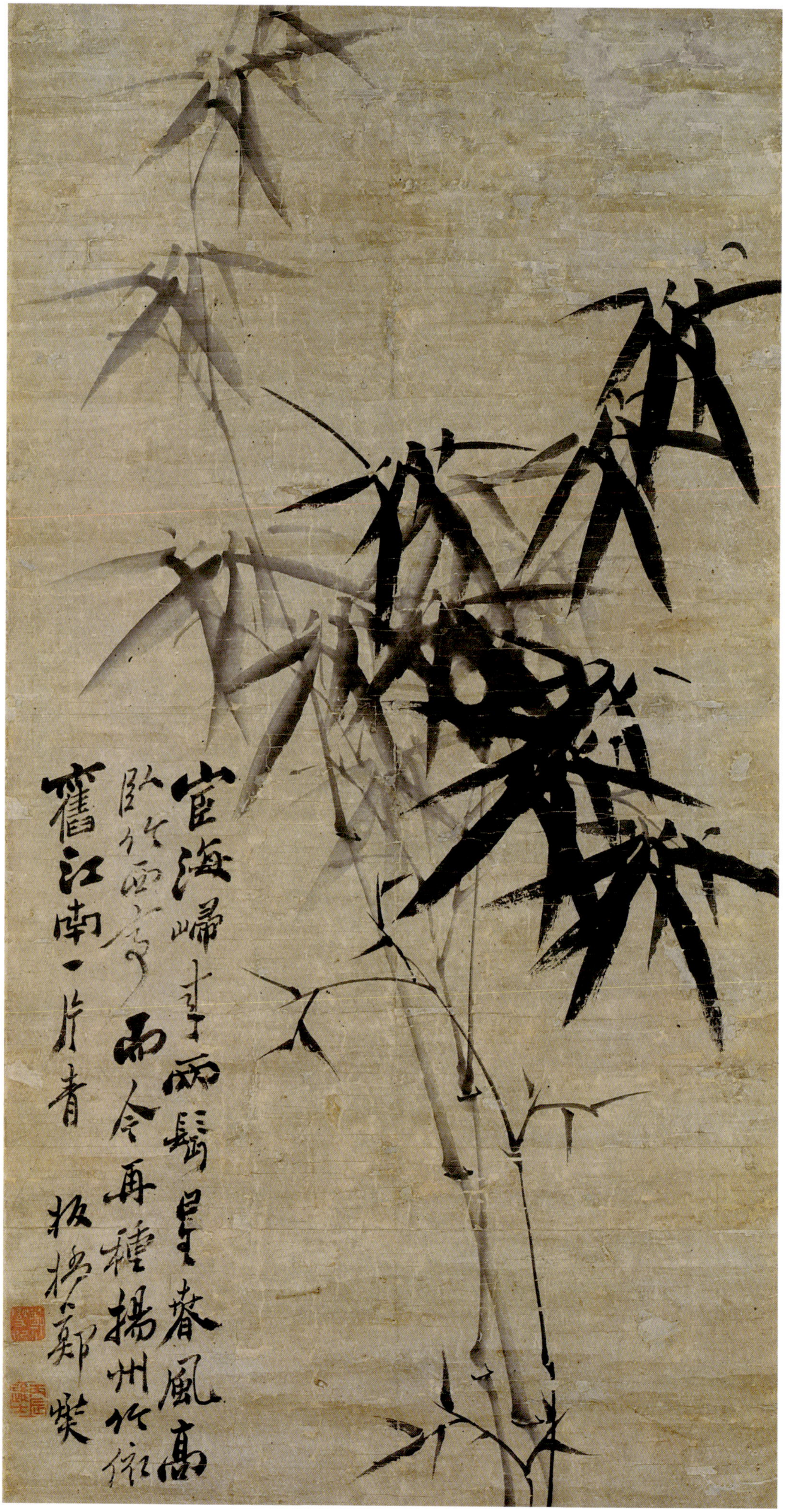
宦海歸來兩鬢星春風高
臥竹西亭
而今再種揚州竹依
舊江南一片青
板橋鄭燮

郑 燮　墨竹图轴

清

纸本　墨笔

纵 80 厘米，横 41.5 厘米

旧藏

绘修竹三竿，竹叶实按虚起，浓淡自然，风骨劲峭。自题七言诗一首："宦海归来两鬓星，春风高卧竹西亭。而今再种扬州竹，依旧江南一片青。"款"板桥郑燮"，钤"郑燮印""丙辰进士"两方印。

杨 良　仿石田山水图轴

清

绢本　墨笔

纵 135 厘米，横 161 厘米

1953 年山西省太原市征集

杨良，生卒年不详，字砚斋，一字白眉，江苏扬州人。精画驴，兼擅人物山水。

平远法构图，笔墨疏秀，意境空灵，是杨良的精品之作。题"摹石田老人笔意，癸未秋月写，邗江砚斋杨良"。钤"杨良""白眉"两方印。"癸未"为清乾隆二十八年（1763年）。

袁　耀　绿野堂图轴

清

纸本　设色

纵 170 厘米，横 123.7 厘米

1957 年山西省太原市征集

袁耀，生卒年不详，字昭道，江苏扬州人。袁江子（一说侄），工山水、人物，尤精界画，工整华丽。

山势峻嶒，树木葱郁，水榭楼阁，描绘精细，是山水画与界画融为一体的代表作品。题款“绿野堂，时乙丑夏月邗上袁耀画”。钤“袁耀”“溺渔者”两方印。“乙丑”为清乾隆十年（1745年）。

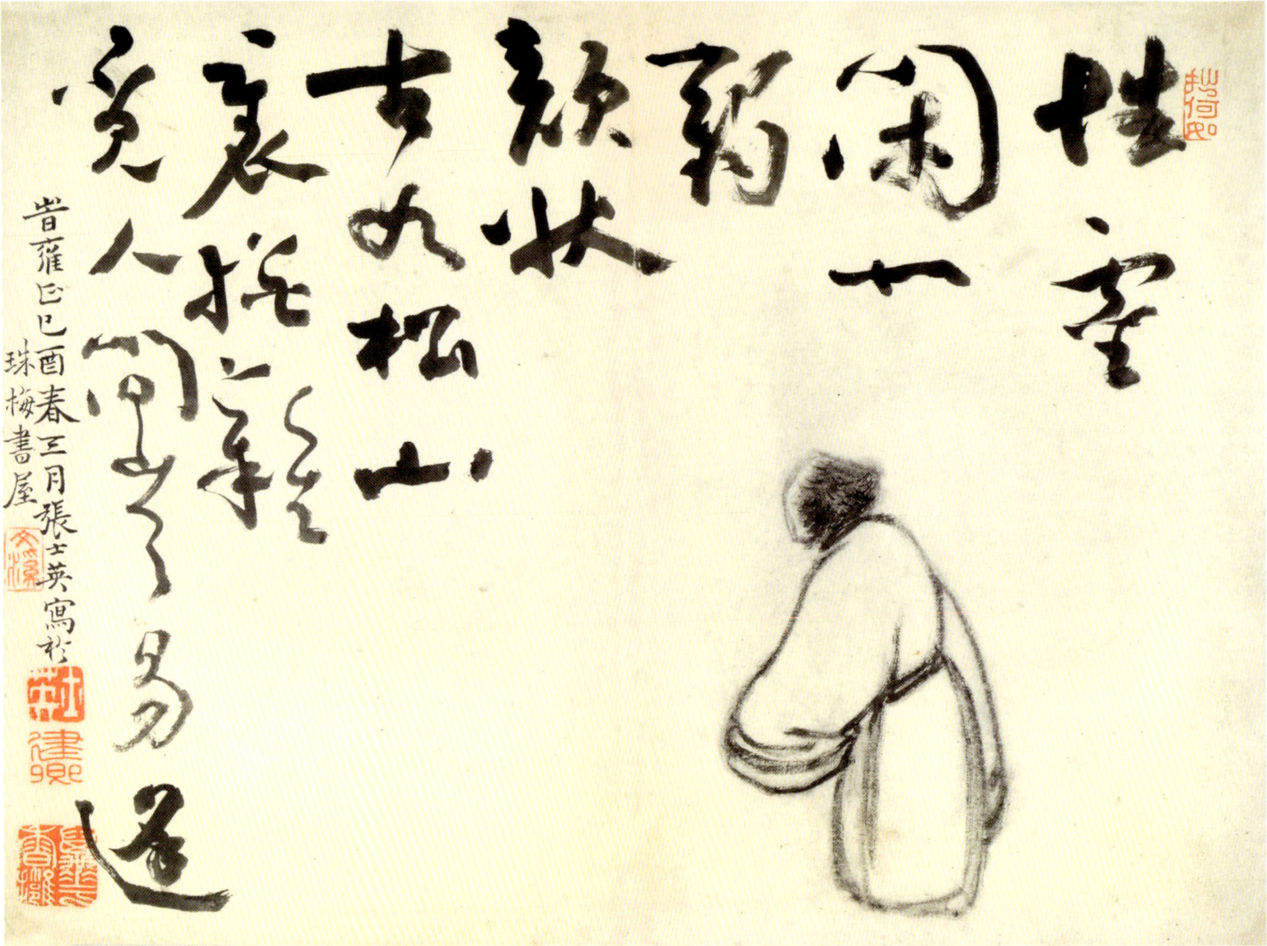

张士英　人物山水册

清

纸本　墨笔

纵 28 厘米，横 37.5 厘米

1956 年张会斗先生捐献

张士英，生卒年不详，字建卿，寄居山东。擅画山水禽鸟。

十一开。墨笔绘人物、松树、怪石、山水。册首有张士英行书题“心迹如新”，钤“珠梅书屋”印。末开款“时雍正己酉春三月张士英写于珠梅书屋”，下钤“文溪”“士英”“建卿”“万花香拥”印。“己酉”为清雍正七年（1729年）。

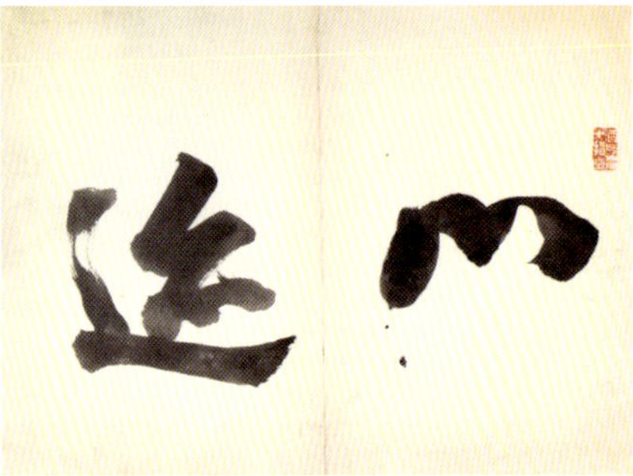

黄自修　加官进爵图轴

清

绢本 设色

纵 42 厘米，横 63 厘米

旧藏

黄自修，生平不详。

图中人物生动传神，线条沉着劲练，勾勒精细，人物毫发毕现，设色清雅。款“雍正辛未年春日仿唐人笔意于栖霞山馆，黄自修画”。钤“醉翁”“汝”两方印。雍正年间无辛未年，疑系笔误。

边寿民　芦雁图轴

清

纸本 设色

纵 95 厘米，横 100 厘米

1961 年北京市征集

边寿民（1684~1752年），原名维祺，字寿民，后以字行，更字颐公，号渐僧，苇间居士，江苏淮安人。工书，擅画泼墨芦雁，亦能以枯笔作花卉杂画。

图中四只雁嬉戏于沙坡芦苇间，造型准确，形态生动。墨中带赭，色调清雅，逸趣横生。款“寿民”，钤“寿民”白文印。

壽民

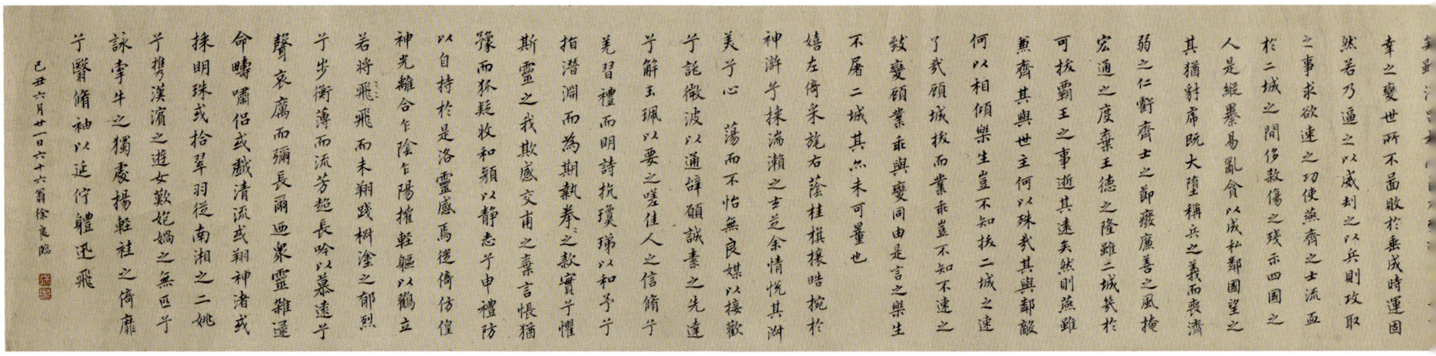

徐　良　楷书乐毅论卷

清

纸本

纵 25 厘米，横 197 厘米

1976 年山西省介休县征集

徐良（1704~1774年），字邻哉，号间存、又次居士，上海松江人。乾隆十七年（1752年）举人。工书法，小楷法钟、王，行楷似董其昌。

小楷临《乐毅论》《洛神赋》。行矩疏朗，结体工整秀丽，颇具风采。款“己丑六月廿一日六十六翁徐良临”，下钤连珠印“徐良”。

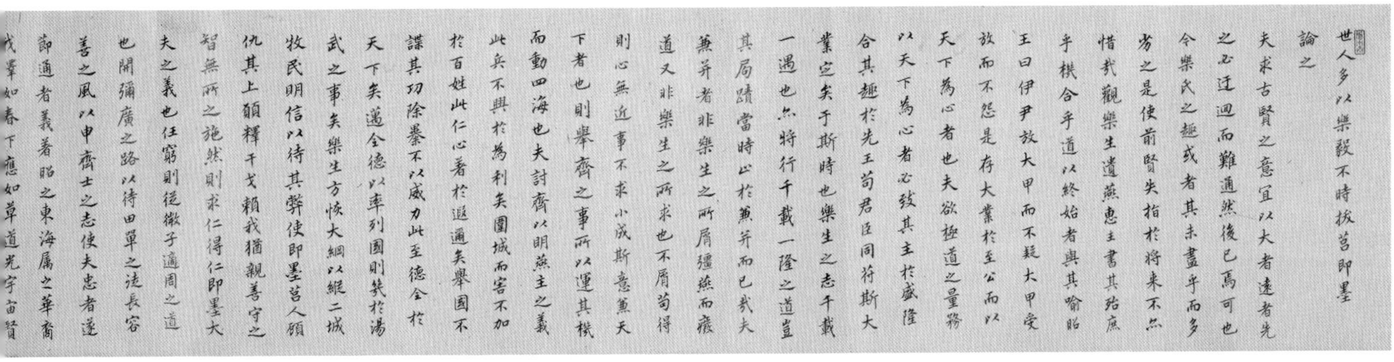
世人多以樂毅不時拔莒即墨
論之
夫求古賢之意宜以大者遠者先
之必迂迴而難通然後已焉可也
今樂氏之趣或者其未盡乎而多
劣之是使前賢失指於將來不亦
惜哉觀樂生遺燕惠王書其殆庶
乎機合乎道以終始者與其喻昭
王曰伊尹放大甲而不疑大甲受
放而不怨是存大業於至公而以
天下為心者也夫欲極道之量務
以天下為心者必致其主於盛隆
合其趣於先王苟君臣同符斯大
業定矣于斯時也樂生之志千載
一遇也亦將行千載一隆之道豈
其局蹟當時止於兼并而已哉夫
兼并者非樂生之所屑彊燕而廢
道又非樂生之所求也不屑苟得
則心無近事不求小成斯意兼天
下者也則舉齊之事所以運其機
而動四海也夫討齊以明燕主之義
此兵不興於為利矣圍城而害不加
於百姓此仁心著於遐邇矣舉國不
謀其功除暴不以威力此至德全於
天下矣邁全德以率列國則幾於湯
武之事矣樂生方恢大綱以縱二城
牧民明信以待其弊使即墨莒人顧
仇其上願釋干戈賴我猶親善守之
智無所之施然則求仁得仁即墨大
夫之義也任窮則從微子適周之道
也開彌廣之路以待田單之徒長容
善之風以申齊士之志使夫忠者遂
節通者義著昭之東海屬之華裔
我澤如春下應如草道光宇宙賢

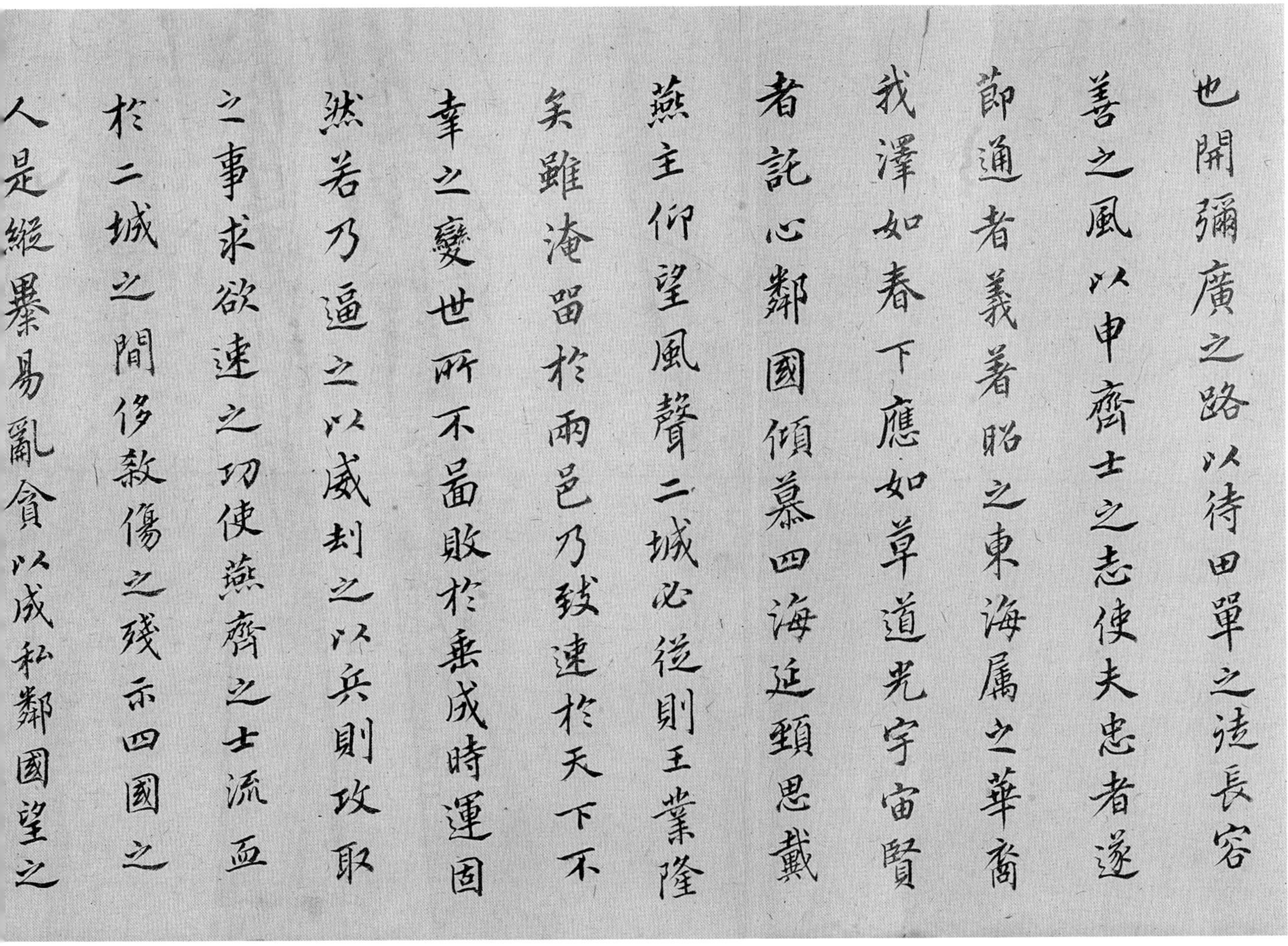
也開彌廣之路以待田單之徒長容
善之風以申齊士之志使夫忠者遂
節通者義著昭之東海屬之華裔
我澤如春下應如草道光宇宙賢
者託心鄰國傾慕四海延頸思戴
燕主仰望風聲二城必從則王業隆
矣雖淹留於兩邑乃致速於天下不
幸之變世所不圖敗於垂成時運固
然若乃逼之以威刦之以兵則攻取
之事求欲速之功使燕齊之士流血
於二城之間侈殺傷之殘示四國之
人是縱暴易亂貪以成私鄰國望之

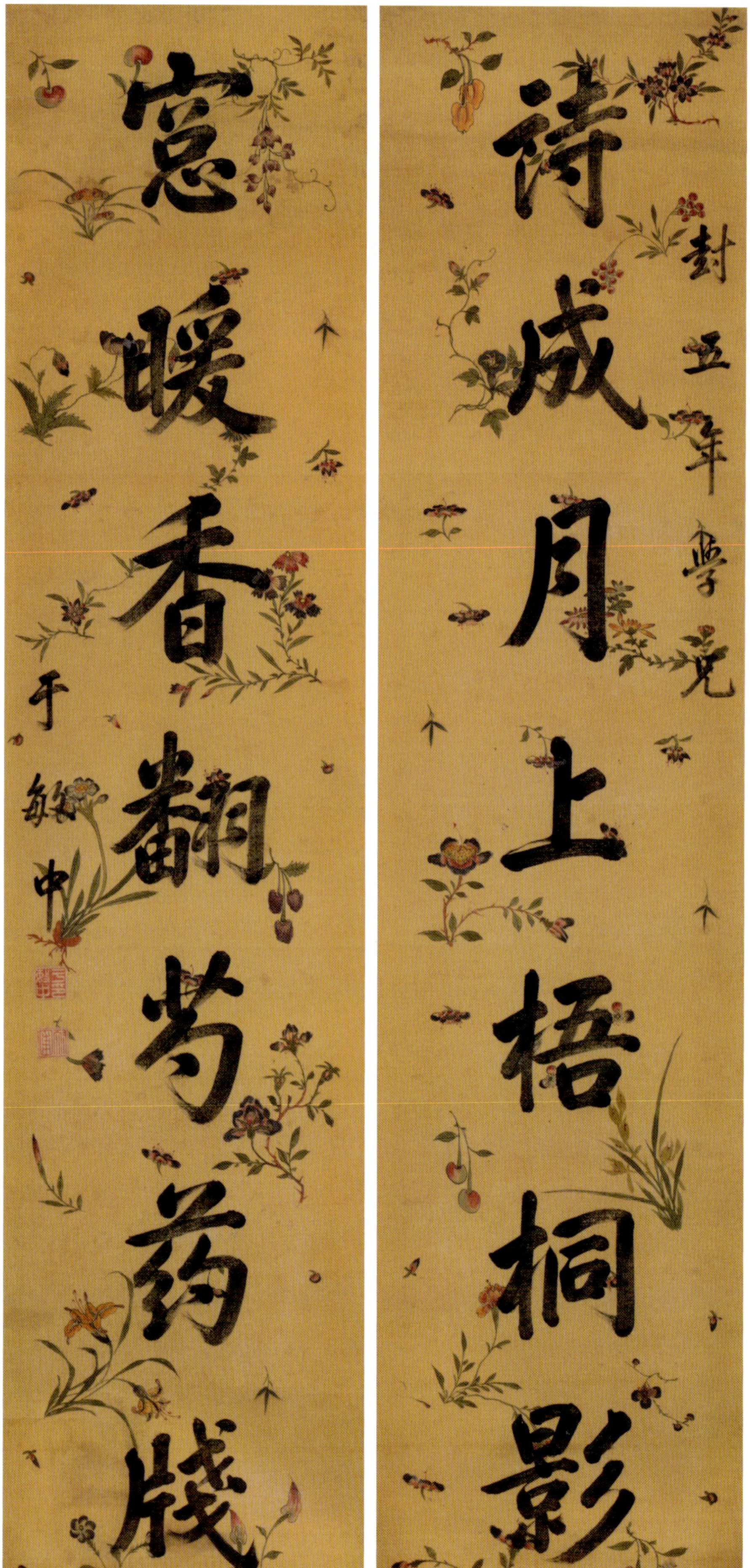
詩成月上梧桐影
封五年學兄
于敏中

于敏中　行书七言联

清

绢本

纵 122.5 厘米，横 29.5 厘米

1961 年北京市征集

于敏中（1714~1780年），字叔子，一字重棠，号耐圃，金坛（今江苏常州）人。乾隆二年（1737年）状元。工诗文，擅书法。书风近似赵孟頫和董其昌。

“诗成月上梧桐影，窗暖香翻芍药笺。”书法清秀，浓润圆熟，墨迹古雅。上款“封五年学兄”，下款“于敏中”。钤“于敏中印”“耐圃”两方印。

陆　飞　柳岸泊舟图轴

清

纸本　墨笔

纵 208 厘米，横 115 厘米

1953 年太原市文物馆移交

陆飞（1719~1786年），字起潜，号筱饮，仁和（今浙江杭州）人。乾隆三十年（1765年）解元，与丁敬、黄易等友善。工诗文，书法飘逸。擅画山水、人物、花卉及墨竹。

山势连绵起伏，山色愈远愈淡，渔舟泊岸，渔夫卖鱼，具有浓厚的生活气息。款“钱唐湖筱饮陆飞画于汉皋蟹舍，乾隆乙亥”。钤“筱饮山人”白文印。“乙亥”为清乾隆二十年（1755年）。

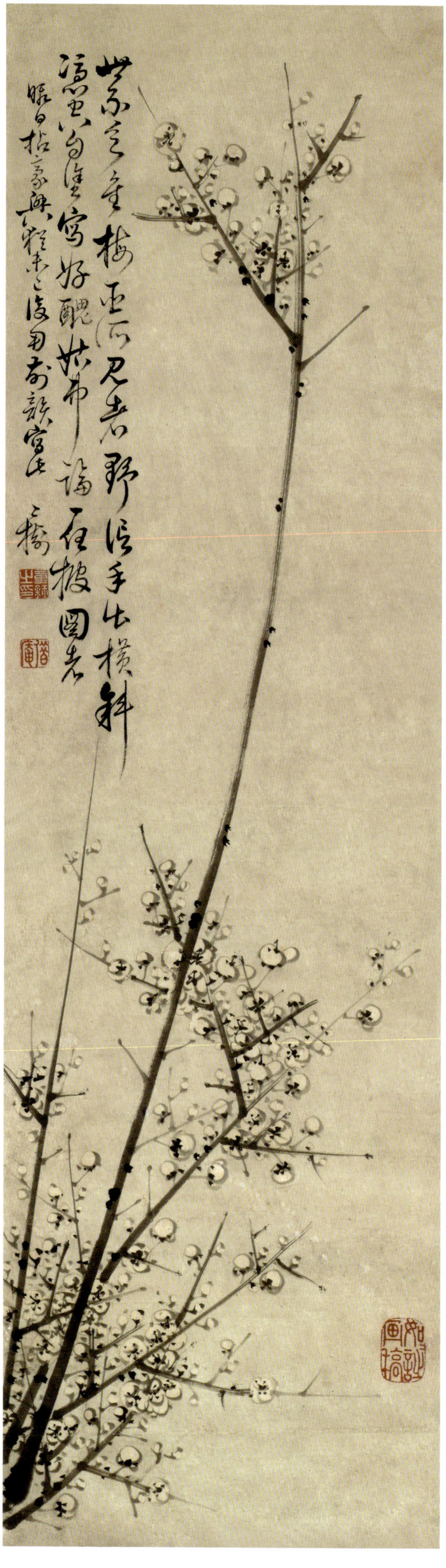

童　钰　梅花图轴

清

纸本　墨笔

纵 127 厘米，横 29 厘米

1964 年山西省太原市征集

童钰（1721~1782年），字璞岩、二树，号借庵、二树道人，会稽（浙江绍兴）人。布衣，通晓典籍，精于诗文，擅长书画。以草隶法写兰、竹。尤爱梅花，宗法扬无咎，以画梅闻名。

构图新颖，截取梅树一角，枝杆挺健，繁花密萼，充满生机。款“暇日拈豪，兴犹未已，复用前韵写此。二树”。钤“童钰之印”“借庵”“如诗画稿”印。

刘　墉　行书七绝诗轴

清

纸本

纵 104 厘米，横 53 厘米

1961 年北京市征集

刘墉（1719~1804年），字崇如，号石菴，山东诸城人。擅长行楷，师法魏晋，笔意古厚，用墨浓重。

书法用墨厚重，貌丰骨劲，间架疏朗。诗曰：“桑林伐鼓酒如川，秋社钱多春社钱，尽道升平长官好，五风十雨更年年。”款“野甫表侄刘墉”，钤“刘墉之印”“东武”“御赐天香深处”印。

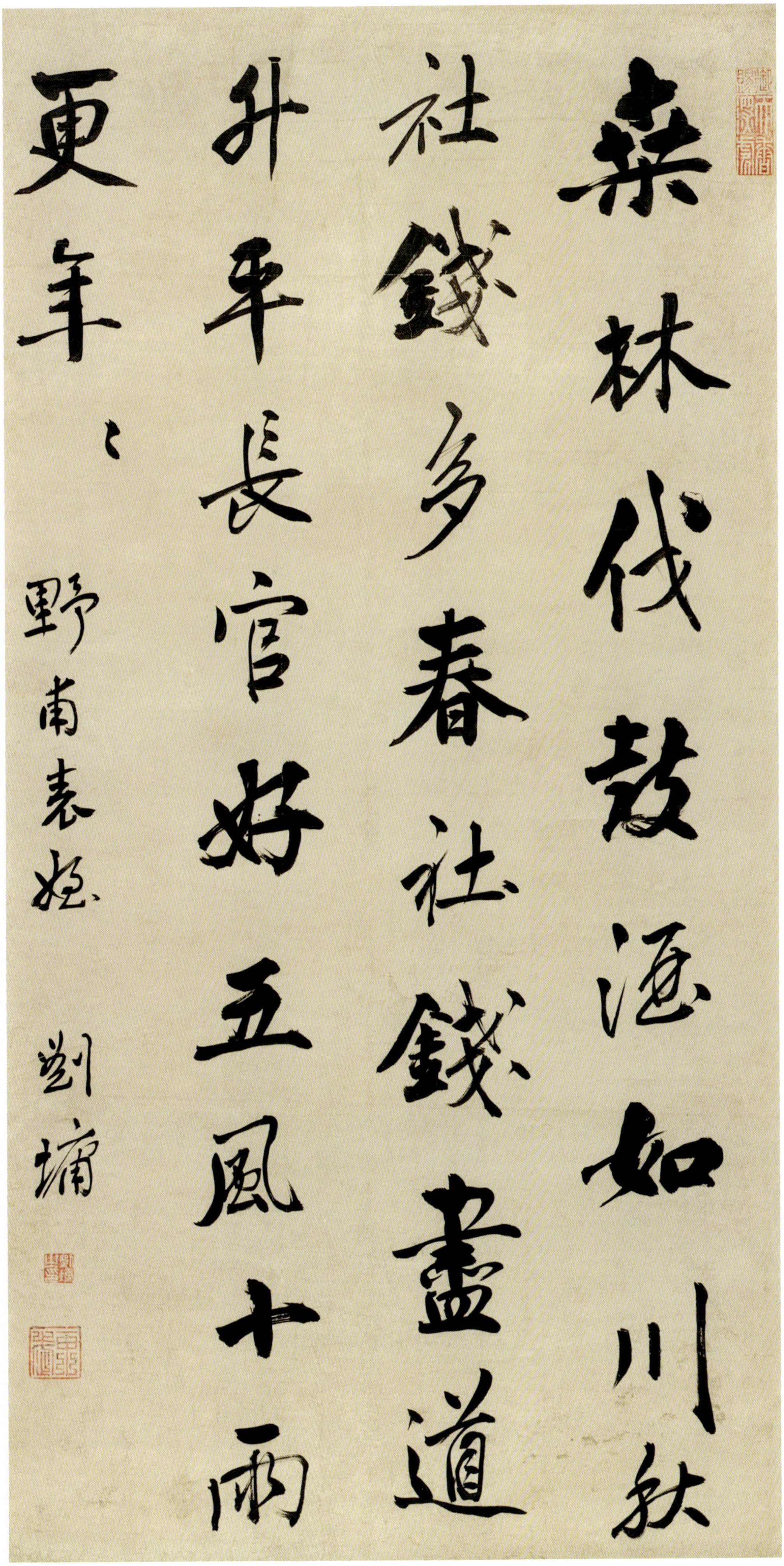
社錢多春社錢畫道
升平長官好五風十雨
更年年
劉墉

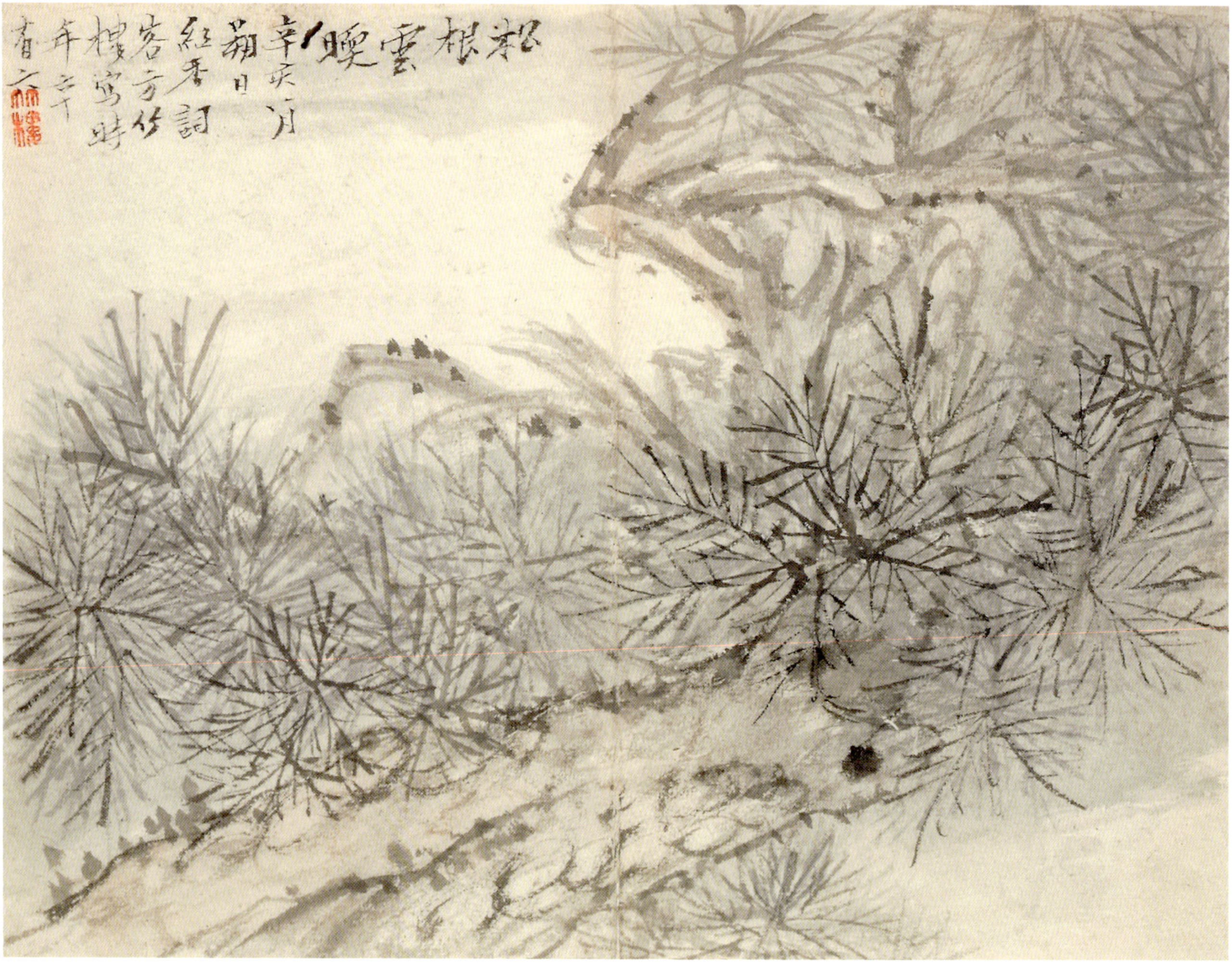
松根雲暖
辛亥八月
朔日
紅香詞
客方竹
樓寫時
年六十
有六

方元鹿　花卉册

清

纸本　墨笔 / 设色

纵 20 厘米，横 26 厘米

1961 年北京市征集

方元鹿，生卒年不详，字竹楼，一字苹友，号红香词客，安徽歙县人，后迁居江苏镇江。乾隆年间画家，山水工细，似李龙眠，墨竹尤佳，亦能诗。著有《寒衾集》。

十二开。绘荷花、菊花、松树、兰花、梅花、茶花等花卉。款“辛亥八月朔日红香词客方竹楼写，时年六十有六”，钤有“竹楼”“竹楼先生”印。

晓来明月上紫玉
缀玲珑 竹楼写意

露香娇老
竹楼写

毕　涵　浮峦暖翠图轴

清

纸本　墨笔

纵 98 厘米，横 30 厘米

1962 年甘肃省兰州市征集

毕涵（1732~1807年），字焦麓，号有涵、止庵道人，晚称菉竹居士，江苏常州人。擅书画，尤工山水，远宗古法，近师恽寿平，苍浑挺劲。

图仿黄公望《浮峦暖翠》，干笔积墨，画面深厚沉雄。款“戊申十月毕涵”，钤“毕涵私印”“焦麓”两方印。“戊申”为清乾隆五十三年（1788年）。另钤“叶氏砚农珍藏之印”“端州苏子仲元晖秘藏书画印”“海阅”“视孝瀛渊”鉴藏印。

罗　聘　得子图轴

清

纸本　设色

纵 107.5 厘米，横 47.5 厘米

1949 年太岳行政公署移交

罗聘（1733~1799年），字遯夫，号两峰、衣云和尚、花之寺僧等。祖籍安徽歙县，迁居扬州。金农弟子，擅人物、佛像、花果、梅竹、山水，超逸不群，别具一格。亦工篆刻，为“扬州八怪”之一。

图中人物描绘工致，神态生动，设色淡雅，用笔温润古朴。行书题“雪里高山头白早，海中仙果子生迟。摘写刘梦得寄白乐天句，似南屏明府一笑。两峰罗聘”。钤“罗聘私印”“人日生人”两方印。

雪裏高山頭白早海中仙果子
生遲 摘寫劉夢得寄白樂天句似
南屏明府一笑 兩峯羅聘

仿石涛笔致以况
竹坪居士清趣
朱草诗林中人罗聘

罗　聘　仿石涛竹石图轴

清

纸本　墨笔

纵 94.5 厘米，横 44 厘米

1962 年北京市征集

墨笔绘竹石，竹叶俯仰穿插，墨色浓淡相间，笔意潇洒，情趣盎然。题款“仿石涛笔致以况竹坪居士清趣，朱草诗林中人罗聘”。下钤“聘”“两峰子”两方印。

余　集　枣香书塾授读图页

清

纸本　墨笔

纵 33.5 厘米，横 40.5 厘米

1962 年山西省太原市征集

余集（1738~1823年），字蓉裳，号秋室，浙江杭州人。乾隆三十一年（1766年）进士，诗文书画皆精，时称三绝。擅画山水、花卉、禽鸟及人物，尤工仕女，风神闲静，无脂粉气，有“余美人”之称。

平远构图，远山逶迤，近坡处书屋掩映于林中，笔墨秀逸别致。款“枣香书塾授读图，甲子冬日卜庄给谏同年嘱写，秋室余集”。钤“余集之印”。“甲子”为清嘉庆九年（1804年）。

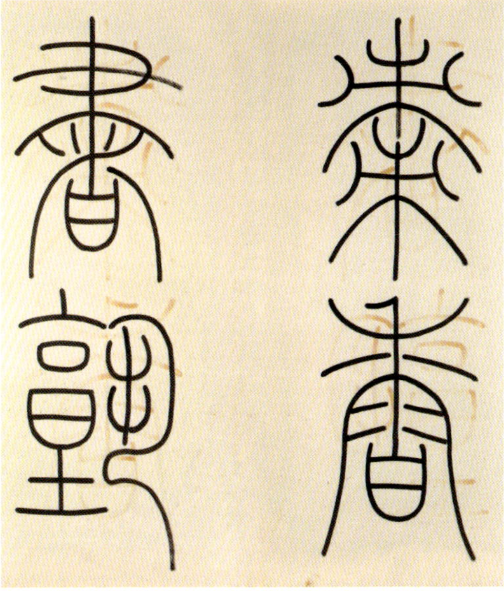

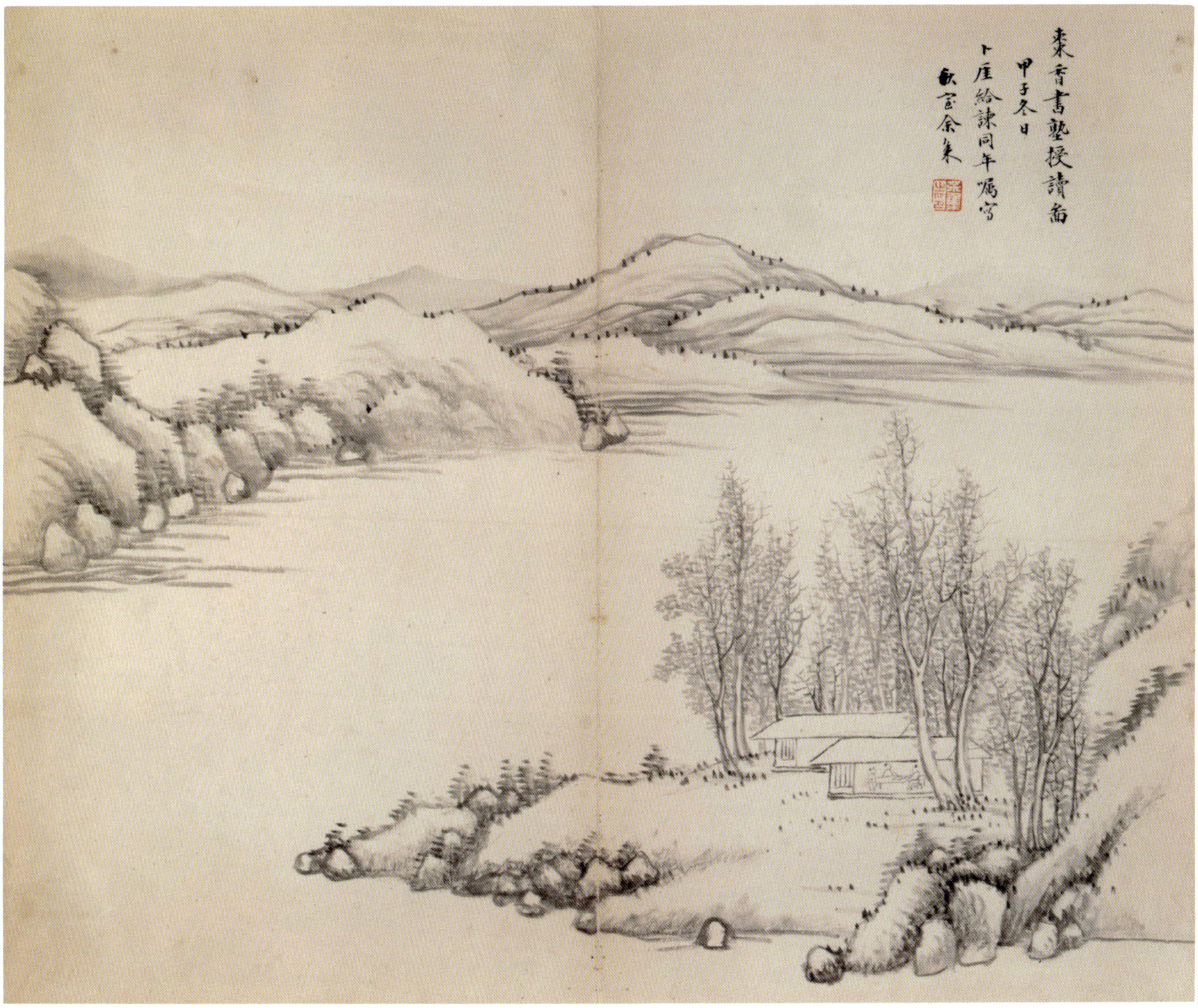
棗香書塾授讀圖
甲子冬日
卜庄給諫同年屬寫
秋室余集

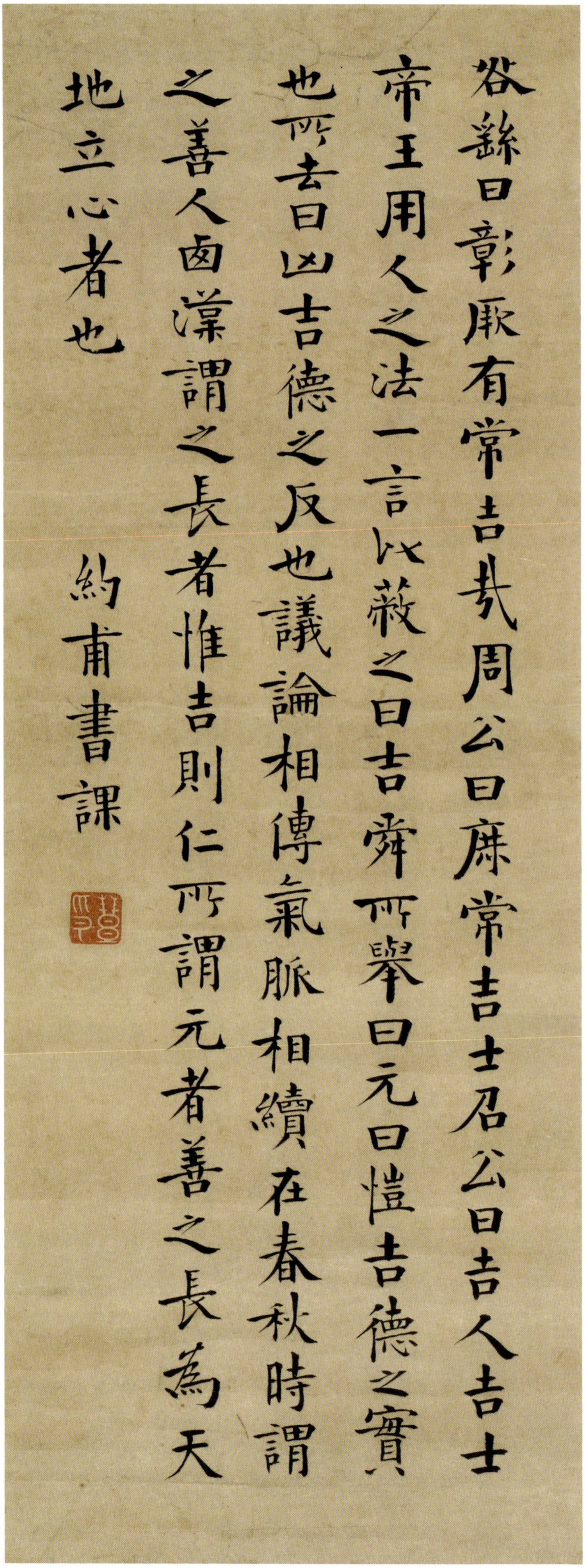
咎繇曰彰厥有常吉哉周公曰庶常吉士召公曰吉人吉士
帝王用人之法一言以蔽之曰吉舜所舉曰元曰愷吉德之實
也所去曰凶吉德之反也議論相傳氣脈相續在春秋時謂
之善人西漢謂之長者惟吉則仁所謂元者善之長為天
地立心者也
約甫書課

钱 沣 楷书书课轴

清

纸本

纵 57 厘米，横 22 厘米

1986 年钱自在先生捐献

钱沣（1740~1795年），字东注，一字约甫，号南园，云南昆明人。诗文苍郁劲厚，兼擅书画。书学颜真卿，晚年参以欧阳询、褚遂良法，行书参米芾笔意。

楷书节录南宋王应麟《困学纪闻》，法度严谨，运笔沉着。款“约甫书课”，钤“丰印”白文方印。

秋山草堂
壬辰重阳瑛宝指头画

瑛 宝 秋山草堂图轴

清

绢本 设色

纵 228 厘米，横 97.5 厘米

1954 年山西省太原市征集

瑛宝，生卒年不详，字梦禅，号闲庵、梦禅居士，满族人。活动于清乾隆、嘉庆年间。精诗文，擅篆刻，工山水、花鸟、果品，尤长指头画。

远山层叠，山脚下树木掩映草堂，虽为指画，物象描写准确。题款“秋山草堂，壬辰重阳瑛宝指头画”。钤“十镜”朱文印。

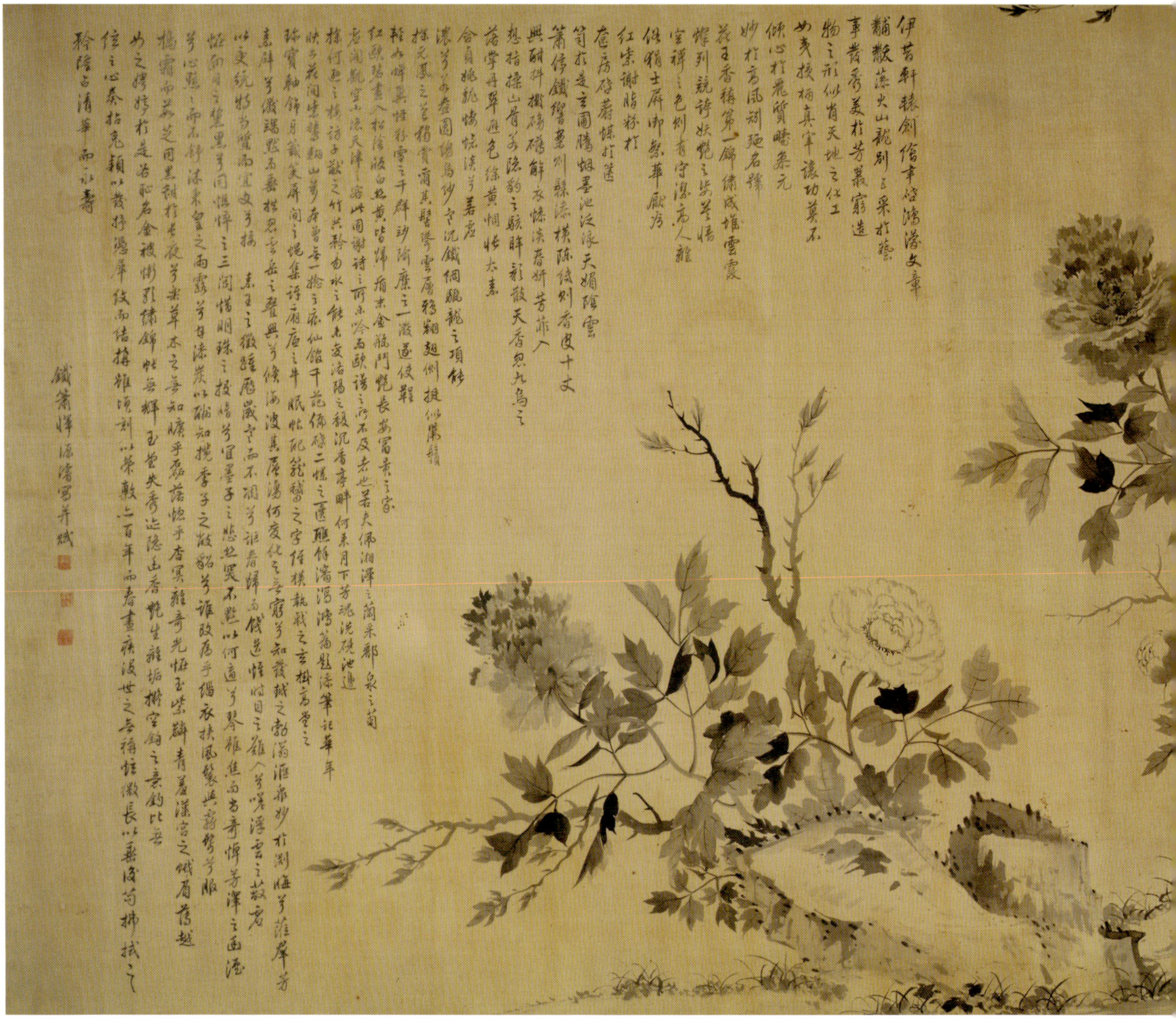

恽源濬　牡丹图横幅

清

绢本　墨笔

纵 130.5 厘米，横 322 厘米

旧藏

恽源濬，生卒年不详，字哲长，号铁箫，江苏常州人。主要活动在清乾隆年间，工书画，水墨写生尤得神韵。

没骨法绘牡丹，墨色变化丰富，水墨交融，得花之神韵。款“铁箫恽源濬写并识”，钤“源濬”“哲长”印。

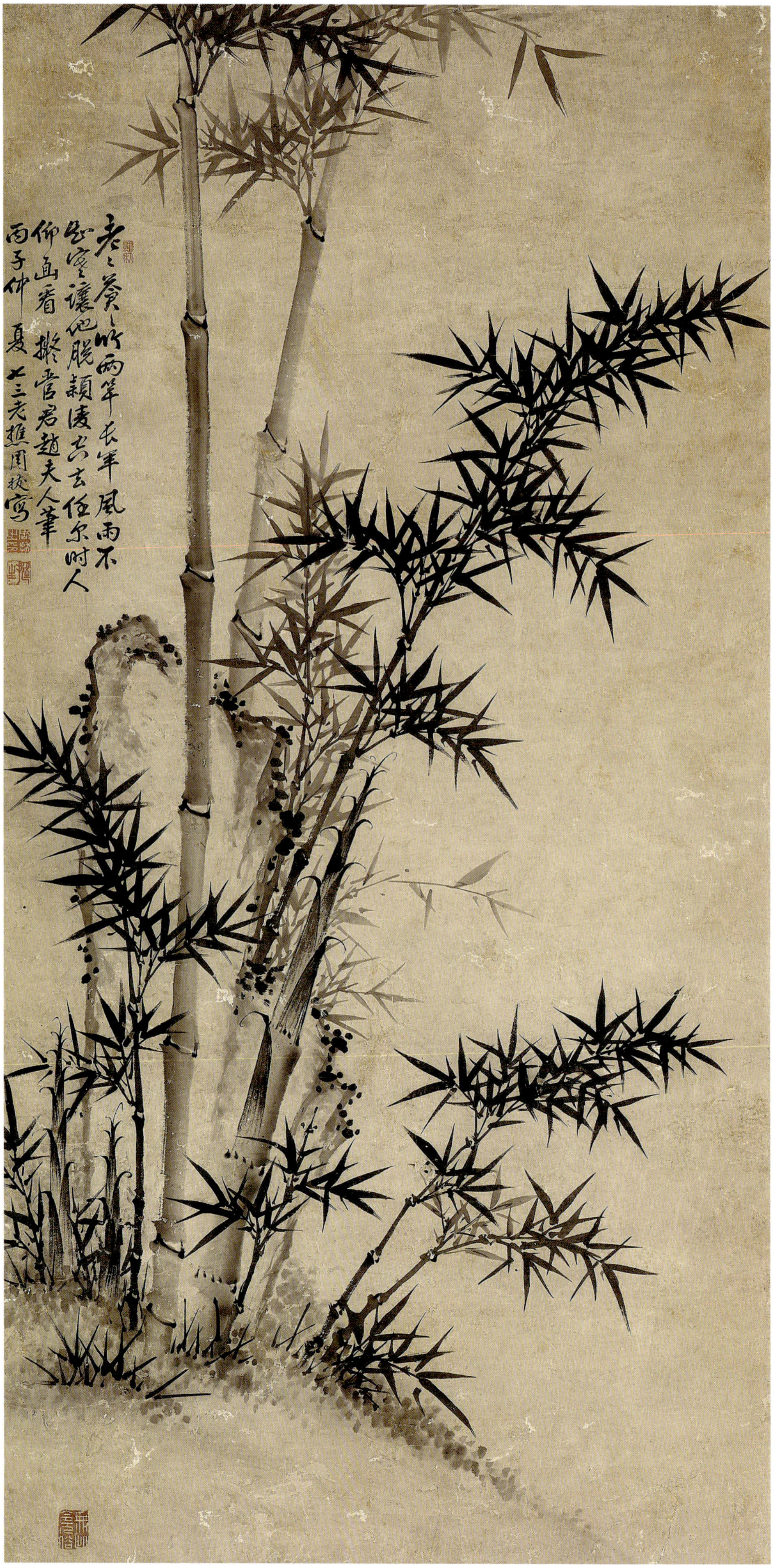
老老蒼蒼竹兩竿長年風雨不
怕寒讓他脫穎凌空去任爾時人
仰面看擬管君趙夫人筆
丙子仲夏七三老樵周頎寫

周　拔　竹石图轴

清
纸本　墨笔
纵 138.5 厘米，横 69 厘米
1960 年北京市征集

周拔（1744年~？），字清汉，号挺生，江苏南通人。擅画，以写兰竹传名。写兰法郑思肖，画竹师苏轼，梅菊尤佳。

老竹两竿，新篁数丛，笔墨工致。题诗："老老苍苍竹两竿，长年风雨不知寒，让他脱颖凌空去，任尔时人仰面看。"款"拟管君赵夫人笔，丙子仲夏七三老樵周拔写"。钤"周拔之印""挺生""无竹令人俗""暗入风味"印。

奚　冈　溪山烟霭图轴

清
纸本　墨笔
纵 123.5 厘米，横 33.5 厘米
1962 年故宫博物院调拨

奚冈（1746~1803年），字铁生、纯章，号蝶野子、蒙泉外史等，原籍安徽歙县，晚年寓居杭州。工山水、花卉，逸韵超隽。擅治印，宗法秦汉，与丁敬、黄易、蒋仁合称"西泠四家"。

图中山峦重叠，树木葱郁，淡墨皴擦，浓墨点苔，得巨然笔墨之韵。题款"溪山烟霭，拟巨然笔意，铁生奚冈"。钤"奚冈之印""铁生诗画""用松圆墨"印。

溪山煙靄
擬巨然筆意
鐵生奚岡

乾隆丁未春二月仿古十二幀
汪葑

汪　葑　仿古山水册

清

纸本　墨笔 / 设色

纵 27 厘米，横 34.5 厘米

1961 年北京市征集

汪葑，生卒年不详，初名封，字玉书，号芥亭，江苏苏州人。擅画山水，苍润浑厚。

十二开。笔墨灵秀，意趣盎然。款“乾隆丁未春二月仿古十二帧，汪葑”。钤“芥亭”朱文印。“丁未”为清乾隆五十二年（1787年）。

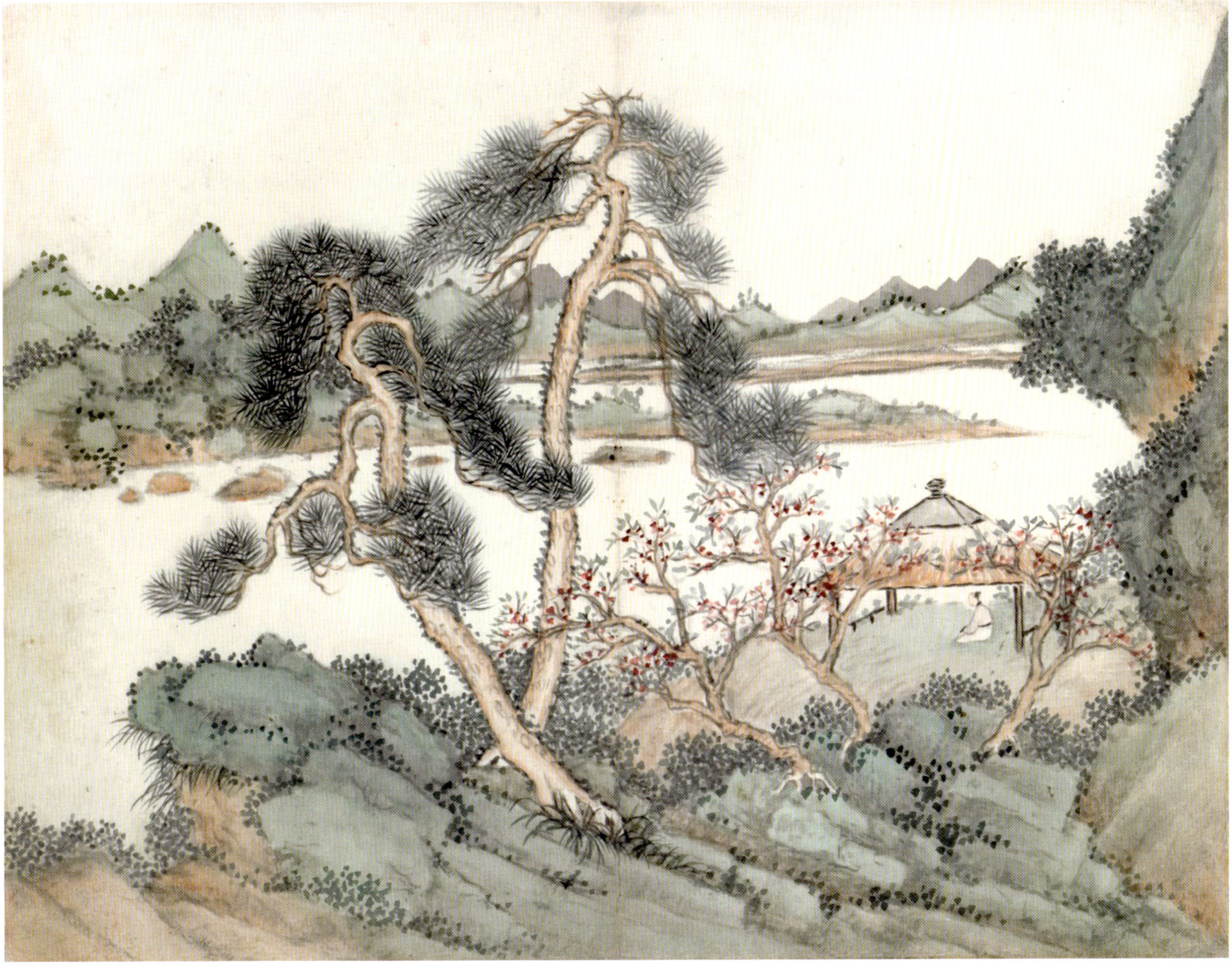

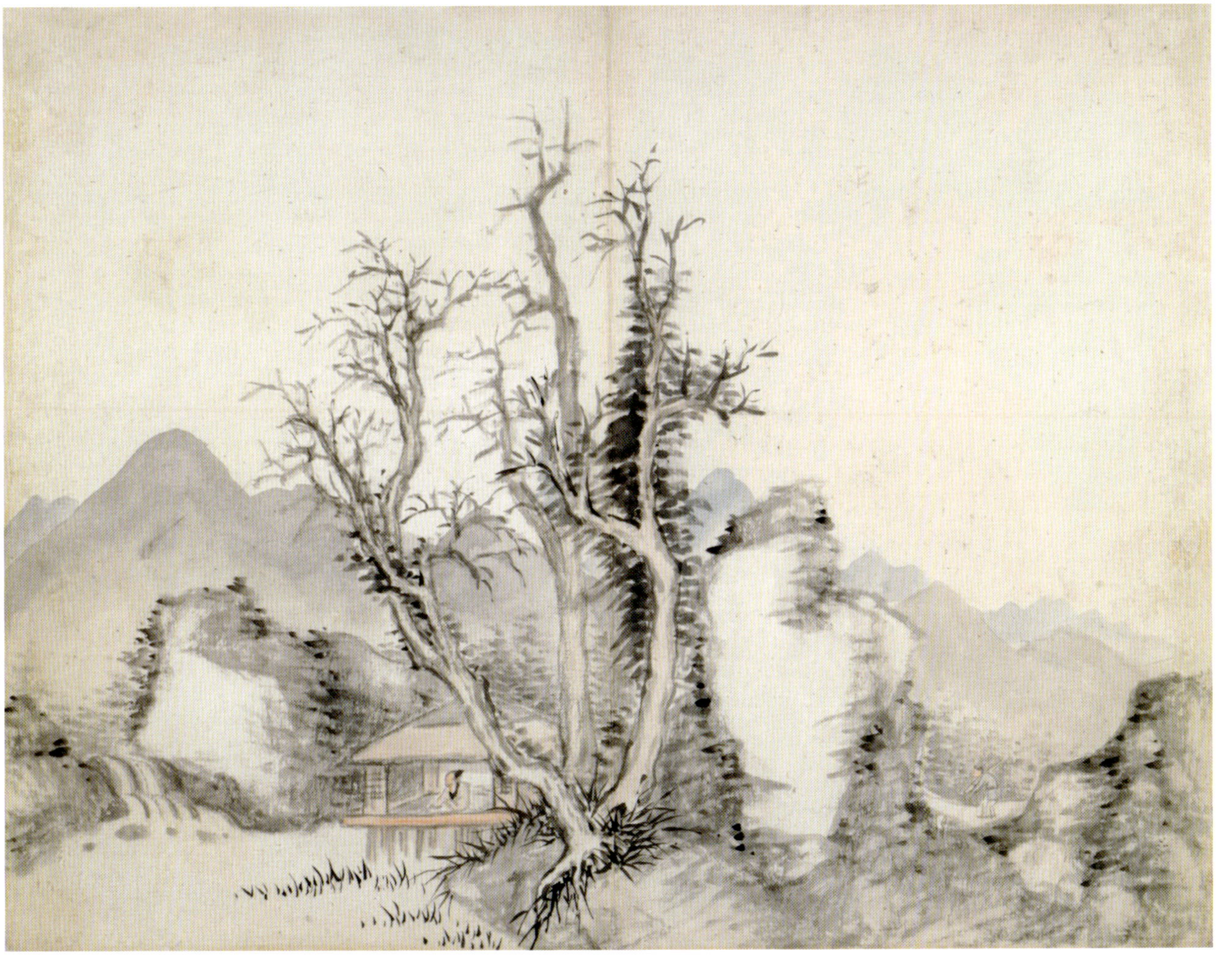

墨淡如水與心跡同
可以養性可以悅躬
秋府以大令筆
意題之

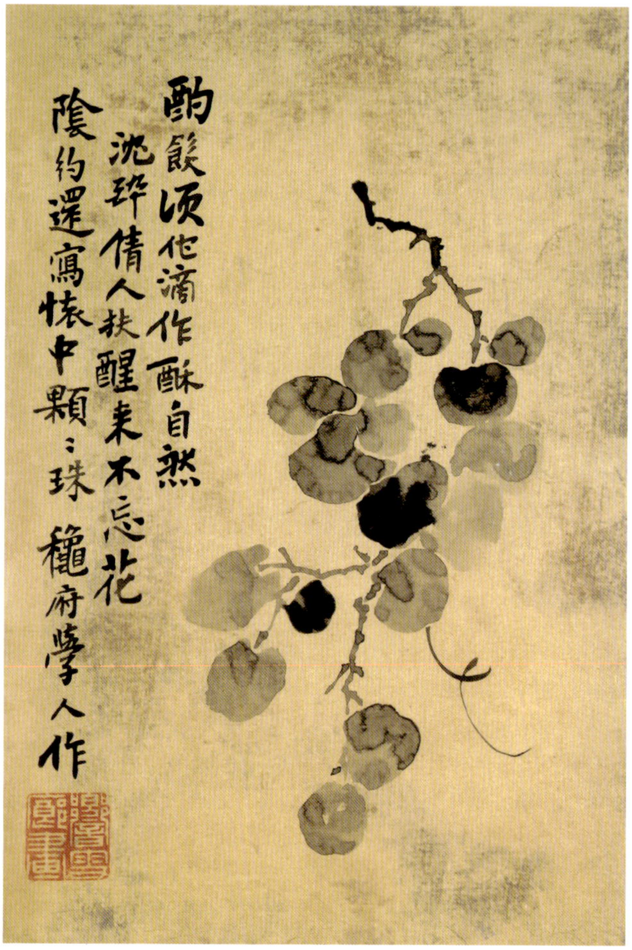
酌餕須化滴作酥自然
沈醉倩人扶醒來不忘花
陰約還寫懷中顆顆珠
龝府學人作

俞　理　花果册

清

金笺纸　墨笔

纵 24 厘米，横 16.5 厘米

1961 年北京市征集

俞理，生卒年不详，字夔堂，亦作雪堂，号秋府，别号小绿天庵主，仁和（今浙江杭州）人。乾隆四十二年（1777年）举人。工书画。

十开。没骨绘蔬果、花卉，以墨之浓淡、干湿来表现物象，挥洒自如，别具意趣。钤“理”“俞理之印”“秋府翰墨”等印。

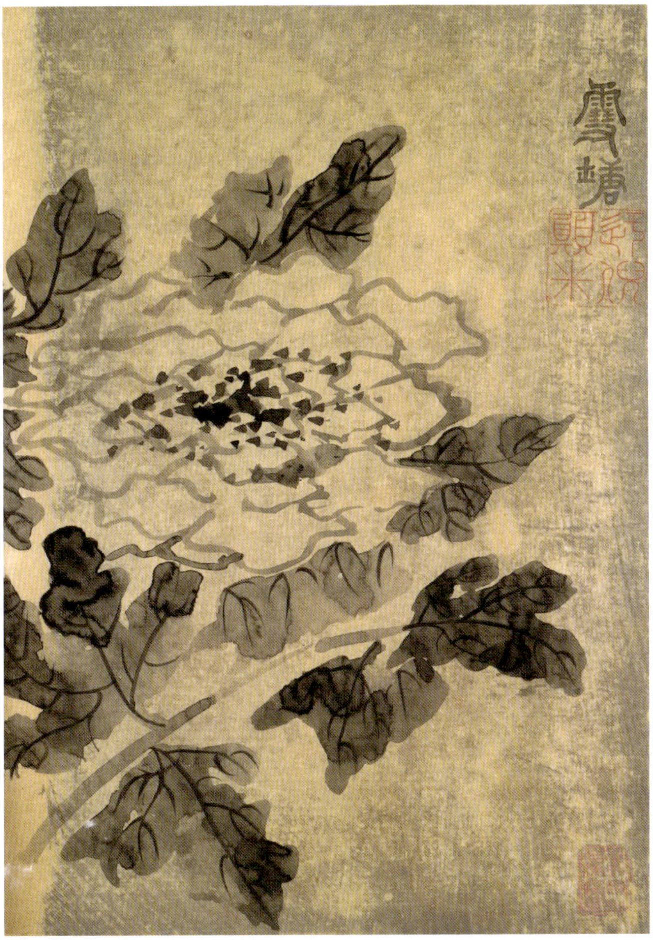

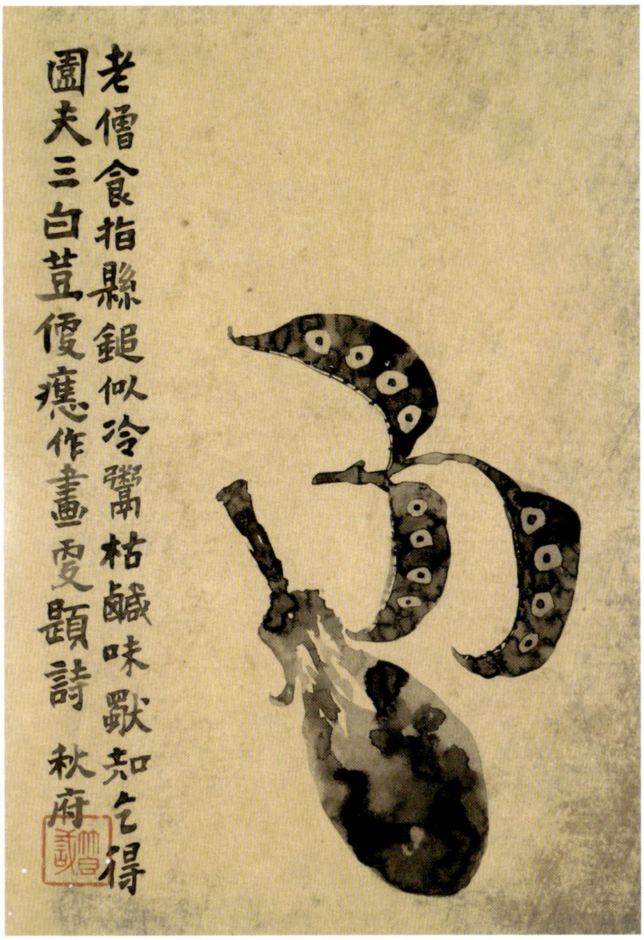
秋府

俞理

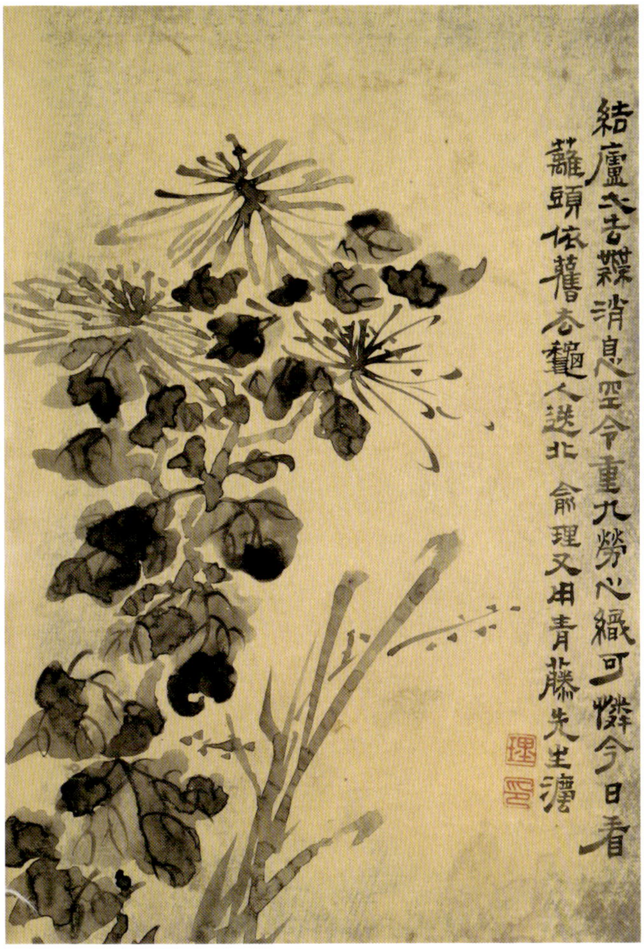

王学浩　仿巨然山水图轴

清

绢本　设色

纵 134 厘米，横 49 厘米

旧藏

山势连绵，淡墨皴擦，树叶随类勾点，承袭巨然画法。上方题："前人论画云，墨具五色难言之矣。北苑云中山顶，巨然浮峦暖翠，皆是墨笔，而神采焕发，能为山水传神。近人都爱青绿，盖食人间烟火惯耳。"款"辛卯三月仿巨然意，夔石先生正之，椒畦浩时年七十有八"。钤"椒畦""王学浩印""自娱""乐此不疲""易画轩"印。

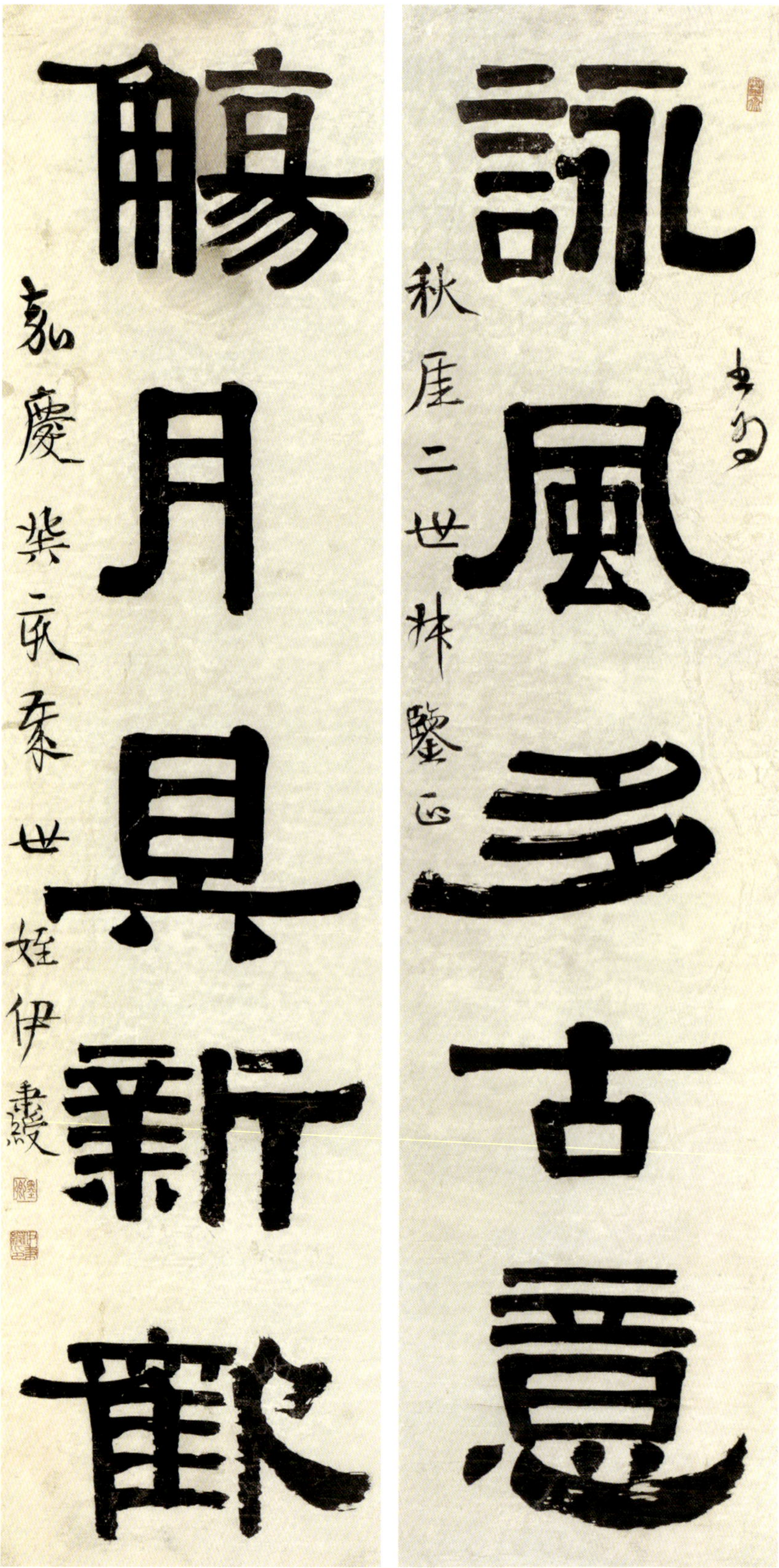
詠風多古意
觴月具新歡

伊秉绶　隶书五言联

清
纸本
纵 123 厘米，横 30.5 厘米
1962 年北京市征集

伊秉绶（1754~1815年），字祖似，号墨卿，晚号默庵，福建汀州人。工诗词、篆刻，擅长书画，尤精隶书。画山水、墨梅，不泥成法，有金石气。

“咏风多古意，觞月具新欢。”结体宽博平正，笔法劲健。款“书为秋厓二世叔鉴正，嘉庆癸亥岁世侄伊秉绶”。钤“墨卿”“伊秉绶印”“寒玉斋”印。“癸亥”为清嘉庆八年（1803年）。

伊秉绶　盆梅图轴

清
绢本　墨笔
纵 52 厘米，横 32 厘米
1986 年钱自在先生捐献

图绘盆栽梅树一株，用笔苍劲，虬干新枝，梅花朵朵，争妍斗奇。款“桂严先生仁兄二十年好友，今遇于扬州作此正之。嘉庆十二年四月朔，小弟汀州伊秉绶记”。钤“伊”“墨卿氏”两方印。右下角钤收藏印“梓溪刘氏家藏金石书画印”。伊秉绶绘画作品传世较少，极为珍贵。

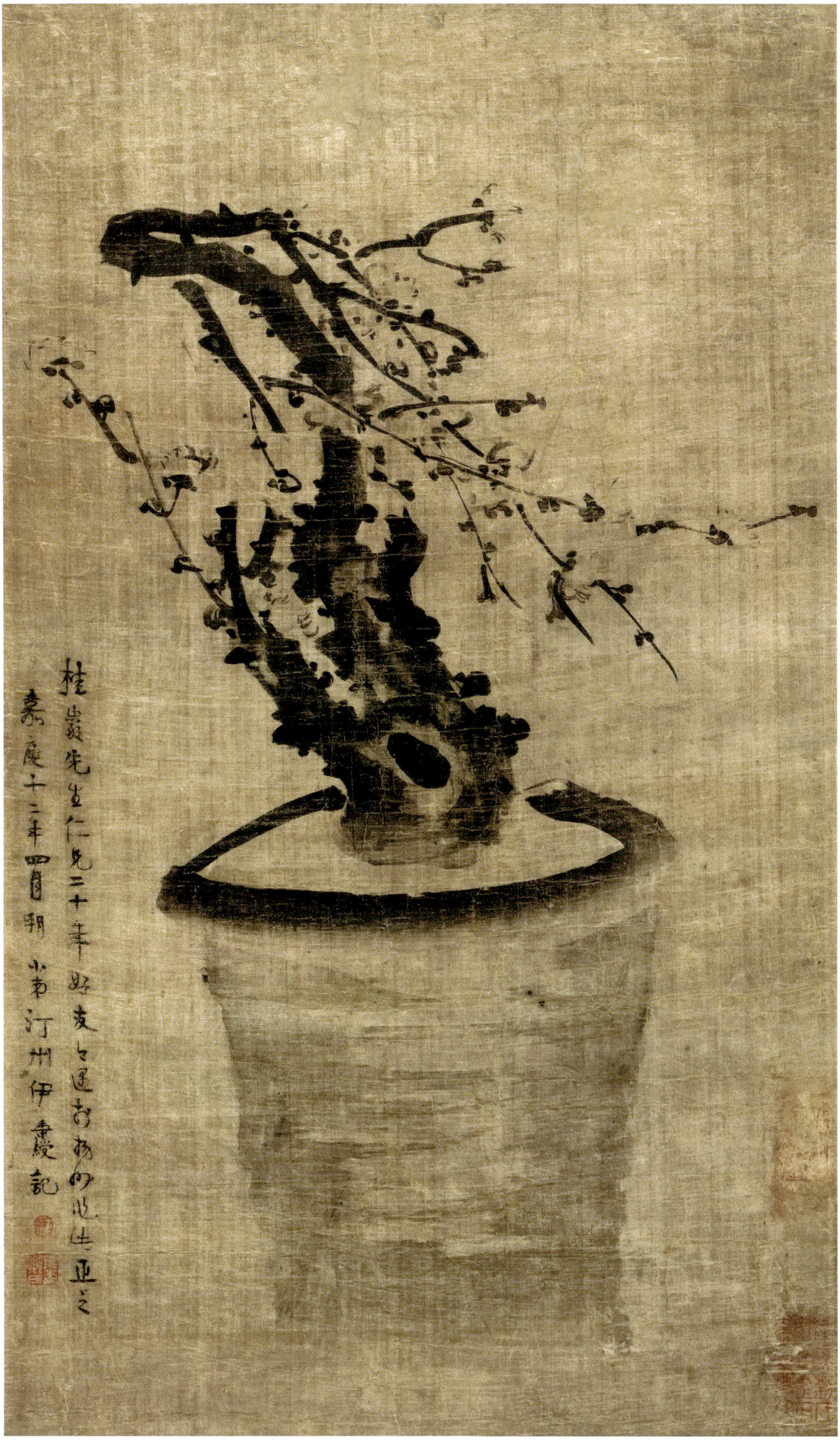

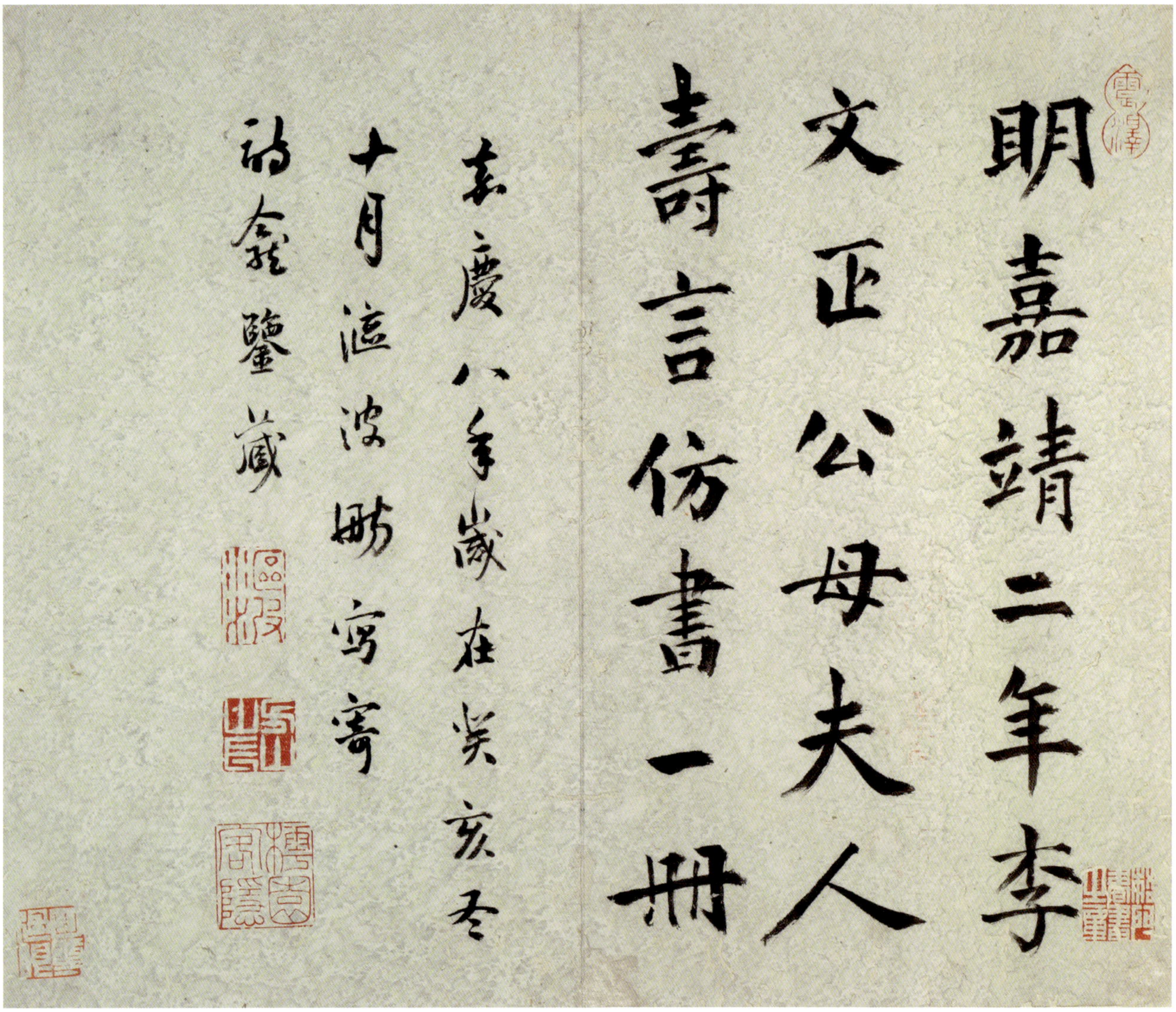
明嘉靖二年李
文正公母夫人
壽言倣書一冊
嘉慶八年歲在癸亥冬
十月漚波臨寄
詩龕鑒藏

之一

王芑孙　行书临李文正公母夫人寿言册

清

纸本

纵 28 厘米，横 32.5 厘米

1960 年北京市征集

王芑孙（1755~1817年），字念丰，一字沤波，号惕甫、铁夫等，长洲（今江苏苏州）人。工诗文、篆刻，擅长书法。

二十开。清嘉庆八年（1803年）王芑孙为法式善临《明李文正母夫人寿言册》，书法笔精墨妙，是研究王芑孙、法式善交往的重要资料。册末有吴嵩梁、秦瀛题记。

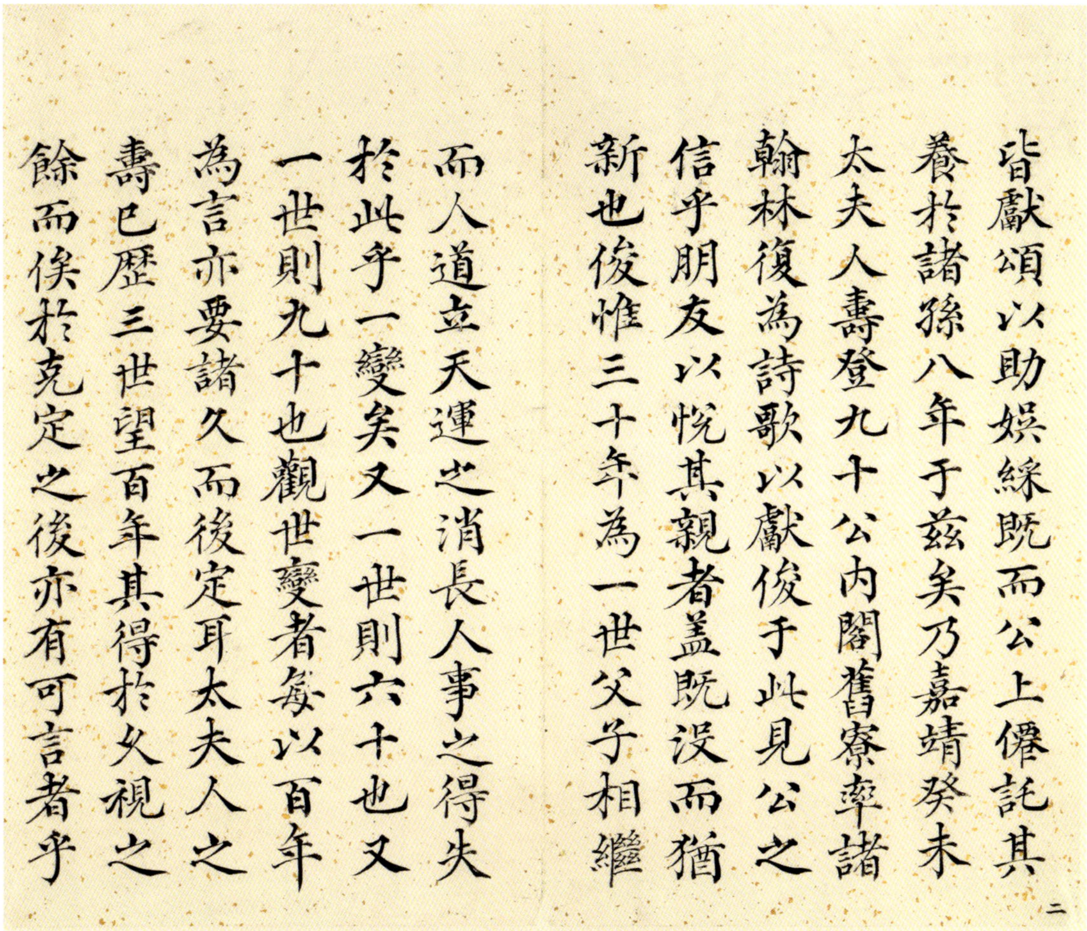

皆獻頌以助娛綵既而公上僊託其
養於諸孫八年于茲矣乃嘉靖癸未
太夫人壽登九十公內閣舊寮率諸
翰林復為詩歌以獻俊于此見公之
信乎朋友以悅其親者蓋既沒而猶
新也俊惟三十年為一世父子相繼
而人道立天運之消長人事之得失
於此乎一變矣又一世則六十也又
一世則九十也觀世變者每以百年
為言亦要諸久而後定耳太夫人之
壽已歷三世望百年其得於久視之
餘而俟於克定之後亦有可言者乎

二

之二

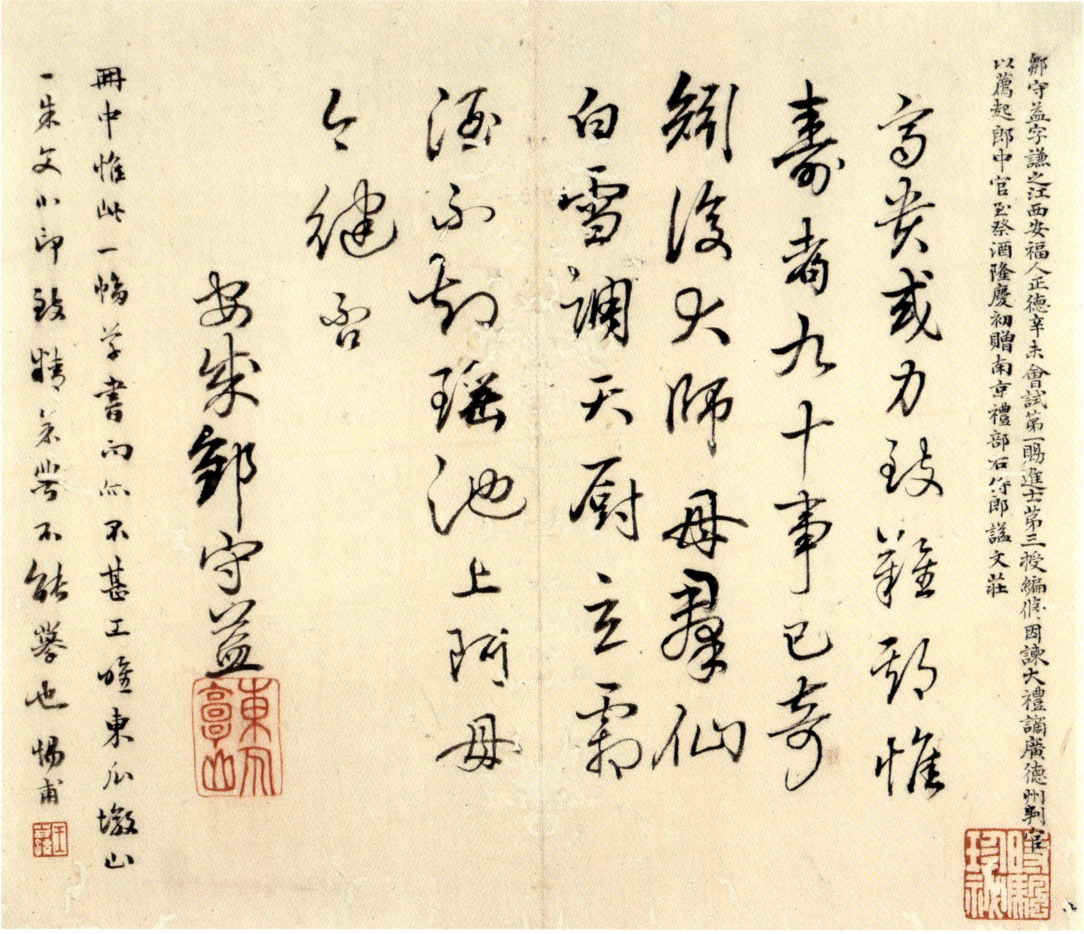

鄒守益字謙之江西安福人正德辛未會試第一賜進士第三授編修因諫大禮謫廣德州判官以薦起郎中官至祭酒隆慶初贈南京禮部右侍郎謚文莊

富貴或力致難致惟
壽考九十事已奇
翩從大師母尋仙
白雪調天廚玄霜
酒不到瑤池上阿母
亦纏留

安成鄒守益

冊中惟此一幅草書而亦不甚工噫東廓墩山
一朱文小印鈐精采尚不能掩也 惕甫

之七

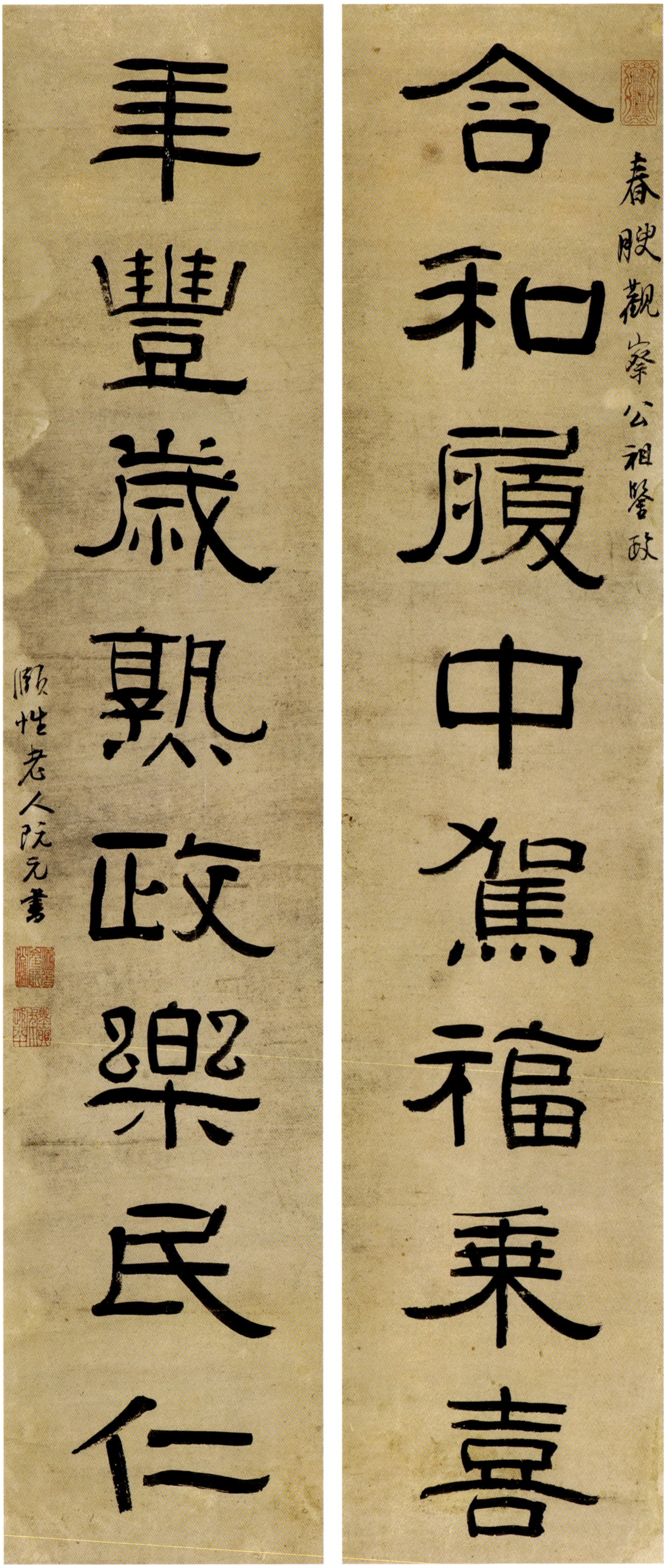

合和履中駕福乘喜
春腴觀察公祖鑒政
豐登歲熟政樂民仁
頤性老人阮元書

阮　元　隶书八言联

清

绢本

纵 113 厘米，横 28.5 厘米

1961 年北京市征集

阮元（1764~1849年），字伯元，号芸台、雷塘庵主、颐性老人等，江苏仪征人。乾隆五十四年（1789年）进士，官至体仁阁大学士。工诗文，精鉴赏，擅书法，篆、隶、行、楷四体皆精。

“合和履中驾福乘喜，丰登岁熟政乐民仁。”此联直取汉隶，端庄秀雅。款“春腴观察公祖鉴政，颐性老人阮元书”。钤“颐性延龄”“湖光山色阮公楼”“癸卯年整八十”印。

姜　壎　陈圆圆像轴

清

纸本　墨笔

纵 72 厘米，横 27 厘米

1961 年北京市征集

姜壎（1764~1821年），字晓泉，号鸳鸯亭长、洗红轩主人，上海松江人。工诗，擅书画。尤擅长仕女，精于傅粉施色，肌理细腻，笔姿清劲。

画家以滇南三圣庵藏陈圆圆遗像为本，用笔精细，衣纹线条流畅。画像上方楷书陈圆圆遗像记。款“壬午春三月上浣捡出，癸酉摹是图，晓泉姜壎并记”。钤“晓泉”印。曾为胡小琢收藏，钤“胡小琢藏”“胡氏小琢藏书画印”。

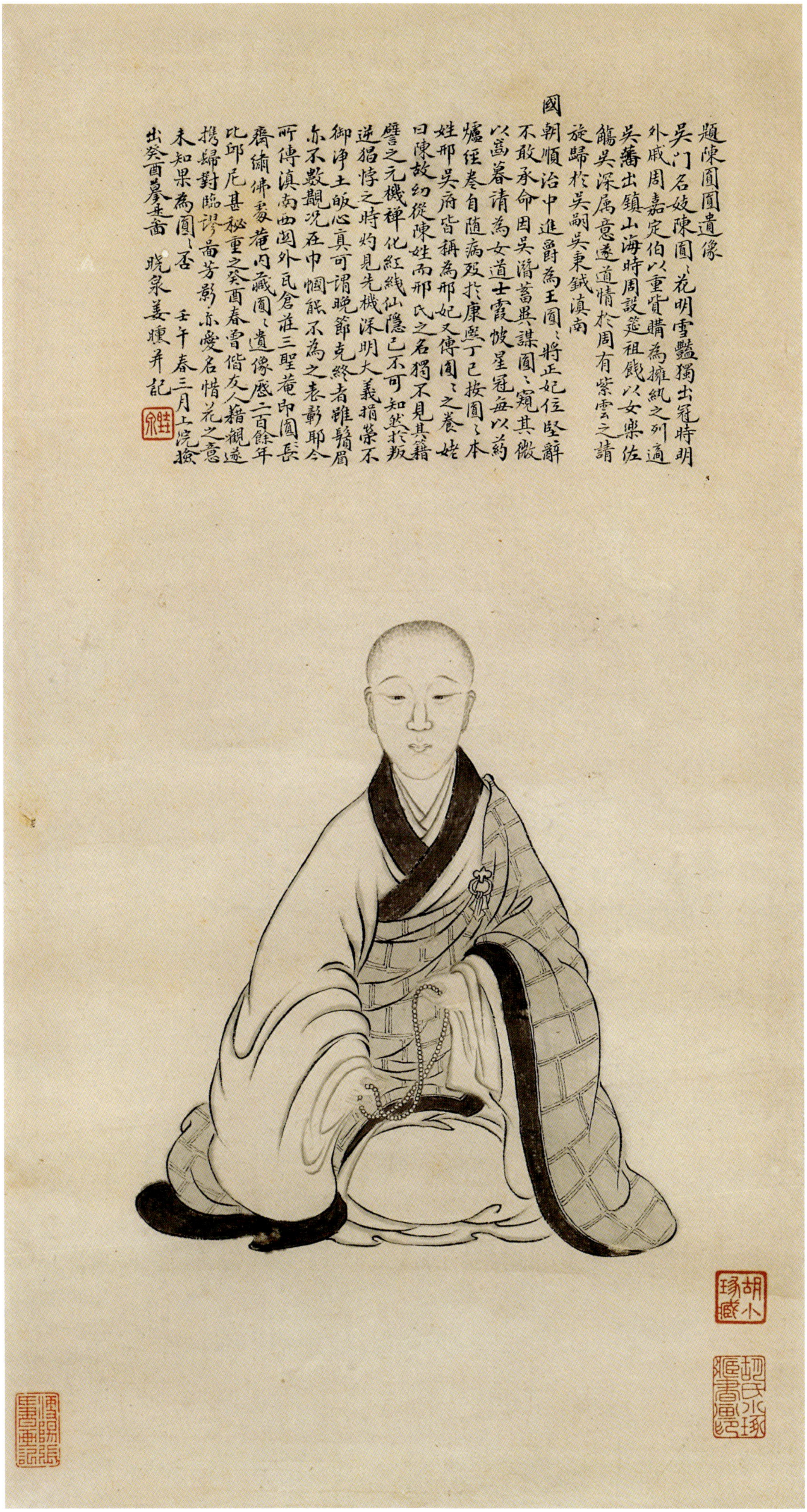
題陳圓圓遺像
吳门名妓陳圓〻花明雪豔獨出冠時明
外戚周嘉定伯以重貲購為擁紈之列適
吳藩出鎮山海時周設筵祖餞以女樂佐
觴吳深屬意遂道情於周有紫雲之請
旋歸於吳嗣吳秉鉞滇南
國
朝順治中進爵為王圓〻將正妃位堅辭
不敢承命因吳潛蓄異謀圓〻窺其微
以齒暮請為女道士霞帔星冠每以葯
爐経卷自隨病歿於康熙丁巳按圓〻本
姓邢吳府皆稱為邢妃又傳圓〻之養姥
曰陳故幼從陳姓而邢氏之名獨不見其籍
譬之元機禪化紅綫仙隱已不可知然於叛
逆猖悖之時灼見先機深明大義揖榮不
御淨土皈心真可謂晚節克終者雖鬚眉
亦不數覯況在巾幗能不為之表彰耶今
所傳滇南西關外氐倉莊三聖菴即圓〻長
齋繡佛處菴內藏圓〻遺像歷二百餘年
比邱尼甚秘重之癸酉春曾偕友人藉觀遂
携歸對臨謬留芳影亦愛名惜花之意
未知果為圓〻否 壬午春三月上浣撿
出癸酉摹本畫 曉泉姜燻并記
胡小琢藏

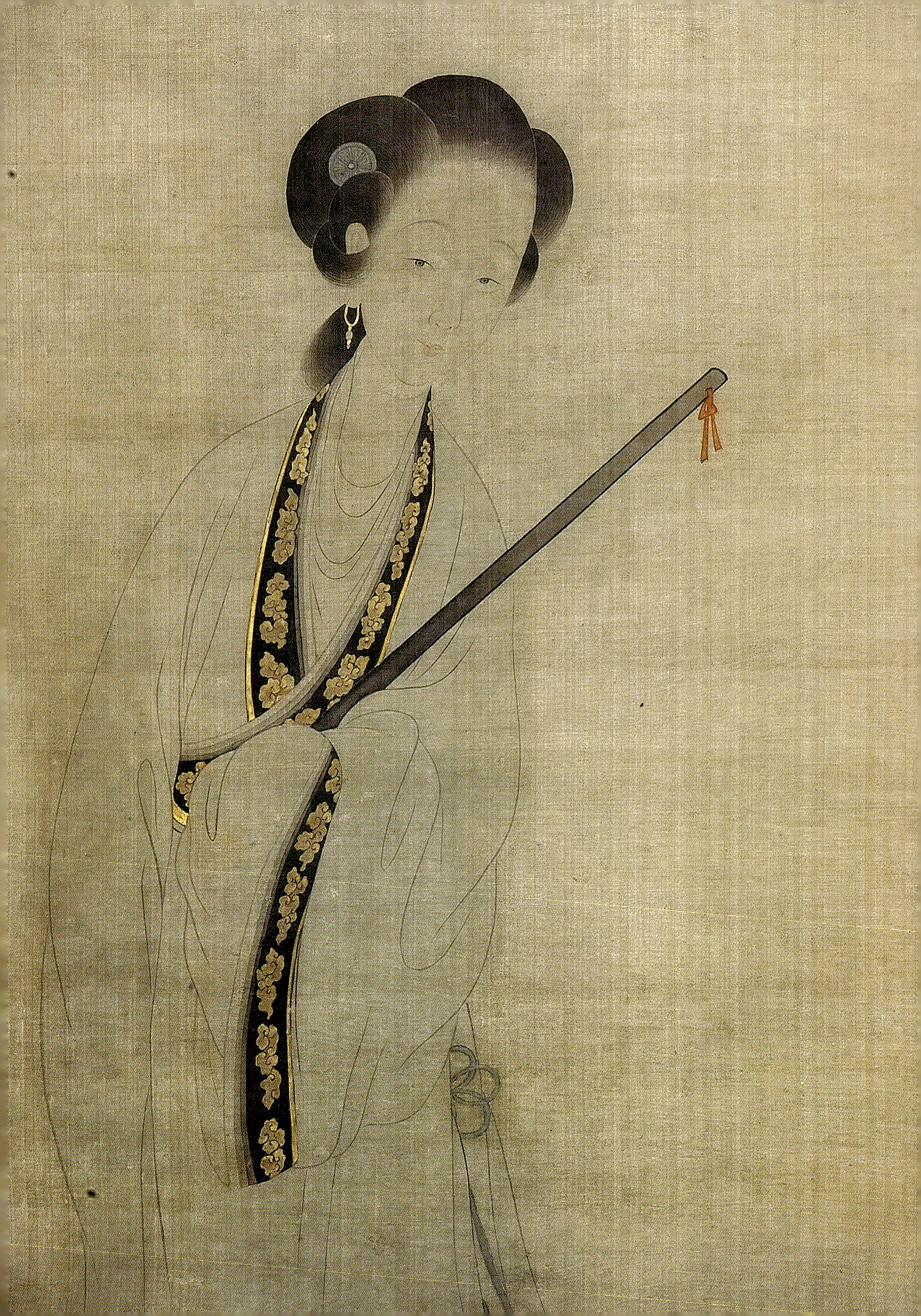

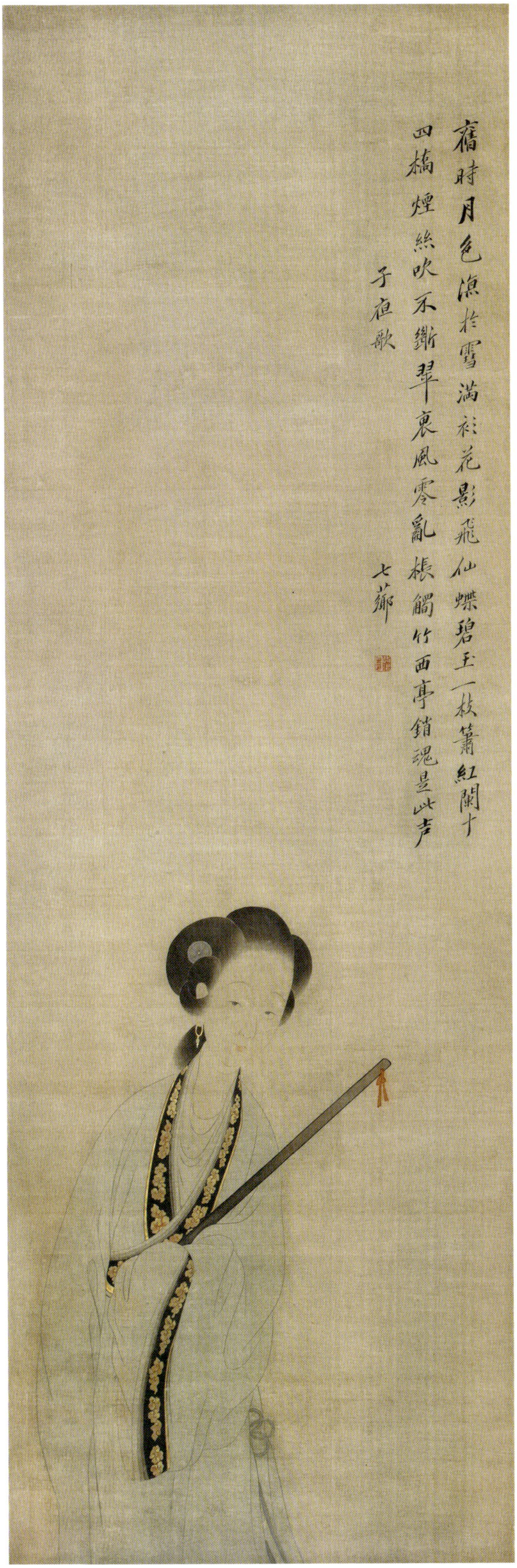
舊時月色涼於雪滿衫花影飛仙蝶碧玉一枝簫紅闌十
四橋煙絲吹不斷翠裏風零亂棖觸竹西亭銷魂是此声
子夜歌
七薌

改　琦　子夜歌图轴

清

绢本　设色

纵 118 厘米，横 39.5 厘米

1954 年吴元善先生捐献

改琦（1773~1828年），字伯韫，号香白、七芗，别号玉壶山人等，上海松江人。工诗词，以擅画人物、肖像、佛像闻名，亦工山水，花卉。写仕女则称妙一时，形象纤细俊秀，用笔轻柔流畅，创造了仕女画的新风貌。著有《玉壶山房词选》。

此图落墨洁净，敷色清雅，仕女娟秀清癯，怀抱长箫，用笔精细，刻画传神，是改琦人物画精品之一。题《子夜歌》："旧时月色凉于雪，满衫花影飞仙蝶。碧玉一枝箫，红阑十四桥。烟丝吹不断，翠里风零乱。枨触竹西亭，销魂是此声。"款"七芗"，钤"改琦之印"。

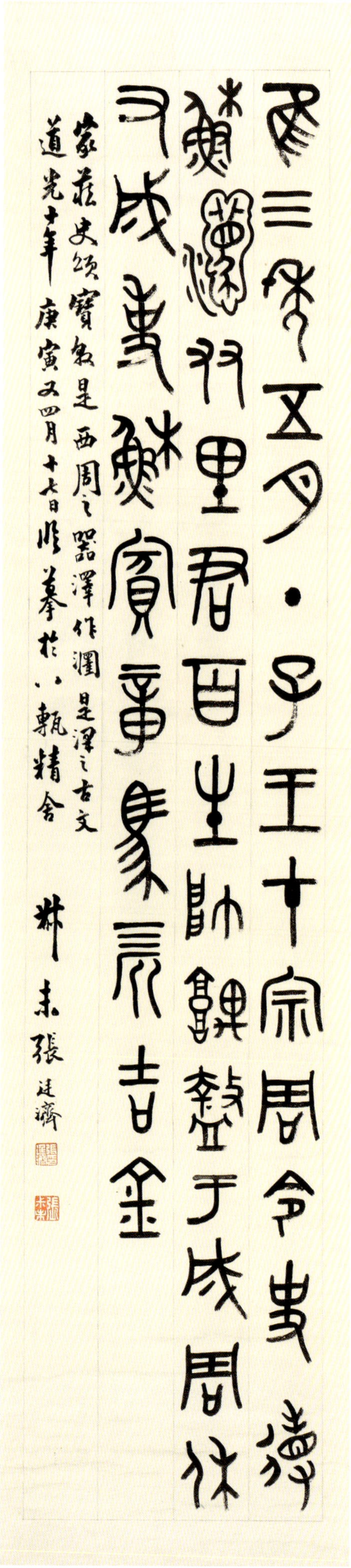
家藏史颂宝敦
是西周之器
道光十年庚寅又四月十七日
叔未张廷济

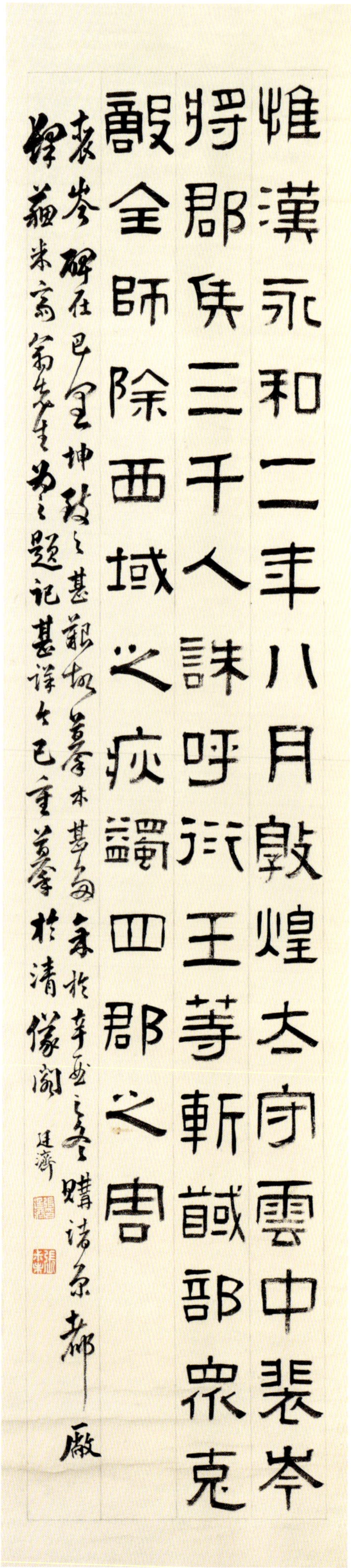
惟汉永和二年八月敦煌太守云中裴岑将郡兵三千人诛呼衍王等斩馘部众克敌全师除西域之疢蠲四郡之害
廷济

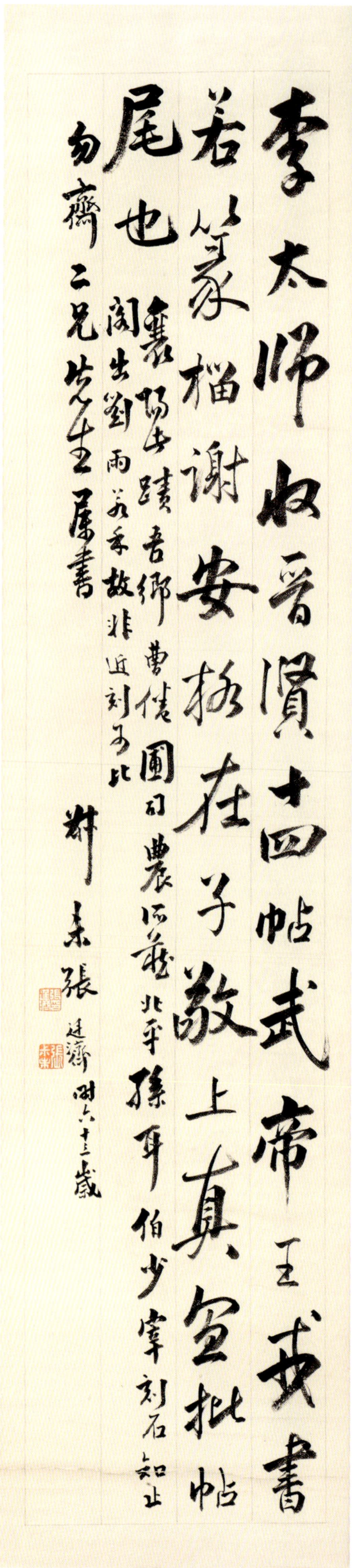
李太师收晋贤十四帖武帝王武安书
若篆榴谢安扬在子敬上真宜批帖
尾也
勿斋二兄先生属书
叔未张廷济

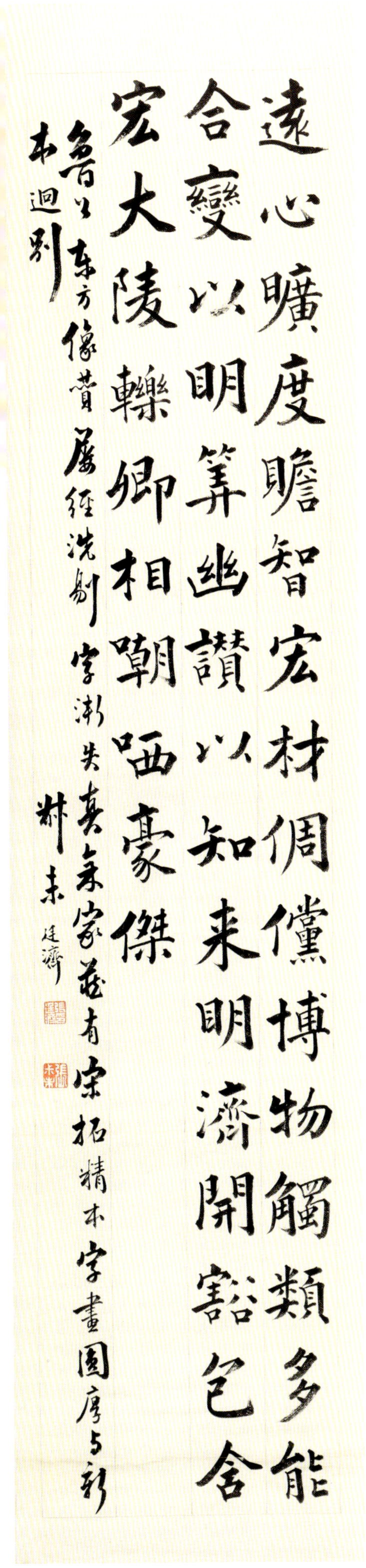
遠心曠度贍智宏材倜儻博物觸類多能
合變以明筭幽讚以知來明濟開豁包含
宏大陵轢卿相嘲哂豪傑
叔未 廷濟

张廷济　真行隶篆四体书屏

清

纸本

纵 132 厘米，横 29.5 厘米

1960 年山西省太原市征集

张廷济（1768~1848年），初名汝霖，字叔未，号未亭、海岳庵门下弟子等，浙江嘉兴人。擅长书法，工诗词，精金石考据。著有《清仪阁题跋》《清仪阁印谱及诗钞》等。

此为张廷济书赠勿斋先生。真书临颜真卿《东方像赞》，行书临米芾《李太师帖》，隶书临汉《裴岑碑》，篆书临西周《史颂簋》。钤“张廷济印”“张叔未”两方印。

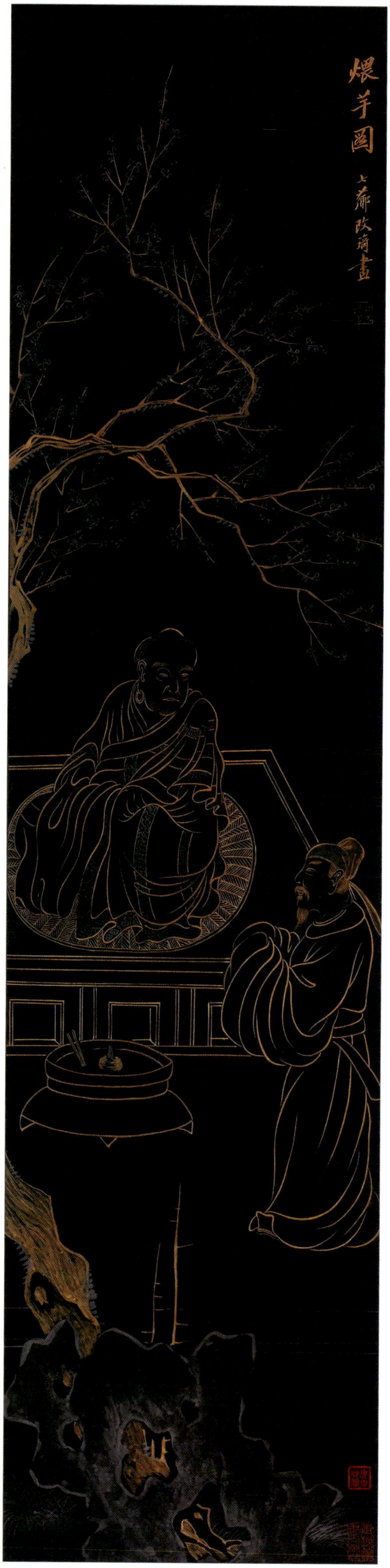
煨芋圖
七薌改琦畫

改　琦　煨芋图轴

清

瓷青纸　描金

纵 129 厘米，横 32 厘米

1960 年北京市征集

构图简洁，人物形象生动，衣纹线条流畅，极为工致。款“煨芋图，七芗改琦画”。钤“改琦”印。曾为清代钱堉之收藏，钤“鹿泉心赏”印。

林则徐　行书轴

清

洒金笺

纵 130 厘米，横 59.5 厘米

1962 年甘肃省兰州市征集

林则徐（1785~1850年），字元抚，一字少穆，晚号竢村老人、竢村退叟等，侯官（今福建福州）人。嘉庆十六年（1811年）进士，曾任湖广总督、陕甘总督。擅书法，尤精楷、行书。

行书节录明代薛瑄《薛文清公从政录》。用笔圆润洒脱，点划牵丝自然流畅。款“静甫五兄属，林则徐”。钤“臣林则徐字少穆印”白文印。

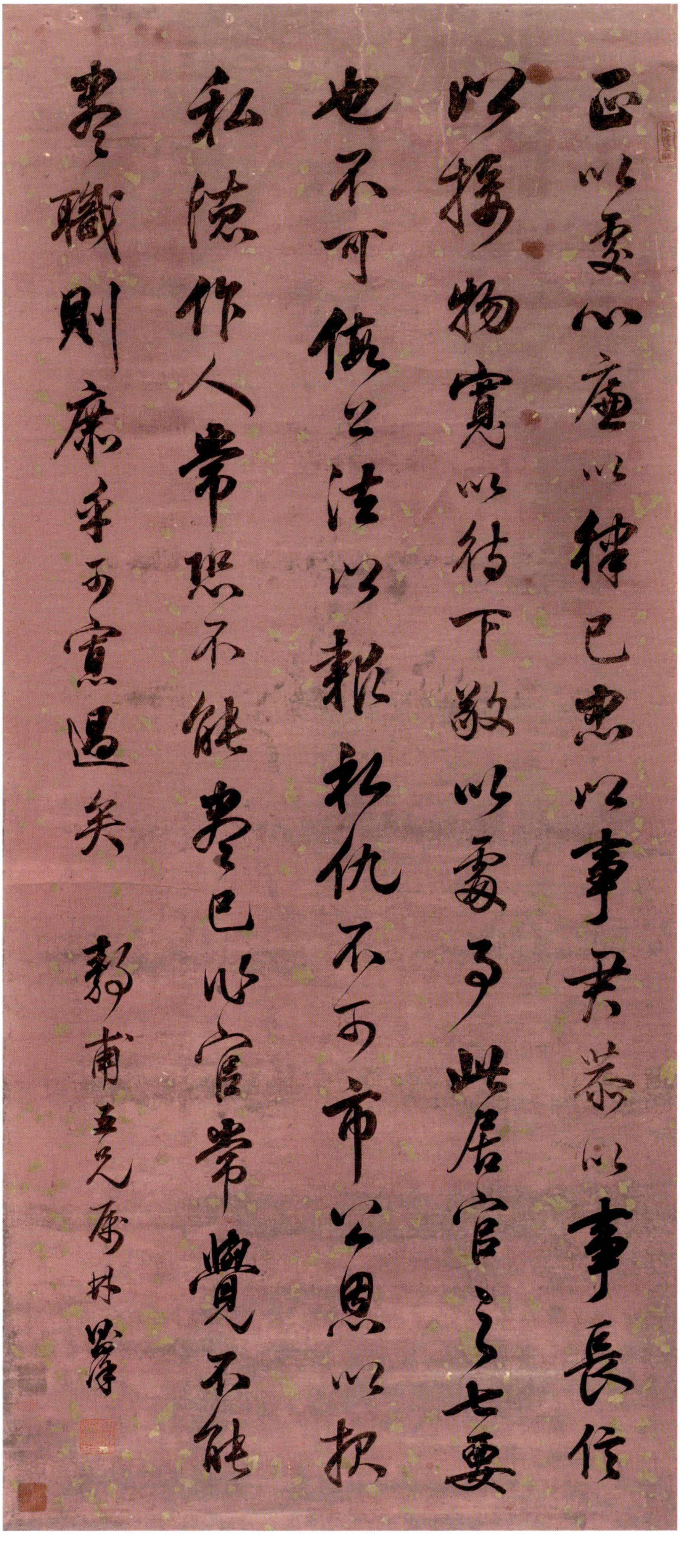

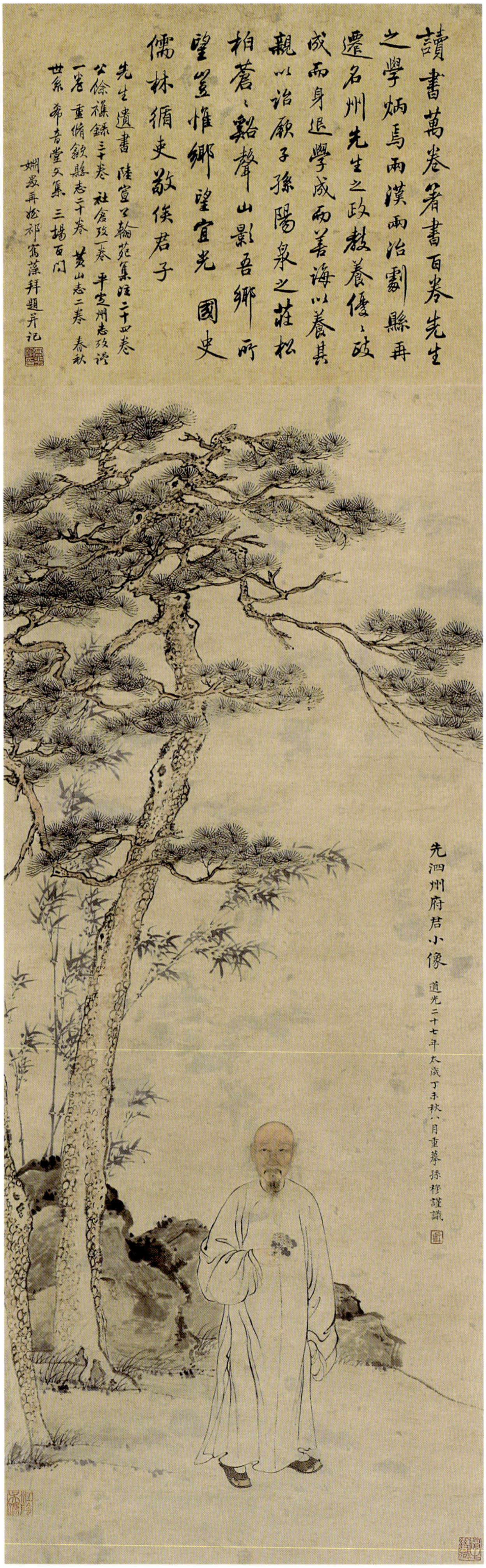
先泗州府君小像
道光二十七年太歲丁未秋八月重摹 孫穆謹識

吴　儁　摹张穆祖父像轴

清

纸本　设色

纵 130 厘米，横 41 厘米

1956 年北京市征集

吴儁，生卒年不详，字子重，号冠英，江苏江阴人。活动于清咸丰、光绪年间，擅长诗、书、画，写真尤得古法，亦工篆刻。

此为张穆祖父张佩芳肖像画，人物衣纹流畅，刻画传神，以苍松、竹石为背景，更显主人品格高洁。无落款，左下角钤“江阴吴儁”印。右侧张穆题“先泗州府君小像，道光二十七年太岁丁未秋八月重摹，孙穆谨识”。钤“穆”印。诗堂有祁寯藻题记。

包世臣

行书录内廷史与谢尚书轴

清

纸本

纵 128 厘米，横 55.5 厘米

1964 年罗静宜女士捐献

包世臣（1775~1855年），字慎伯，一字诚伯，号倦翁、慎斋、小倦游阁外史，安徽泾县人。工书法、篆刻，尤精行、草、隶书，为时所重。著有《艺舟双楫》《安吴论书》。

选录《晋书·王羲之传》，结体圆转，笔锋凝练，融二王之妍美与魏碑之雄健于一体。款“月波三兄雅鉴，咸丰壬子冬十月既望，江东布衣包世臣录内史与谢尚书书”。钤“世臣私印”“包氏慎伯”“白门倦游阁外史章”印。“壬子”为清咸丰二年（1852年）。

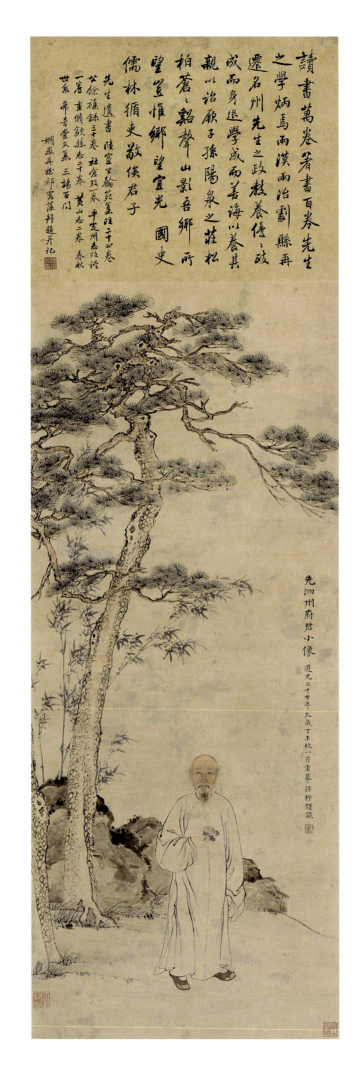

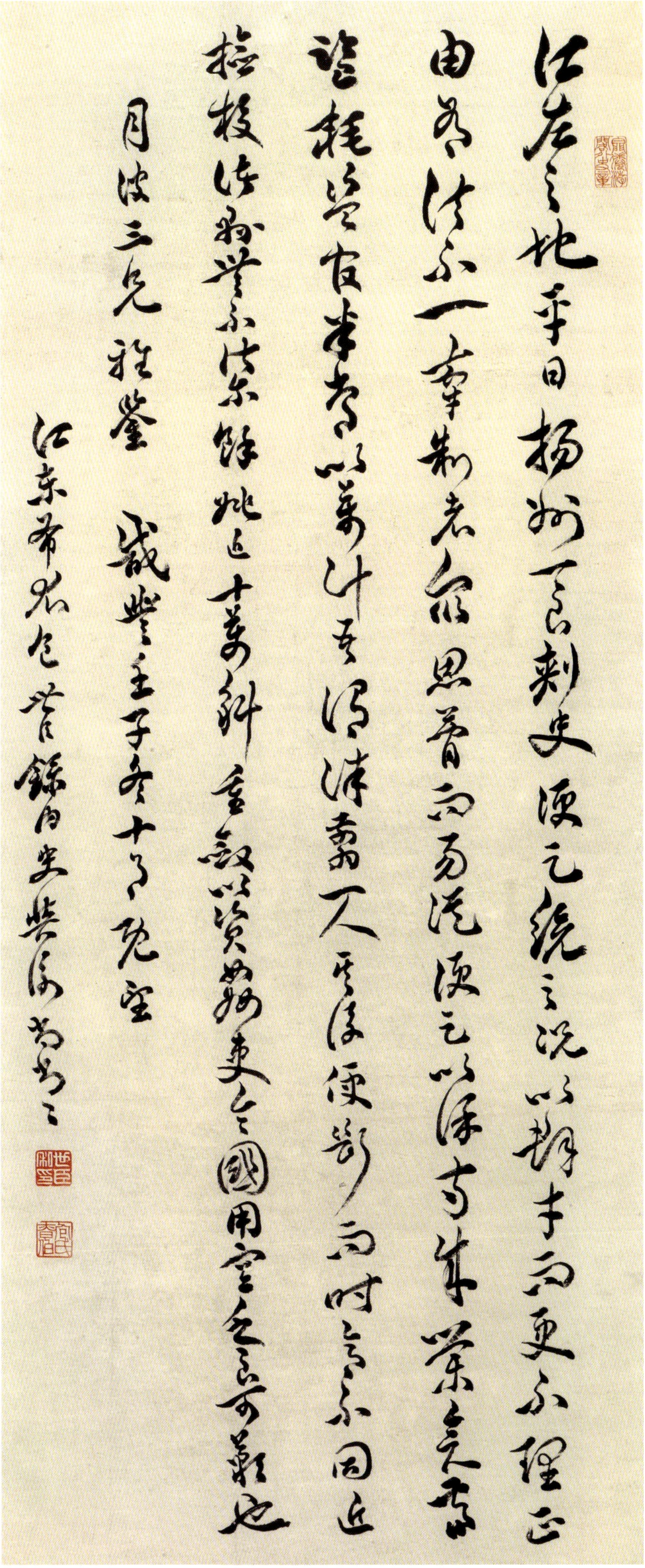

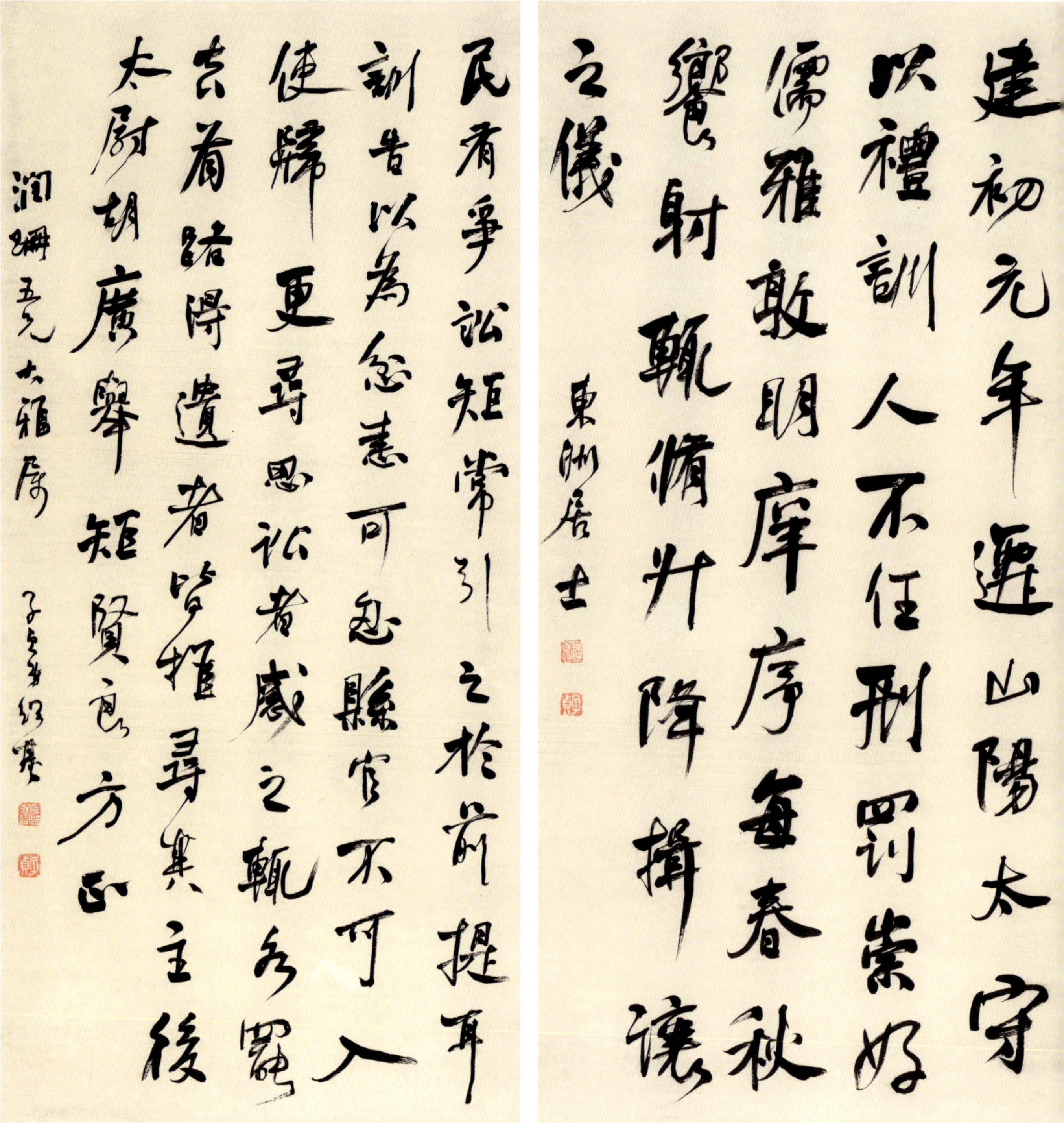

何绍基　行书四条屏

清

纸本

129 厘米，横 61 厘米

1961 年北京市征集

何绍基（1799~1873年），字子贞，号东洲、蝯叟，道州（今湖南道县）人。精通金石书画，以书法著称于世。书法师承颜真卿，掺以北朝碑刻，自成一家。晚年以篆、隶法写兰竹，盎然有书卷气。

行书节录《后汉书·循吏列传》之《王景传》《孟尝传》《秦彭传》和《刘矩传》，书法融贴学、碑学于一体，字体雄浑厚重，拙朴力劲。钤“何绍基印”“子贞”印。

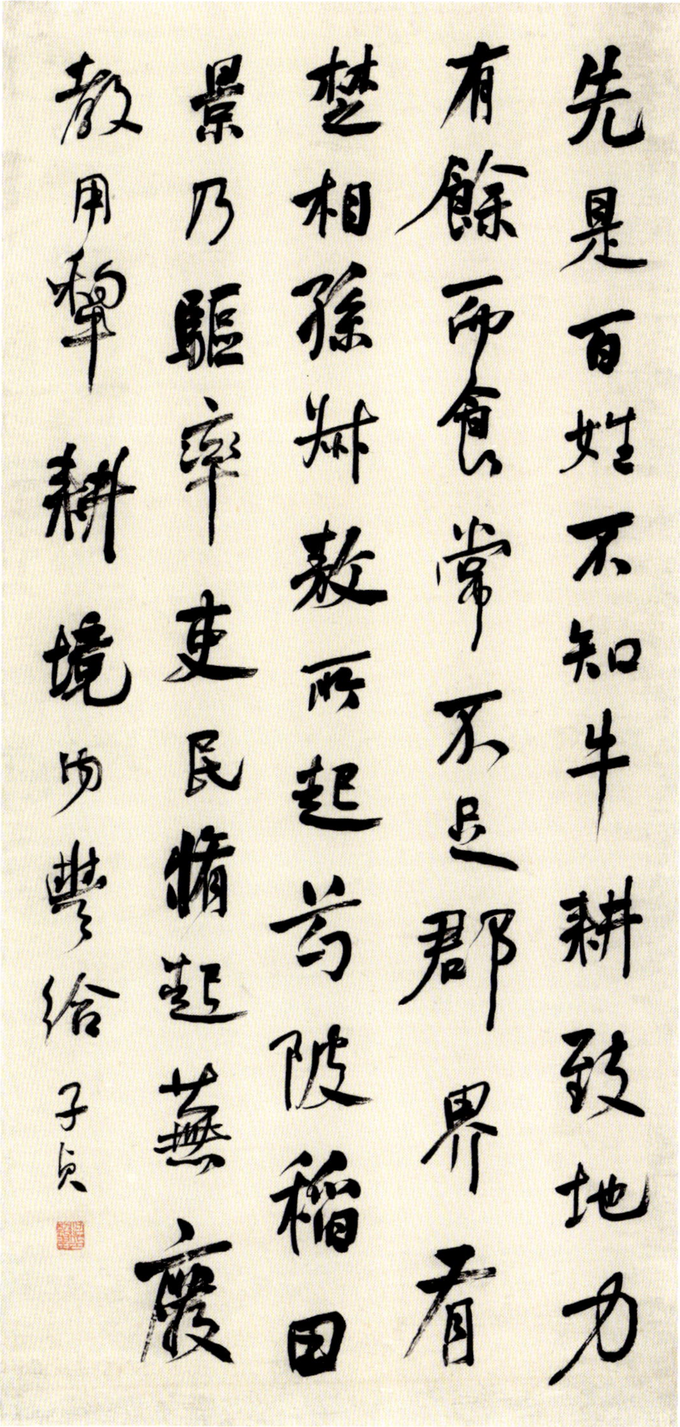
先是百姓不知牛耕致地力
有餘而食常不足郡界有
楚相孫叔敖所起芍陂稻田
景乃驅率吏民脩起蕪廢
教用犂耕境內豐給
子貞

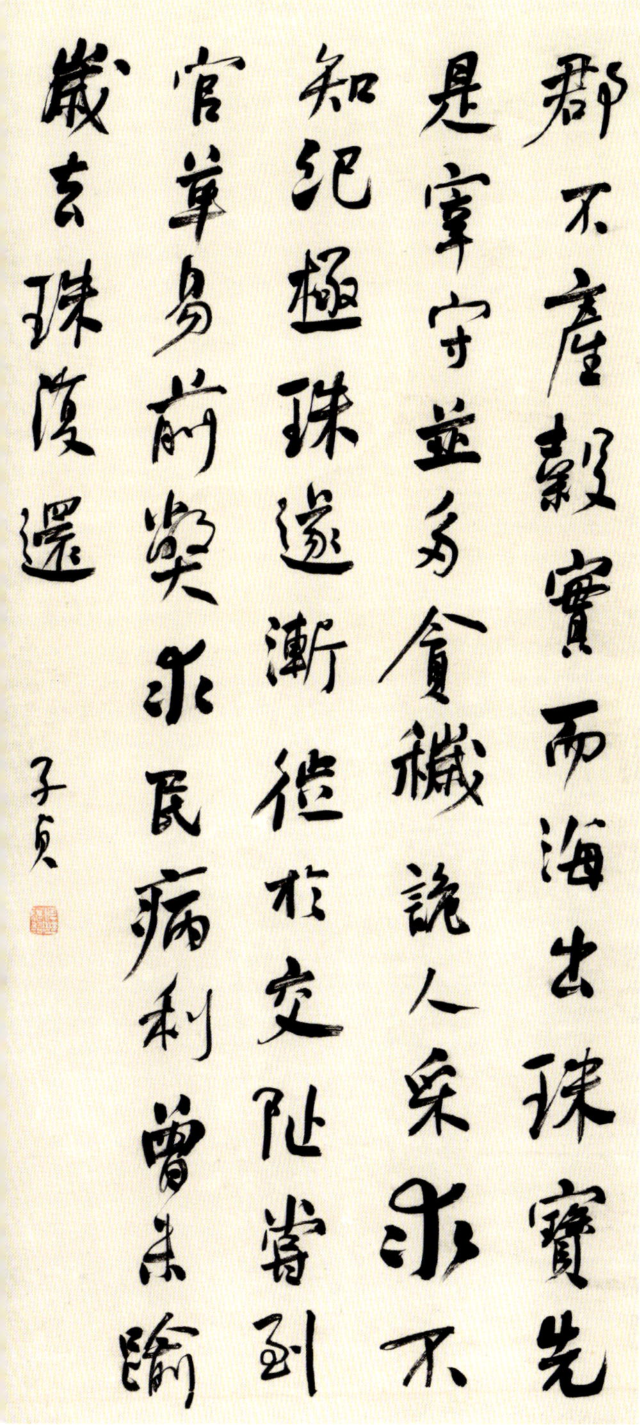
郡不產穀實而海出珠寶先
是宰守並多貪穢詭人采求不
知紀極珠遂漸徙於交阯嘗到
官革易前敝求民病利曾未踰
歲去珠復還
子貞

道光己亥
秋七月下浣
賓衢年世兄
大人作
於粵學官舍
寶研堂中
年愚弟戴熙

戴 熙 兰花扇页

清

纸本 墨笔

纵 18.5 厘米，横 50 厘米

1956 年北京市征集

戴熙（1801~1860年），字醇士，号鹿床、榆庵、松屏、莼溪、井东居士等，钱塘（今浙江杭州）人。道光十一年（1831年）进士，官至兵部侍郎。工诗书，擅绘画，山水、人物、花卉无不精妙。

此图是戴熙于清道光十九年（1839年）为许祥光作。构图简洁，以书法用笔绘兰叶，浓墨画叶，淡墨绘花，折转飘逸。题“道光己亥秋七月下浣，为宾衢年世兄大人作于粤学官舍宝研堂中，年愚弟戴熙”。钤“醇士”印。左下角钤“裴景福收入壮陶阁秘笈”收藏印。

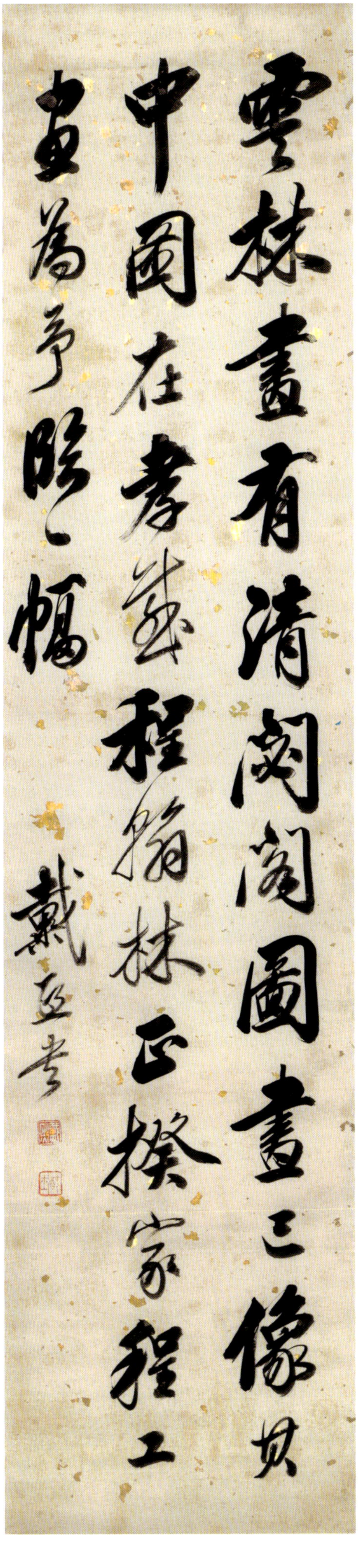

戴熙　行书轴

清

纸本

纵 130 厘米，横 30.7 厘米

1961 年北京市征集

行书摘孙承泽《庚子消夏记》卷二之《倪元林六君子图》句，行矩疏朗，端正遒丽，雍容娴雅。款“戴熙书”，钤“戴熙”“醇士”两方印。

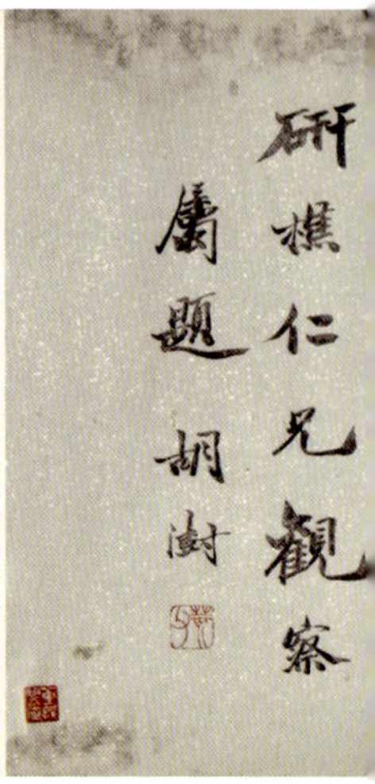
研樵仁兄觀察
屬題 胡澍

秦炳文　太华冲雪图卷

清

纸本 设色

纵 33 厘米，横 69 厘米

1961 年董寿平先生捐献

秦炳文（1803~1873年），字砚云，号谊亭、古华山樵等，江苏无锡人。道光二十年（1840年）举人，官户部主事。工诗擅画，精鉴赏，尤擅山水。

画家“借地为白”表现雪景，天空淡墨涂染，披麻皴描绘山石，树木皴点精致。题款“太华冲雪图，壬申仲春写奉研樵仁兄大人雅正，秦炳文”。钤“古华山樵”印。卷尾有周寿昌、李慈铭、陈乔森、张之洞、谢维藩、潘祖荫等题记，具有丰富的史料价值。曾由洪洞董氏家藏，钤“董揆鉴藏”“洪洞董氏家藏”印。

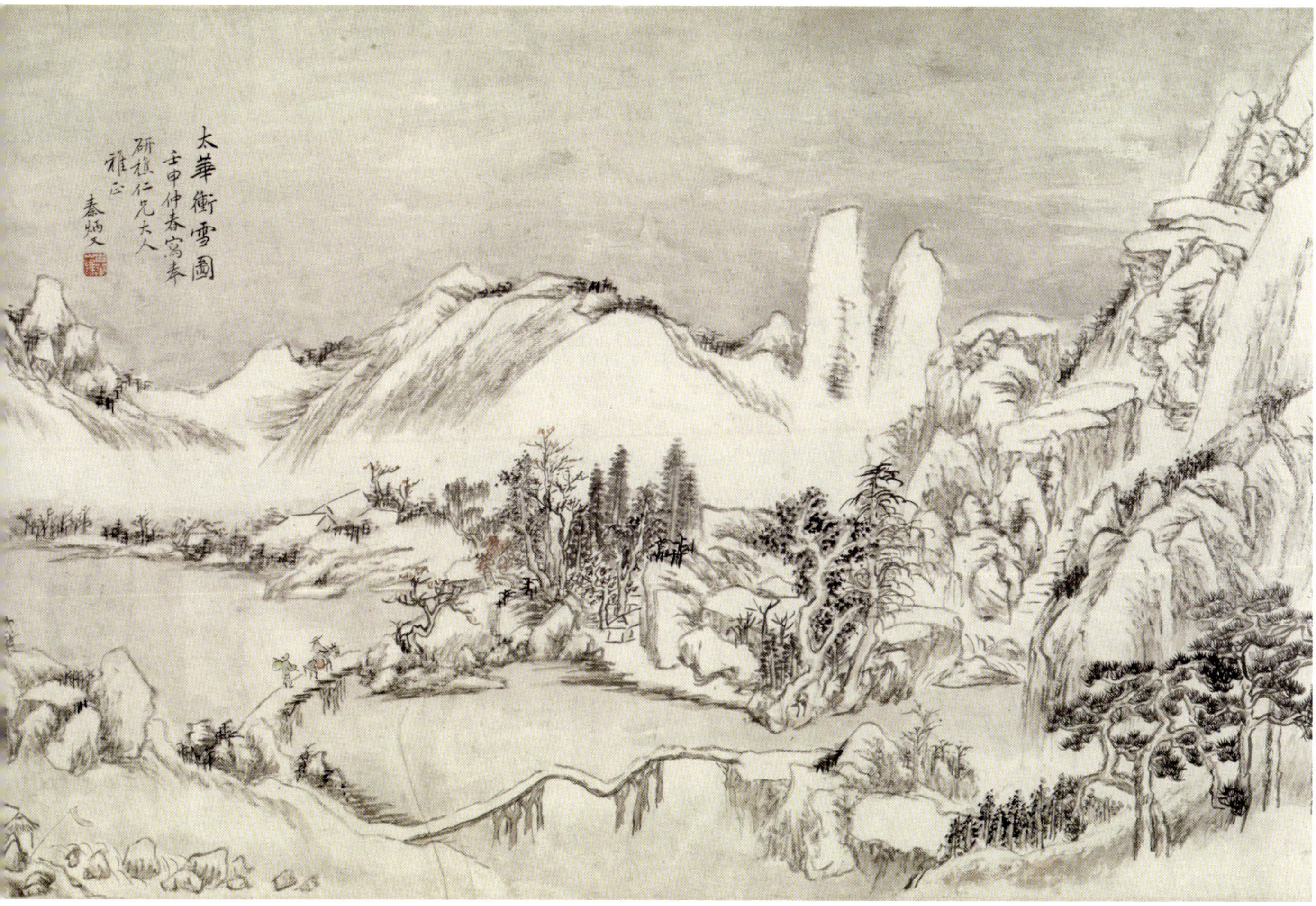
太華衡雪圖
壬申仲春寫奉
研樵仁兄大人
雅正
秦炳文

昔董文敏藏趙松雪溪山蕭寺圖
京口張氏藏子久秋山圖皆仿北苑筆
名有遙拓安廣州太守規摸兩家筆
意參合成圖尤為晚年傑作
己巳夏六月道出惠州小住
署齋寫似
晉卿大兄大人 法家指政
鄰煙弟秦祖永

秦祖永　山村樵牧图轴

清
纸本　设色
纵 126 厘米，横 62 厘米
1965 年北京市征集

秦祖永（1825~1884年），字逸芬，号桐阴生、楞烟等，江苏无锡人。工诗文，富收藏，精鉴赏，擅书画，山水以“四王”为宗。著有《桐阴论画》等。

绘群山丛林，溪水人家，山石淡墨皴擦，浓墨点苔，浑厚苍茫，设色明丽。款“己巳夏六月道出息州小住署斋写似，晋卿大兄大人法家指政，邻烟弟秦祖永”。钤“楞烟外史”“秦祖永印”“画缘盦”印。右下角钤“仓梯乙亥以后所得”收藏印。

顾　沄　丹台双鹤图轴

清
绢本　设色
纵 179.5 厘米，横 70 厘米
1962 年山西省太原市征集

顾沄（1835~1896年），字若波，号云壶、壶翁，江苏苏州人，寓居上海。工画山水、花卉，山水师法四王，用笔流畅，清丽秀逸。

图中群山叠嶂，飞瀑高悬，树木成荫，云雾环绕，丹台仙鹤，犹如仙境。款“辛巳元日于朐山官舍画，祝屺堂方伯大人荣寿，吴门顾沄”。钤“顾沄”“若波”两方印。“辛巳”为清光绪七年（1881年）。

双松图
光绪己亥嘉月

钮嘉荫　双松图横幅

清

纸本　设色

纵 134 厘米，横 355.5 厘米

旧藏

钮嘉荫（1857~1915年），字叔闻，号闻叔，江苏苏州人。金石考证、篆刻、书画无所不能，山水苍润古秀。

图中两棵古松盘曲向上，墨色变化丰富，用笔苍劲，气势磅礴。此画作于清光绪二十五年（1899年）十月，右侧书“松姿既古，我笔亦奇。石形如虎，我气亦宜。曰坚曰白，若顽若知。磅礴郁积，光怪陆离。闻叔”。钤有“钮嘉荫印”“闻叔”“夫椒山民”“寿敝金石如侯王”“上下千古”“怀抱观古今”印。

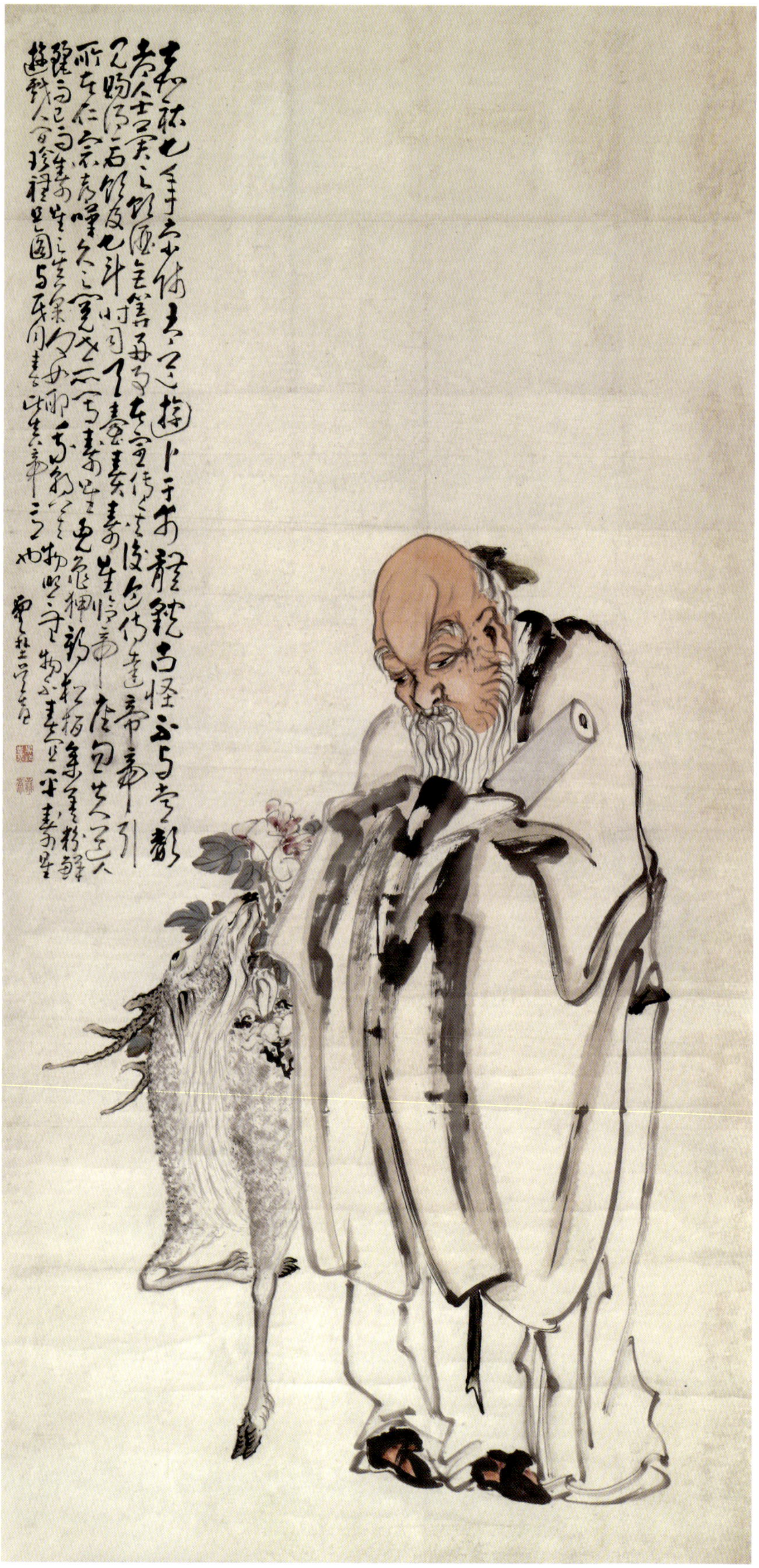

吴 熹 寿星图轴

清

纸本 设色

纵 172 厘米，横 84 厘米

旧藏

吴熹，生平不详。

以书法用笔绘人物，衣纹线条流利，间有书法中的飞白，面部运用晕染之法，增强了立体感。书题与画风均仿黄慎。款“云野吴熹”，钤“吴熹印”“逊亭”两方印。

张 鸿 古松茅屋图轴

清

金笺纸 设色

纵 169 厘米，横 107 厘米

1954 年山西省太原市征集

张鸿，生平不详。

图绘高山飞瀑、修竹、松鹤，屋内一人倚桌凭窗而坐，屋外童子捧罐饲鹤，祥和之景跃然纸上。款“庚子兰秋恭祝口翁年先生六十荣寿，一槎张鸿并题”。钤“张鸿之印”“云浦”印。

古松高聳碧雲天茅屋悠然對
簡編鐵樹天香花供養一隻白鶴
舞周旋山中待採延齡藥石上常
流流俗泉我作畫圖秉比興頌
詩吏與祝長年
庚子蘭秋恭祝
翊年先生六十榮壽
一樵張鴻并題

殷　嶲　溪山游展图卷

清

绢本　设色

纵 31.5 厘米，横 175 厘米

旧藏

殷嶲，生平不详。

图中峰岚层叠，竹树葱郁，阁榭舟梁，远村近水，各尽其妙。款“兰陵殷嶲制”，钤“殷嶲之印”“岳山”两方印。

童　濂　荷花双鸟图轴

清

绢本　设色

纵 100 厘米，横 75.5 厘米

旧藏

童濂，生卒年不详，字廉水，字石塘，湖北江夏人（一说浙江会稽人）。

工笔写荷花双鸟，绿叶衬托粉嫩的荷花，对比清丽，具宋人花卉之韵味。款“吴趋童濂写”，钤“童濂”“濂”“修竹吾庐”印。

稚梅仁兄先生正之 癸未立夏日 任颐

任　颐　紫藤双鸟图轴

清

纸本　设色

纵 147 厘米，横 33.5 厘米

1961 年北京市征集

任颐（1840~1896年），初名润，后改颐，字小楼、伯年，别号山阴道人，浙江绍兴人，寓居上海。擅画花鸟、人物，没骨花鸟近追恽寿平，上窥宋人；写意花鸟笔墨流畅，色彩清新明丽。尤精肖像画，不假渲染，白描传神。为清末画坛巨匠，声誉赫然。

构图巧妙，藤条自右上向下挥写，形成一个大大的S形，颇有动感。用笔苍劲，墨色枯湿浓淡，藤枝上双鸟形态逼真。款"稚梅仁兄先生正之，癸未立夏日，任颐"。钤"任伯年"印。"癸未"为清光绪九年（1883年）。

吴昌硕　临石鼓文轴

清

纸本

纵 117 厘米，横 58.5 厘米

1960 年北京市征集

吴昌硕（1844~1927年），名俊卿，字昌硕，号缶庐，晚年以字行，浙江安吉人。擅长篆刻、诗文、书画，精研金石，擅摹石鼓文，以金石书法入画。他既是清代晚期碑学代表书家，也是“海上画派”的重要人物。

用笔遒劲，点画结构端稳凝重，金石气息厚重。款“右摹石鼓弟十，乙卯年十二月几望，安吉吴昌硕，年七十二”。后钤“俊卿之印”“仓硕”两方印。